Auf stillen Wegen an starke Orte

HEINZ STAFFELBACH

Auf stillen Wegen an starke Orte

Wandern und Ruhe finden
in Naturlandschaften der Schweiz

atVERLAG

Inhalt

VORWORT

    9   Zeit für die Stille   Stille für die Kraft

OSTSCHWEIZ

  11   In den Frühling   Durch die blühenden Obstgärten des Seerückens
  15   Auf den Chreialpfirst   Einsame Pfade in der urtümlichen Welt der Alpstein-Gipfel
  19   Zum Hagheerenloch   Täler, Tobel, tiefe Höhlen – versteckte Schätze im Tösstal
  23   Durch das Sagenraintobel   Das Plätschern im Wald und das Säuseln in der Höhe
  27   Ins Weisstannental   Versteckter Ort unbändiger Kraft – die Wasserfälle des Batöni

GRAUBÜNDEN

  32   Ins Vernela   Zum verborgenen See bei den Unghürhörnern
  37   Radönt   Herbe, heilige Bergwelt hoch über dem Flüelapass
  41   Ins Val Lavinuoz   Eines der ganz stillen Täler im Unterengadin
  44   Im Nationalpark   Wildes, weites Herz der Schweizer Alpen
  51   Ins Val Champagna   Die ganze Magie des Oberengadins – und dazu still und ruhig
  55   Im Stazerwald   Zu den alten Arven von Pontresina
  58   Zervreila   Ein Berg wie ein Götterthron

ZENTRALSCHWEIZ UND TESSIN

  69   Am Tödi   Bachschlaufen, Eisdonnern und Felsstürze an den Abhängen des grossen Glarners
  73   Zum Nidersee   Umrahmt von schwarzen Zacken das Türkis des magischen Sees
  79   Um den Göscheneralpsee   Die ganze Kraft der Urner Berge
  85   Zum Tiefengletscher   Das Wasser des Eises gurgelt im Stein des Berges
  88   Auf das Nägelisgrätli   Bergwelt mit der Kraft der Kristalle
  93   Ins Valle Morobbia   Buchenwald und Eisenberge hoch über Bellinzona
  97   Gole della Breggia   Felsen, Fische, Fossilien – eine kleine Oase am Rande der Stadt
 103   Auf den Monte San Giorgio   Zu den Kastanienbaumriesen von Brusino
 106   Im Valle Onsernone   Wildes Tal, weite Wälder, stille Wege

WALLIS

- 111 Ins Gredetschtal   Die Himmelsleiter von Mund
- 116 Ins Laggintal   Verborgenes Tal und magische Ruinen
- 122 Auf den Ofentalpass   Die ruhige Ecke des Saastals – mit Blick auf acht Viertausender
- 127 Auf die Moosalp   Zu den alten Lärchen hoch über Bürchen
- 133 Im Val d'Hérens   Heilige Wasser, heilige Bäume
- 137 Hoch über Arolla   Walliser Bergriesen – wo es ruhig ist, ist es am schönsten.
- 140 Im hintersten Val Ferret   Auf alten Pfaden durch wilde Bergwelten

FREIBURG UND BERNER OBERLAND

- 149 In den Breccaschlund   Mystisches und märchenhaftes Hochtal beim Schwarzsee
- 155 Ins Geltenbachtal   Über, unter und hinter den Fällen – der Wasserfallweg im Lauenental
- 161 Rosenlaui   Das Chaltenbrunnen-Moor und seine Engelhörner
- 165 Über das Seefeld   Verwunschene Karstwälder und geheimnisvolle Höhlen

JURA UND MITTELLAND

- 173 Im Grand Risoux   Geborgen sein in einem der grössten Wälder der Schweiz
- 176 Im Vallée de la Brévine   Grenzschlängeln und Waldlaufen zum Menhir de Combasson
- 181 Die Côtes du Doubs   Wege und Windungen an einem der naturnahesten Flüsse der Schweiz
- 188 Der Erschwiler Jura   Im Herzen einer weiten, stillen Berglandschaft
- 195 Zum Erdmannlistein   Menhire, Wälder und Weiher – und der erste Meditationsweg der Schweiz
- 198 Über den Randen   Von Wiesenflüssen und flachen Bergen

ENTSPANNEN BEIM WANDERN

- 30 Präsenz
- 48 Atmen
- 65 Unser inneres Reisegepäck
- 82 Die Kunst der Pause
- 100 Weg vom Grübeln!
- 114 Die Gehmeditation
- 130 Heilmittel selbst gemacht
- 144 Den Moment in Worte fassen
- 168 Mit dem Herzen hören
- 186 Das Geschenk der Dankbarkeit

Hier sind die Wege der Stille und der Kraft

1. Seerücken: Von Weinfelden nach Altnau, Seite 11
2. Chreialpfirst im Alpstein, Seite 15
3. Hagheerenloch im Tösstal, Seite 19
4. Durch das Sagenraintobel von Wald nach Fischenthal, Seite 23
5. Weisstannental: von Weisstannen zum Batöni, Seite 27
6. Vernela: von Vereina zum Chessisee, Seite 32
7. Über dem Flüelapass: zur Fuorcla Radönt, Seite 37
8. Val Lavinuoz: von Lavin zur Chamanna Marangun, Seite 41
9. Nationalpark: vom Ofenpass auf den Munt La Schera, Seite 44
10. Val Champagna: von Samedan nach Muottas Muragl, Seite 51
11. Stazerwald: von Pontresina nach St. Moritz Bad, Seite 55
12. Zervreila: Rundwanderung über dem Valsertal, Seite 58
13. Am Tödi, Seite 69
14. Nidersee: vom Arnisee zur Leutschachhütte, Seite 73
15. Um den Göscheneralpsee, Seite 79
16. Von Realp zum Tiefengletscher, Seite 85
17. Vom Grimselpass auf das Nägelisgrätli, Seite 88
18. Valle Morobbia, Seite 93
19. Breggia-Schlucht, Seite 97
20. Monte San Giorgio, Seite 103
21. Valle Onsernone, Seite 106
22. Von Mund ins Gredetschtal, Seite 111
23. Vom Simplonpass ins Laggintal, Seite 116
24. Vom Saastal zum Ofentalpass, Seite 122
25. Von Bürchen auf die Moosalp, Seite 127
26. Val d'Hérens, Seite 133
27. Von Arolla zur Cabane des Aiguilles Rouges, Seite 137
28. Val Ferret, Seite 140
29. Vom Schwarzsee in den Breccaschlund, Seite 149
30. Vom Lauenensee zur Geltenhütte 155
31. Rosenlaui: Von Kaltbrunnen zur Schwarzwaldalp, Seite 161
32. Von Habkern über das Seefeld, Seite 165
33. Grand Risoux, Seite 173
34. Vallée de la Brévine, Seite 176
35. Côtes du Doubs, Seite 181
36. Erschwiler Jura, Seite 188
37. Erdmannlistein bei Bremgarten, Seite 195
38. Über den Randen, Seite 198

Umschlag vorne:
Bei La Brévine (Seite 176).

Seite 2
Auf dem Nägelisgrätli (Seite 88).

Zeit für die Stille Stille für die Kraft

In dem Buch, das Sie in den Händen halten, finden Sie zahlreiche Vorschläge für stille und stärkende Wanderungen, und dazu einige Inspirationen für ein achtsames Unterwegssein. Für Ihre Stunden und Tage draussen in der Natur möchte ich Ihnen – anstelle eines Vorwortes – zwei Wünsche oder Anregungen mitgeben.

Ein erster Wunsch ist, dass Sie sich selber Zeit schenken – Zeit zum Sehen, Zeit zum Hören, Zeit zum Spüren, Zeit zum Geniessen. Nur wer sich Zeit und Musse auf dem Weg gönnt, ist auch offen für die Ruhe und die Kraft, die aus der Natur in uns fliessen kann. Was uns die Natur dann schenken kann, hat der amerikanische Naturphilosoph und «Vater der Nationalparks» John Muir (1838–1914) so beschrieben:

> *Besteige die Berge und lass ihr Gutes auf dich wirken.*
> *Der Frieden der Natur wird in dich fliessen, so wie das Sonnenlicht in die Bäume strömt.*
> *Die Winde werden ihre Frische in dich wehen,*
> *und die Stürme ihre Kraft,*
> *während die Sorgen von dir fallen*
> *wie die Blätter im Herbst.*

Mein zweiter Wunsch ist, dass Sie etwas von diesem Frieden, dieser Freude und Ruhe in sich bewahren können, wenn Sie zurück zu Hause sind. Sich an diese Kraft nochmals erinnern, sie vielleicht sogar nochmals spüren, sodass sie Ihnen etwas Gelassenheit und Frohmut gibt, wenn die Arbeit wieder einmal erdrückend und der Alltag anstrengend ist. Damit Ihre Tage und Ihre Erlebnisse in der Natur zu einer Kraftquelle und Inspiration für das ganze Leben werden. So, wie es die nordamerikanischen Navajo in ihren Zeremonien singen:

> *Gehe aufrecht wie die Bäume,*
> *liebe dein Leben so stark wie die Berge,*
> *sei sanft wie der Frühlingswind,*
> *bewahre die Wärme der Sonne im Herzen,*
> *und der Große Geist wird immer mit dir sein.*

Alles Gute und viel Spass wünscht Ihnen

In den Frühling
Durch die blühenden Obstgärten des Seerückens

Das Erblühen der Apfel- und Birnbäume ist für mich der berührendste Moment im Kreislauf der Jahreszeiten, ein Symbol für den Frühling, für den Neubeginn, für das Leben. Fast gleichzeitig mit dem Ergrünen des Waldes, wenn die Buchen ihre hauchdünnen, hellen Blätter austreiben, beginnt auf den Wiesen und in den Bauerngärten das neue Jahr mit einem wahren Feuerwerk. Die Apfel- und die Birnbäume senden all ihre Kraft, die sie seit dem Herbst gesammelt haben, in die Myriaden von Blüten, und die kahlen Bäume verwandeln sich fast über Nacht und wie von Zauberhand in weiss leuchtende Kugeln.

Wer dieses Schauspiel bewusst erleben will, muss etwas genauer planen. Es ist nicht wie bei einer normalen Bergwanderung, die irgendwann zwischen Mai und November gemacht werden kann. Denn die Blüte der Apfel- und Birnbäume dauert nicht lange, eine Woche vielleicht trägt ein Baum sein schönstes Kleid, und am vielversprechendsten sind natürlich Regionen mit vielen alten, grossen Bäumen.

Dieses Jahr zieht es mich auf den Seerücken, einen wenig bekannten Hügelzug im Thurgau. «Most-Indien» wird diese Region auch liebevoll genannt – das klingt doch erfolgversprechend für jemanden auf der Suche nach Obstblüten. In Weinfelden, das mit dem Zug einfach erreichbar ist, beginne ich die Tour, und als Ziel habe ich mir Altnau vorgenommen, auf der anderen Seite des Seerückens fast am Bodensee gelegen. Auf dem Ottenberg mache ich eine erste Pause. Im Süden leuchten der Alpstein und die Churfirstenkette noch in ihrem dicken weissen Wintergewand, während das Thurtal und das Hügelland davor bereits von einem Mosaik von saftigem Grün und dem intensiven Gelb des Raps bedeckt sind. Die Temperatur ist angenehm, weder zu kühl noch vorsommerlich warm. Hie und da brummt ein Maikäfer vorbei, der schwere Leib an den kräftigen, surrenden Flügeln hängend. Vom Himmel ertönt immer wieder das «Hiäääh» der kreisenden Mäusebussarde.

Am westlichen Dorfeingang von Birwinken führt mich mein Weg durch den fast acht Hektar grossen Obstbaumgarten von Ueli Glauser. Etwa 400 Bäume pflegt er, die ältesten stammen noch aus dem 19. Jahrhundert. Nicht weniger als 80 Apfelsorten gedeihen hier, darunter auch seltene Sorten wie Stäfner Rose, Damason-Reinette, Hordapfel oder Safran-Pepping. Ueli Glauser führt mich durch den Garten und zeigt mir verschiedene naturnahe Lebensräume, die er angelegt hat. Eine lange Hecke zieht sich eine Böschung entlang, und bei einem Bienenhäuschen summt und brummt es unablässig. Zwischen den Bäumen zeigt er mir einen kleinen Tümpel, den er angelegt hat, und in den alten Bäumen entdecke ich immer wieder Vogelhäuschen. Dank seiner Liebe zu seinem grossen Obstgarten, viel Handarbeit und natürlich auch dank der Weitsichtigkeit seiner Vorfahren hat Ueli Glauser bereits zwei Preise gewonnen, so von Pro Natura für den «schönsten Hochstammobstgarten».

Nachdem ich mich von Ueli Glauser verabschiedet habe, lege ich mich unter den grössten der Bäume, schliesse die Augen und lasse meine Hände im kühlen, hohen Gras ruhen. Noch einmal geniesse ich die Sonnenstrahlen, die durch das weisse Blütenmeer tanzen und über mein Gesicht streifen, lausche dem Gezwitscher der Vögel und dem Summen der Bienen, und es ist mir, als rieche ich bereits den süssen Duft des Honigs.

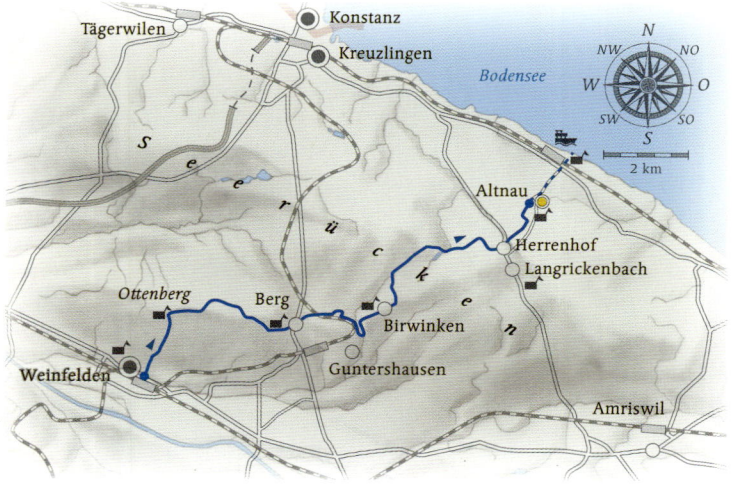

Ausgangspunkt: Mit dem Zug nach Weinfelden.
Route: Vom Bahnhofplatz nordöstlich zur Altstadt und hinauf auf den Ottenberg (Stelzenhof). Nun östlich nach Berg und am Nordende von Guntershausen durch ein Tälchen nach Birwinken. Am östlichen Dorfausgang nördlich weg und via Emerzer Weiher und Herrenhof nach Altnau (Postauto nach Kreuzlingen oder Konstanz).
Kennzahlen: Länge 19,5 km, 350 m Aufstieg, 310 m Abstieg, 5 Std., Schwierigkeit T1–T2
Verlängerung: Von Altnau zum Bodensee und mit dem Schiff nach Rorschach oder Romanshorn (Fahrplan beachten). Zusätzlich 2 km, 70 m Abstieg, ½ Std.

Einkehren und Übernachten: Restaurants in Weinfelden, auf dem Ottenberg (Stelzenhof), in Berg, Birwinken, Langrickenbach, Altnau und am Bodensee bei Ruederbomm. Hotels in Weinfelden, Berg und Altnau.
Entdecken und Erleben: Die Obstbäume in der Region blühen nur kurze Zeit, in der Regel etwa zwischen 20. April und Mitte Mai. Schöne Hochstammobstgärten gibt es auch anderswo, etwa im Luzerner Seeland oder im Fricktal.
Karten: Landeskarte 1 : 25 000, 1054 Weinfelden; 1 : 50 000, 217/217T Arbon
Informationen: Thurgau Tourismus, Telefon 071 531 01 31, www.thurgau-bodensee.ch

Bild Seite 10
Pause bei Birwinken.

Auf den Chreialpfirst
Einsame Pfade in der urtümlichen Welt der Alpstein-Gipfel

Im Alpstein eine passende Tour für dieses Buch zu finden, war eine kleine Herausforderung für mich. An starken Orten mangelt es dem Gebirgsstock auf keinen Fall. Es gibt markante Berge wie den Säntis, den Altmann oder den Hohen Kasten, eine ganze Reihe von parallel laufenden schroffen Graten und dazwischen enge, tiefe Täler, in denen manchenorts kleine Seen schlummern. Orte zum Verweilen, zum Staunen und Auftanken gäbe es also genug. Nur – die Nähe zu einigen grösseren Städten bringt an schönen Tagen eine erkleckliche Zahl von Menschen auf die bekannteren Routen, und das kann das Erlebnis etwas schmälern.

Nach langen Recherchen habe ich mich schliesslich für den Chreialpfirst entschlossen. Er ist einer der weniger bekannten Grate im Süden des Alpsteins, wobei «Grat» nicht ganz treffend ist, denn oben zieht sich ein flacher Rücken, fast ein Hochplateau, über mehr als einen Kilometer dahin, und Rinder weiden hier friedlich im saftigen Gras. Er ist mit 2126 Meter über Meer auch der höchste der einfach bewanderbaren Grate und bietet die schönsten Blicke zum Altmann, zum Säntis, zu den haifischzahnartigen Felsschuppen der Fählentürme und im Süden zum Gätterifirst, hinter dem der Alpstein steil ins St. Galler Rheintal abfällt.

Die Wanderung beginnt man am besten auf Gamplüt, das man mit der Seilbahn von Wildhaus aus erreicht. Mit stillen Pfaden durch einsame Berglandschaften muss man sich noch etwas gedulden, denn zu Beginn ist man auf einer Naturstrasse unterwegs, die durch intensiv genutzte Alpweiden führt. Bei der Alp Tesel wird es jedoch markant urtümlicher – die meisten Wanderer biegen hier links Richtung Zwinglipass ab –, und ab dieser Alp Tesel geht es auf einem schmalen, aber guten Pfad Richtung Mutschensattel. Es ist ein enges Tal hier; zu beiden Seiten steigen steile Gras-

«Besucher von einem Planeten, auf dem es keine Blumen gibt, denken bestimmt, dass wir dauernd überquellen vor Freude, solch schöne Wesen um uns herum zu haben.» *Iris Murdoch*

hänge und Felsschultern in die Höhe. Und es ist ein ruhiges Tal, nur der Pfiff eines Murmeltiers und das kehlige «Kroork» eines Kolkraben durchbrechen manchmal die Stille.

Auch wenn der Chreialpfirst, zumindest von der Höhe her, das Tagesziel ist, so ist doch der Mutschensattel vielleicht der spannendste Ort und für eine Mittagspause mindestens so geeignet wie der Chreialpfirst. Was den kleinen, unbekannten Pass so speziell macht: der Blick zu den Kreuzbergen. Hoch über der Roslenalp erhebt sich diese Palisade von Türmen und Zinnen, die auf beiden Seiten beinahe senkrecht abfällt. Wenn dann noch Nebelschwaden aus dem Rheintal hochsteigen und durch die Scharten drücken, ein Lichtstrahl durch die Wolkendecke auf die Roslenalp ganz tief unten fällt und das Blöken eines verlorenen Schafes wie das Wehklagen eines Berggeistes aus dem Nichts hallt, dann fühlt man sich endgültig im Reich eines fernen Sagenlandes.

Ausgangspunkt: Zug nach Nesslau-Neu St. Johann oder Buchs SG, dann Postauto bis Wildhaus, Post; zu Fuss in etwa 10 Min. zur Luftseilbahn und mit dieser hoch nach Gamplüt.
Route: Via Alp Tesel auf den Mutschensattel und hier links (nordwestlich) hoch auf den Chreialpfirst (2126 m). Hinab zum Zwinglipass und via Chreialp zurück nach Gamplüt und mit der Seilbahn ins Tal.
Kennzahlen: Länge 13,8 km, je 910 m Auf- und Abstieg, 5¼ Std., Schwierigkeit T2
Längere Variante ohne Seilbahn: Von der Talstation der Luftseilbahn durch das Flürentobel hoch und am Schluss auch hier wieder hinunter. Die Wanderung wird je knapp 200 m mehr Auf- und Abstieg haben und etwa 1 Std. länger dauern. Schwierigkeit T2.
Einkehren und Übernachten: Bergrestaurant Gamplüt, bei gutem Wetter das ganze Jahr offen, Telefon 071 999 21 72, www.gampluet.ch. Zwinglipasshütte SAC, zeitweise bewartet Mai bis Oktober, aber nur Suppen erhältlich (Für Übernachtungsgäste einfache Halbpension), Telefon 071 565 36 21, www.sac-toggenburg.ch.
Entdecken und Erleben: Lust auf ein grandioses Rundum-Panorama? Der Mutschen (2122 m) liegt nur 10 Min. entfernt vom Mutschensattel und bietet eine tolle Rundsicht über Rheintal, Churfirsten und Alpstein.
Karten: Landeskarte 1:25 000, 1115 Säntis und evtl. 1135 Buchs; 1:50 000, 227/227T Appenzell und evtl. 237/237T Walenstadt
Informationen: Toggenburg Tourismus, Telefon 071 999 99 11, www.toggenburg.ch

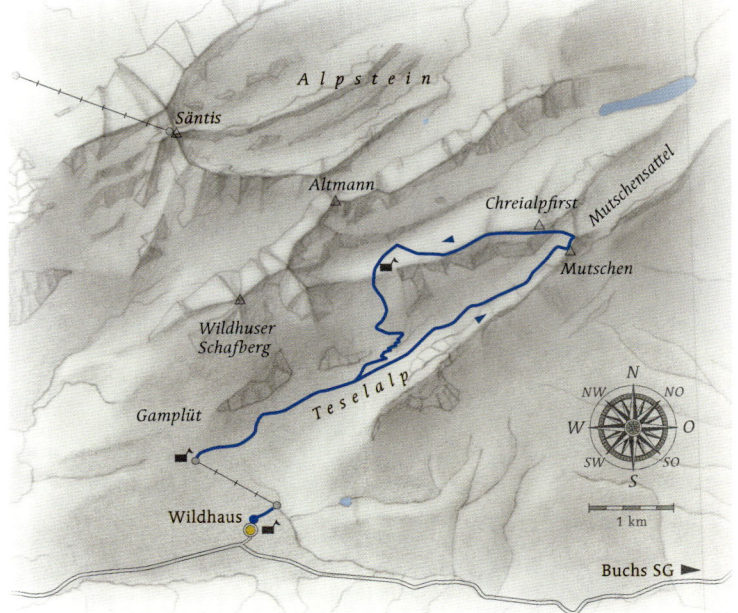

Bild Seite 14
Wolkenspiel am Chrüzberg.

Bild oben
Wilde Bergwelt beim Altmann.

Bild unten
Ur-Wald beim Flürentobel.

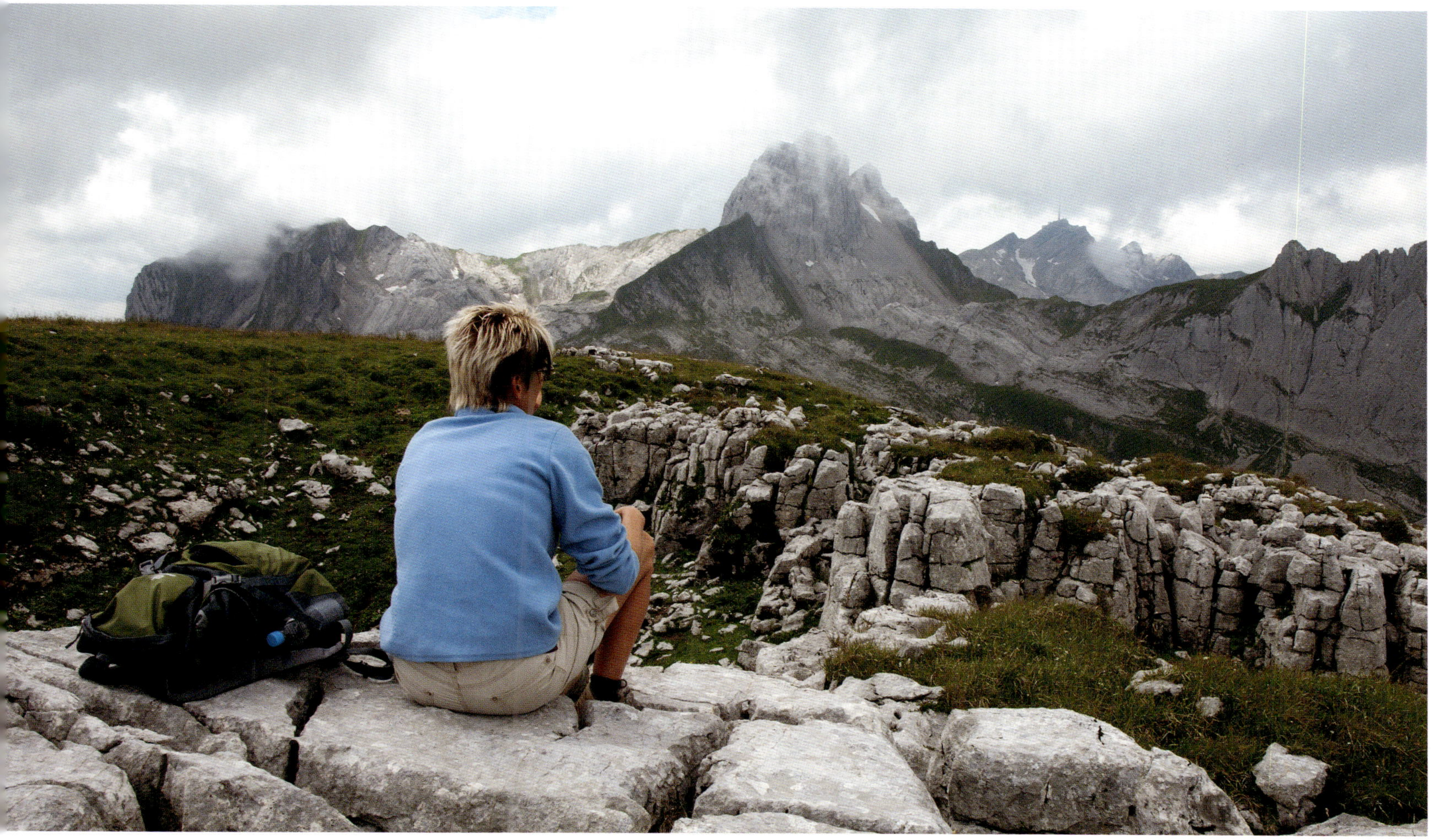

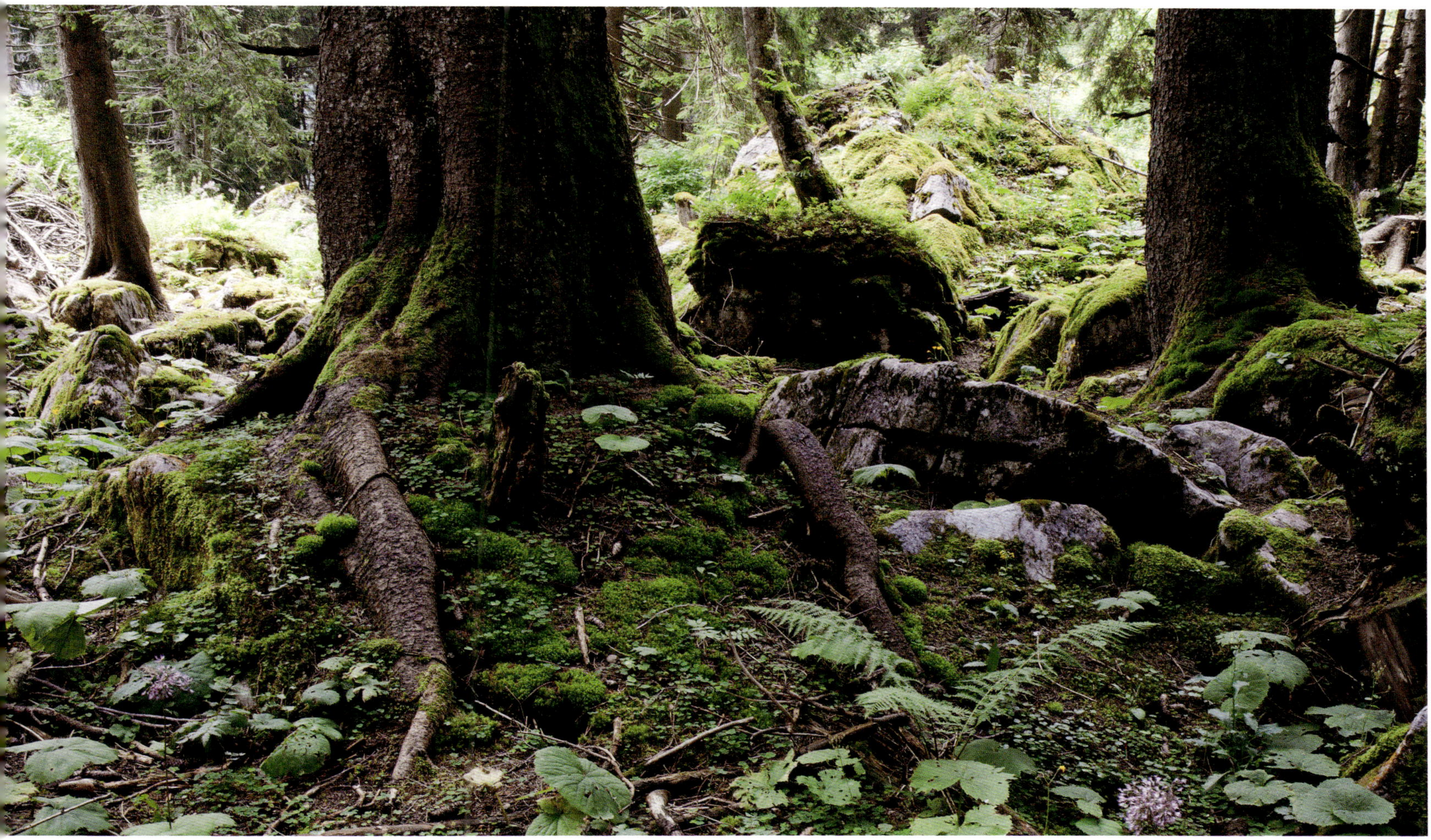

Zum Hagheerenloch
Täler, Tobel, tiefe Höhlen – versteckte Schätze im Tösstal

Immer wieder spielt sich bei mir dasselbe ab: Es ist Sonntag, vielleicht im März oder auch im November, und ich verspüre die Lust, wegzugehen, hinaus in die Natur, in eine Landschaft einzutauchen, etwas Neues zu sehen und alles andere zu vergessen. Ich bin aber auch zu müde, um eine weite Reise auf mich zu nehmen. In der Nähe soll es also sein. In diesen Momenten kommt mir oft dieselbe Idee: Tösstal! Ein Vorbehalt bleibt mir jeweils bei diesem Vorhaben: Da ich am Eingang zum Tösstal wohne, denke ich immer gleich, dass ich da schon so viele Male war, dass ich da schon alles kenne.

Das Weitere läuft dann etwa so ab: Auf der Karte wähle ich einen Bahnhof zum Aussteigen und eine Richtung zum Loswandern. Alles schon bekannt, schon gesehen. Doch regelmässig, nach einer kurzen Zeit, manchmal ist es eine halbe Stunde, manchmal sind es nur zehn Minuten, passiert dies: Ich stelle mit Erstaunen fest, dass das Dörfchen unten an der Töss bereits längst ausser Sicht- und Hörweite liegt. Und stelle wieder einmal fest: Ich weiss nicht, wo ich bin! Rundherum Hügel und Rippen, Wälder und Wiesen und darin vereinzelte Höfe. Ich weiss nicht, wo Norden ist, es gibt keine Haltepunkte, keinen markanten Berg, keine Antenne auf einem Gipfel. Die Landschaft wirkt wie auf der letzten Wanderung, und doch ist alles ganz neu. Wo bin ich? So stelle ich mir eine abgelegene Berglandschaft in Bulgarien vor, oder in den Karpaten, oder in Transsylvanien. Ich bin wie verloren. Das Tösstal erlebe ich wie einen Schwamm, der mich aufsaugt und wegzieht vom eigenen Daheim und vom Alltag, mich in seinen Tälchen, Kuppen und Wäldern verlieren lässt. Ohne dass ich aber das Gefühl habe, mich verirrt zu haben. Im Gegenteil, ich fühle mich wohl, wie angekommen, geborgen.

«Still sitzen
Nichts tun
Der Frühling kommt
Das Gras wächst»
Aus dem Zen-Buddhismus

Eine Wanderung im Tösstal kann man bestens «aufs Geratewohl» starten – einen Bahnhof auswählen und losziehen, ausgerüstet mit einer guten Wanderkarte, mit Neugier und einer Prise Abenteuerlust. Wer es vorzieht, sich auf etwas «Geprüftes» einzulassen, kann natürlich auch dem Vorschlag hier folgen. Es ist eine recht kurze Wanderung. Sie beginnt in Steg, führt in das wildromantische Lättenbachtobel, hoch zur Aussichtskuppe zwischen Gfell und Sternenberg und schliesslich hinab nach Bauma.

Eine Besonderheit wartet beim Abstieg von Sternenberg auf den Wanderer: das Hagheerenloch. Der Name bedeutet so viel wie Raubritter; die Herren (Heeren) versteckten sich hinter einem Zaun (Hag), um dann Reisende zu überfallen. Die Höhle ist etwa 30 Meter tief, der Boden eben, sodass man, teilweise gebückt und auf den kleinen See achtgebend, gut hineingehen kann, mit etwas Angewöhnungszeit auch ohne Taschenlampe. Der Sage nach soll hier einmal ein riesiges Gangsystem angelegt worden sein, das die Burgen Sternenberg und Werdegg bei Hittnau verband. In einem verschlossenen Gewölbe soll auch ein unermesslicher Schatz verborgen gewesen sein, der von einer schwarzen Schlange, die sich um die drei schweren Schlösser des Tores wand, bewacht wurde. Später sollen in der Höhle Wiedertäufer Zuflucht gefunden haben.

Ausgangspunkt: Mit dem Zug nach Steg (ZH).
Route: Vom Bahnhof nahe der Töss in Richtung Bauma, aber bereits kurz nach Wellenau rechts (nordöstlich) durchs Lättenbachtobel. An den Weilern Lindenhof und Rossweid vorbei und beim Hof Höhstock (884 m) links (südlich) hinab und via Hagheerenloch zurück an die Töss und zum Bahnhof Bauma.
Kennzahlen: Länge 13 km, 330 m Aufstieg, 380 m Abstieg, 3½ Std., Schwierigkeit T2

Einkehren und Übernachten: Hotels und Restaurants in Steg und Bauma. Restaurant in Sternenberg.
Entdecken und Erleben: Zahlreiche ruhige und idyllische Plätzchen zum Verweilen und Geniessen gibt es im Lättenbachtobel. Hier schlängelt sich der Weg neben dem Bach durch den wilden, naturnahen Wald.
Karten: Landeskarte 1:25 000, 1093 Hörnli; 1:50 000, 226/226T Rapperswil
Informationen: Zürioberland Tourismus, Telefon 052 396 50 99, www.zuerioberland-tourismus.ch

Bild Seite 18
Herbst im Lättenbachtobel.

Bild oben
Wald-Wildnis bei Schindlet.

Bild unten
Innenwelt, Aussenwelt – im Hagheerenloch.

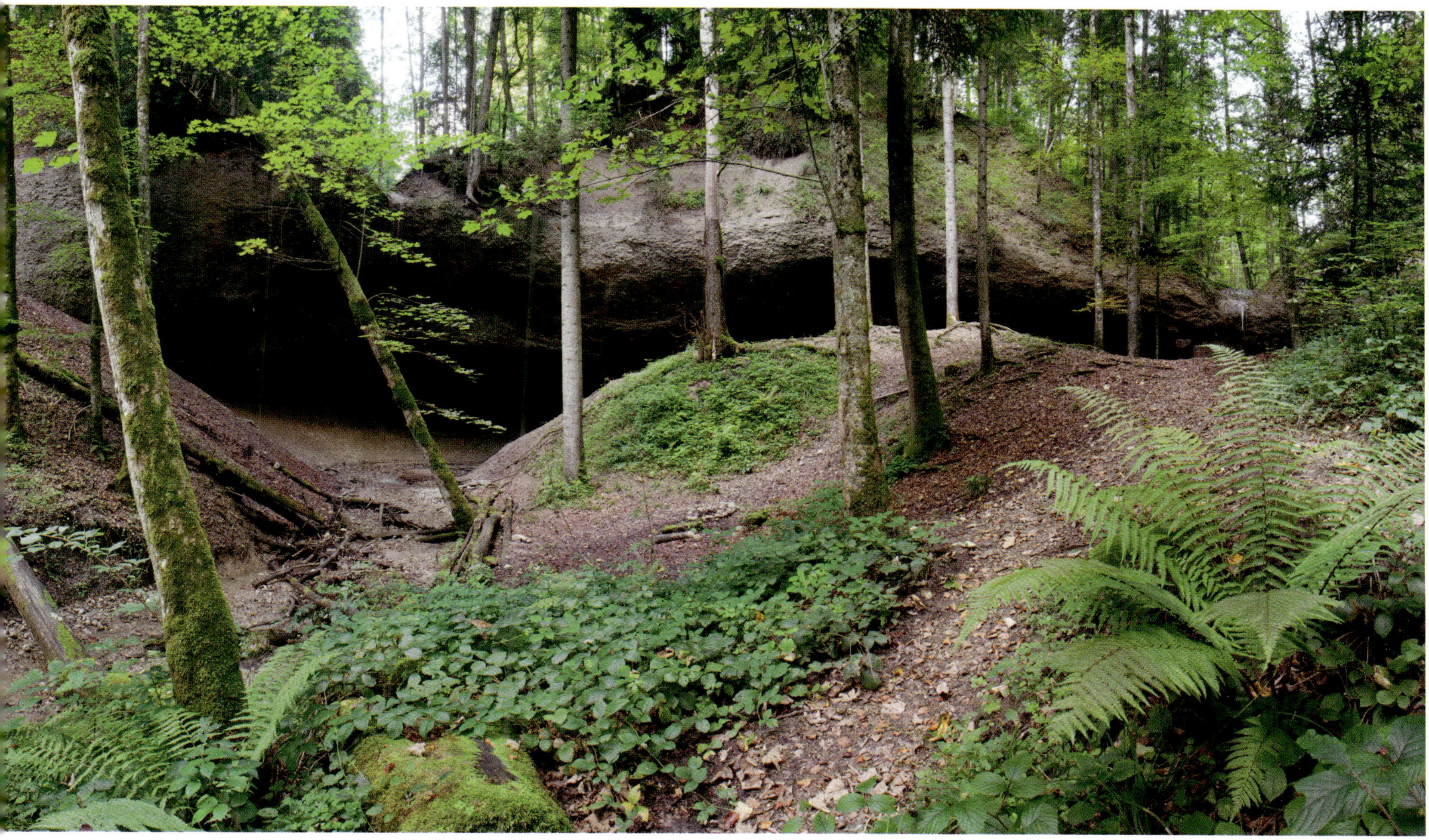

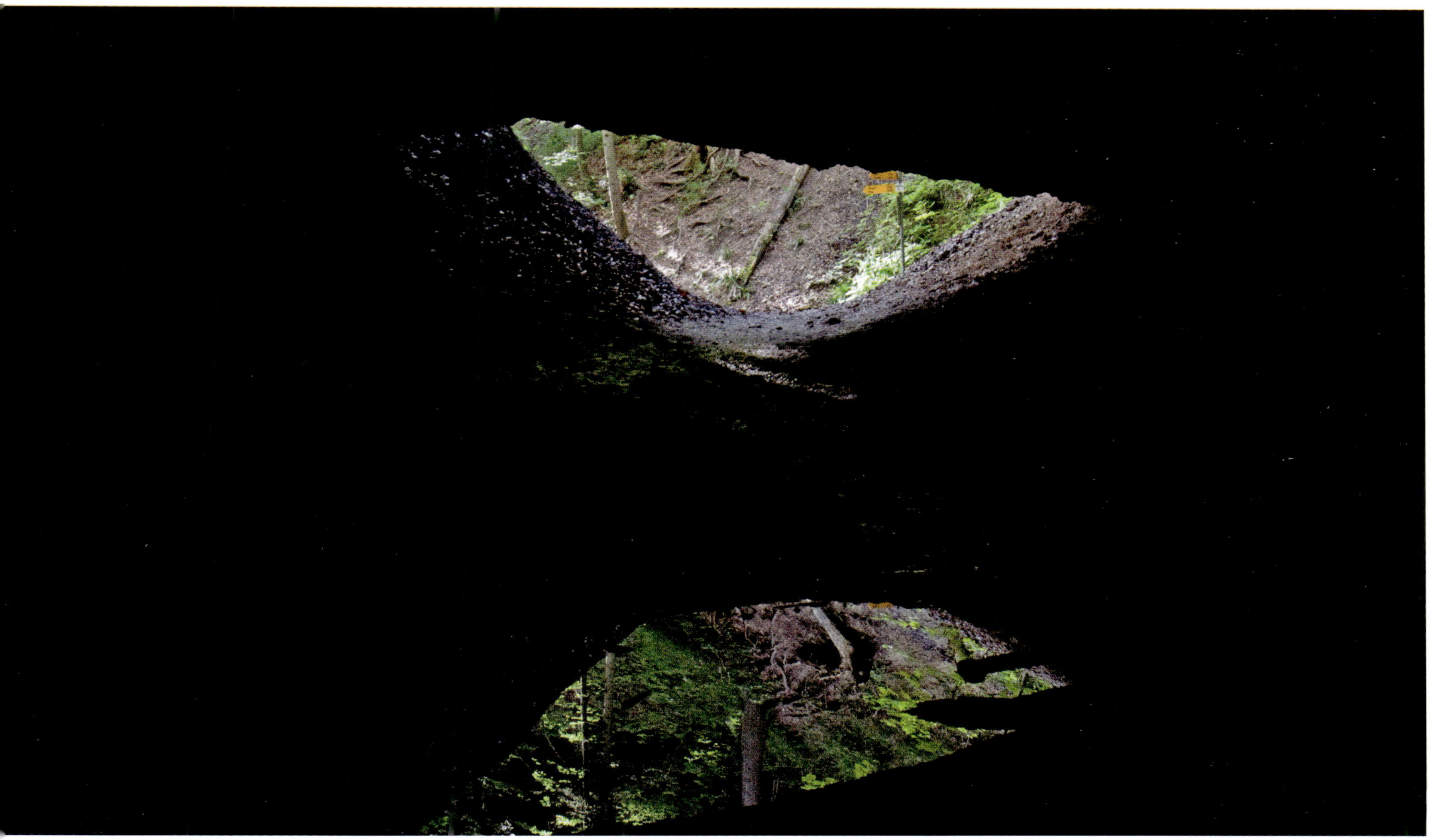

Durch das Sagenraintobel
Das Plätschern im Wald und das Säuseln in der Höhe

Haben Sie auch eine persönliche Seelenlandschaft? Eine Landschaft in Ihrem «Bildarchiv», in Ihrem «Sehnsuchtszentrum», in die Sie sich am liebsten beamen möchten, wenn Ihnen wieder einmal alles über den Kopf wächst, wenn alles nervt, wenn Sie einfach fort möchten? Haben Sie eine solche innere Landschaft zum Hingehen, zum Vergessen und Auftanken? Vielleicht sitzen Sie dann unter einer mächtigen Linde mitten in einer Blumenwiese im Frühling, über und um sich ein Zwitschern und Summen und Zirpen. Oder Sie ruhen sich auf einem Stein hoch oben auf einem Berggipfel aus, der Blick weit, Sie sind hoch über allem, das Herz ist leicht und voller Freude?

Eine meiner Seelenlandschaften sind kleine Bäche, die durch den Wald plätschern. Schluchten können es sein, oder auch nur Tälchen. Steine im Bachbett, um die das Wasser gurgelt und sprudelt. Der Wald rundherum nimmt mich auf und beschützt mich wie die Arme eines geliebten Menschen. Das Licht der Sonne, das mit jedem Schritt und jedem Windstoss neu und frisch durch das Blätterdach tanzt; die kühle Luft, die über die warme Stirn streicht und die Gedanken besänftigt und vielleicht mit dem Duft von Bärlauch betört; die Vögel, deren ungeordnetes und wirres Konzert so viel Ruhe und Frieden in die Seele bringt.

Eine solche Wald-und-Bach-Idylle ist das Sagenraintobel bei Wald. Ich wohne nicht weit davon entfernt und doch kenne ich es erst seit wenigen Jahren. Seither habe ich das Bild dieses Baches, die Erinnerung an das Hüpfen über den Bach, an die Kühle und Frische des Mooses auf den mächtigen Steinen stets ganz lebendig in mir.

«Blick in dein Inneres. Da ist die Quelle des Guten, die niemals aufhört zu sprudeln, wenn du nicht aufhörst zu graben.» Marc Aurel

Nicht weit vom Bahnhof von Wald trifft der Wanderweg auf den Schmittenbach und führt hier in den kühlen Wald. Immer wieder quert der Weg den Bach, auf Brücken, Stegen, Stelzen und Hüpfsteinen. Je höher man kommt, desto feiner und sanfter wird das Rauschen und Gurgeln, und am oberen Ende des Tobels sind die Sorgen und Gedanken des Alltags bereits leichter oder vielleicht ganz vergessen.

Wunderschöne Plätzchen zum Sitzen, Schauen und Durchatmen gibt es auch auf dem Kamm oben beim Hüttchopf. Der Hüttchopf selbst ist mit 1232 Meter über Meer einer der höchsten Gipfel des Zürcher Oberlandes und bietet eine wunderschöne Fernsicht zum Säntis und in die Alpen. Nördlich davon, am lang gezogenen Kamm, stehen schiefe und windgebeugte Föhren im Hang, Bäume, unter die ich mich besonders gerne setze. Es sind Bäume mit viel Ausstrahlung und Kraft, die das Licht, die Weite und den Wind dieses Ortes in sich tragen.

Ausgangspunkt: Mit dem Zug nach Wald (ZH).
Route: Vom Bahnhof durch das Dorf ins Sagenraintobel (auf der Karte mit Schmittenbach bezeichnet) und via Wolfsgrueb auf die Scheidegg. Weiter auf den Hüttchopf (1232 m) und via Tannen hinab zum Bahnhof Fischenthal.
Kennzahlen: Länge 11,5 km, 660 m Aufstieg, 550 m Abstieg, 4 Std., Schwierigkeit T2
Einkehren und Übernachten: Gasthaus Alp Scheidegg Telefon 055 246 40 40, www.alpscheidegg.ch. Restaurants und Hotels in Wald und Fischenthal.

Entdecken und Erleben: Ein idyllisches Plätzchen für ein Picknick ist der Webereggweiher; er liegt nur einige Minuten neben der Hauptroute durch das Sagenraintobel.
Karten: Landeskarte 1:25 000, 1093 Hörnli und 1113 Ricken; 1:50 000, 226/226T Rapperswil
Informationen: Zürioberland Tourismus, Telefon 052 396 50 99, www.zuerioberland-tourismus.ch

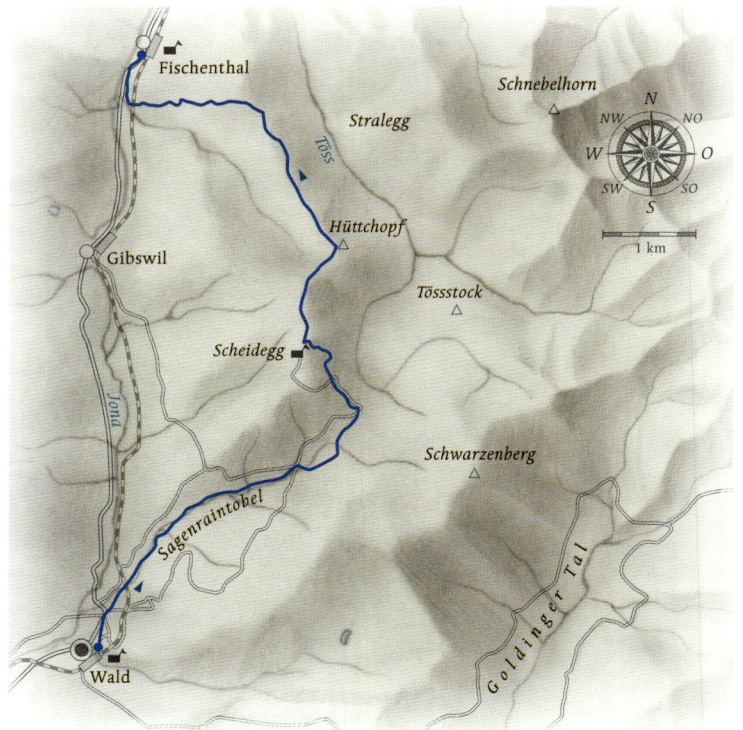

Bild Seite 22
Urnatur im Sagenraintobel.

Wunderbar beruhigend: Spazieren am Schmittenbach.

Ins Weisstannental

Versteckter Ort unbändiger Kraft – die Wasserfälle vom Batöni

Die Urkräfte der Erde sehen, hören, spüren, erleben – das ist das Motto dieser Wanderung. Die Urkräfte der Natur: das Werden von Gebirgen, der Zerfall von Gebirgen, Erdrutsche, Lawinen, Wasserfälle. Aber auch die Kräfte des Lebens: knorrige Buchen auf kargem Boden, die kleine gelbe Aurikel, die auf einem Erdklumpen blüht, der bei einem heftigen Regen zu Tale kullerte, die Steinböcke, die sich im frischen Frühlingswuchs vom langen Winter erholen, oder die Lärche, die sich einsam und hoch oben auf einem Felsband festklammert und gegen den Himmel wächst.

Diese Wanderung gleicht einer Wanderung von der Menschenwelt in diese Welt der Urkräfte. Weisstannen, ein kleiner Weiler im gleichnamigen Tal, strahlt noch eine Bergdorf-Idylle aus, mit den schindelgekleideten Häusern mit ihren schmucken Geranien, der leuchtend weissen Kirche und den Blumenwiesen am Dorfrand. Doch schon die umliegenden Berghänge sind unwegsam, fast bedrohlich, und das breite, geröllgefüllte Bett des Gufelbaches mitten im Dorf bringt Kunde von den unbändigen Kräften der Natur in den umliegenden Bergen.

Anfänglich geht es noch auf einem Fahrsträsschen hoch, an bunten Wiesen vorbei, in denen Kühe mit bimmelnden Glocken stehen. Doch schon bald verengt sich der Weg, nur noch zu Fuss geht es weiter. Durch steilen Bergwald, in dem die Fichten sich an Felsbrocken festklammern und die Buchen in seltsam knorrigen Formen gewachsen sind. Über Bachtobel geht es, gefüllt mit Schutt und Stein und Resten vom alten Winter.

«Dort, wo der Weltgeist in stiller Größe waltet, immer neue Wunder schaffend, am Donner des schäumenden Wasserfalls (…) findet der wahre Mensch seine heiligsten Stunden.»
Gottfried Keller

Je weiter man in dieses Tal vordringt, desto rauer wird es. Felswände aus bröckelndem Kalk und Schiefer steigen beiderseits in die Höhe. Und es ist, als würden sich die Kräfte des Berges hier jedes Jahr aufs Neue austoben. Hausdicke Lawinenkegel verstopfen immer wieder das Tal, bedeckt von Schlamm und Erde, eine zerbrochene Brücke ragt unten aus dem Bach, zerfetzte Baumleiber liegen herum wie nach einer Schlacht, ein Wegweiser steht da, gespenstisch in eine U-Form gedrückt, die Runsen sind gefüllt mit altem Eis und frischem Bergsturzmaterial.

Ganz hinten gibt es kein Weiterkommen im Frühsommer. Zu hoch schwellen die Bäche mit dem Schmelzwasser an, Brücken sind noch keine da. Auf drei Seiten geht es schroff hoch, zu den Lavtinahörnern, zum Zinerspitz und zum Hangsackgrat. Dort oben liegt noch viel Schnee, und jetzt, in der Maiwärme, stürzen die Wassermassen zu Tal, und gleich an drei Orten brausen und sausen sie über eine Felskante hinab ins Batöni. Es ist eng hier, auch beengend, wild, laut und tosend, ein Ort wie Helms Klamm aus Tolkiens «Herr der Ringe». Es sind die Urkräfte der Erde, und hier spürt, sieht, hört und erlebt man sie hautnah.

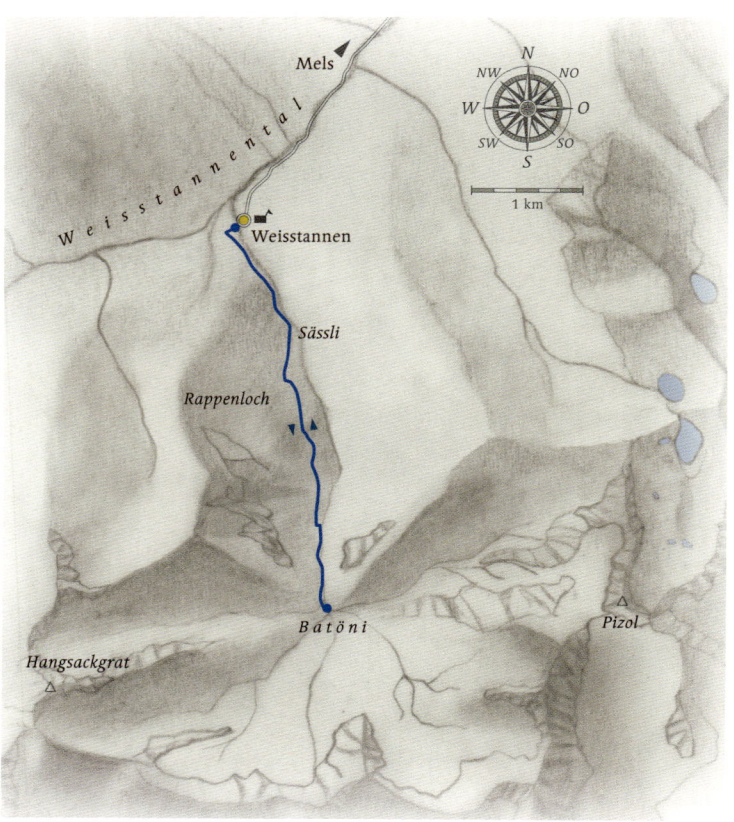

Ausgangspunkt: Zug bis Sargans und Bus bis Weisstannen, Oberdorf.
Route: Gut markiert durch das Tal des Gufelbaches bis nach Batöni. Auf demselben Weg zurück.
Kennzahlen: Hin und zurück 8 km, je 530 m Auf- und Abstieg, 3 Std., Schwierigkeit T2
Einkehren und Übernachten: Hotel und Restaurants in Weisstannen.
Entdecken und Erleben: Bei der Alp Sässli führt ein Weg hoch zur Alp Rappenloch (etwa 1 Std. Aufstieg bis zur Alp). Spannend: Hier wurden 1911 die ersten Steinböcke in der Schweiz ausgesetzt, die den Grundstock der heute etwa 16 000 Tiere bildeten.
Karten: Landeskarte 1:25 000, 1155 Sargans und 1175 Vättis; 1:50 000, 237/237T Walenstadt und 247/247T Sardona
Informationen: Heidiland Tourismus, Telefon 081 720 08 20, www.heidiland.ch

Bild Seite 26
Der Piltschinabachfall.

Bild oben
Die Kraft der Natur. Am Gufelbach.

Horn	1 h 45 min	
Valtnov	2 h 10 min	
Vorsiez	3 h 40 min	
Weisstannen	4 h 10 min	

Batöni	50 min	
Heidelpass	3 h 30 min	
Vättis	8 h	
Pizolhütte	5 h 15 min	

Unter-lartina 1308 m

Weisstannen 40 min

73

73

VALTNOV

Präsenz Das Hier und Jetzt geniessen

Bestimmt haben Sie auf einer Wanderung auch schon eine Pause gemacht, sich in der Nähe des Wanderwegs hingesetzt, etwas gegessen und dabei den vorbeiziehenden Wanderern zugeschaut. Vielleicht ist Ihnen aufgefallen, auf wie unterschiedliche Art die Menschen unterwegs sind. Die einen schweigsam, die anderen in einem unablässigen Redefluss. Jemand mit gesenktem Kopf, den Blick zu Boden gerichtet, kurz darauf ein anderer, der immer wieder aufschaut und die Landschaft betrachtet. Manche rasen, als wäre die Polizei hinter ihnen her, andere gehen entspannt und machen immer wieder eine kleine Pause, um sich dieses oder jenes anzuschauen. Manche haben Musikstöpsel in den Ohren, andere nicht und sind offen für die Geräusche und Klänge aus der Natur.

Wanderungen sind erholsamer, wenn wir uns genug Zeit lassen, wenn wir die Ärgernisse der vergangenen Woche ebenso wie die Sorgen um die Zukunft für einmal ruhen lassen. Wir können uns besser entspannen, wenn wir uns ganz im Hier und Jetzt befinden, mit unseren Sinnen anwesend sind und wahrnehmen, was wir tun und was wir fühlen. Das ist Präsenz, das bewusste Leben und Wahrnehmen im Hier und Jetzt – an dem Ort, wo wir gerade sind, im gegenwärtigen Moment. Präsenz ist das Gewahrsein des Augenblicks, das bewusste Wahrnehmen dessen, was wir in jedem Moment denken und empfinden. Statt Präsenz könnte man auch von Achtsamkeit sprechen, wie sie im Herzen aller östlichen Lehren schlägt, im Buddhismus genauso wie in der Zen-Meditation.

Tipps: Präsent sein beim Wandern

Präsenz beim Wandern heisst, mit der Aufmerksamkeit genau dort zu sein, wo man im jeweiligen Moment ist. Man könnte es auch Achtsamkeit nennen oder Leben im Hier und Jetzt. Üben Sie beim Wandern immer wieder, ganz präsent zu sein. Dann kann es zu einer Quelle der Kraft werden, und wir erleben die Wanderung intensiver und mit mehr Genuss.

- Präsenz heisst, mit allen Sinnen anwesend zu sein: die Blumen am Wegrand zu sehen, die Flechtenbärte an den alten Lärchen und den Bussard am Himmel, den eigenen Atem zu hören, das Zwitschern der Vögel und das ferne Rauschen des Bergbachs, den würzigen Duft in der Luft zu riechen oder die Kühle der Bergluft auf der Haut zu spüren.
- Oder umgekehrt: Wer nicht präsent ist, ist mit seinen Gedanken anderswo als im Hier und Jetzt: noch zu Hause, schon auf dem Gipfel, bei den Problemen der Arbeit, beim nächsten Wochenende oder bei den Sorgen und Ängsten des Lebens.
- Wer präsent ist, kommt weniger ins Grübeln und erlebt die Wanderung intensiver. Das Erholsame und Wohltuende der Wanderung geht tiefer in Körper, Herz und Seele. Kurz – wer präsent wandert, entspannt sich besser, geniesst es mehr und empfindet mehr Freude.
- Das Schöne daran: Später, wieder in der Mühle des Alltags, kann man sich so besser zurückerinnern und das wohltuende Erlebnis wieder lebendig werden lassen.

Und noch zwei Tipps:
- Versuchen Sie, es locker anzugehen. Es geht nicht um angestrengte volle Konzentration. Das Motto soll sein: entspannt, geniessend und leicht im Moment sein.
- Sie werden immer wieder aus dem Zustand der Präsenz «herausfallen», etwa plötzlich feststellen, dass Sie mit den Gedanken wieder bei der Arbeit waren. Vielleicht verlieren Sie sich schon nach wenigen Sekunden wieder in einer Fantasie, einem Gedanken. Das ist normal und geht allen so. Kommen Sie dann einfach wieder zurück ins Hier und Jetzt, ohne sich Vorwürfe zu machen, dass Sie sich schon wieder in andere Gedanken verstrickt haben. So wie der kleine Knirps das Skifahren lernt: umfallen und immer wieder aufstehen und weiterfahren.

Und inzwischen ist Präsenz auch von der westlichen Psychologie als Schlüsselfaktor für ein glücklicheres und stressfreieres Leben anerkannt worden.

Wandern können wir, wie jede andere Tätigkeit, unbewusst tun, unachtsam, ohne Präsenz. Dann ist unser Blick auf die Uhr, das Handy oder das Navigationsgerät gerichtet. Unsere Gedanken sind beim verpatzten Gespräch von letzter Woche oder bei den Stolpersteinen des Projekts, das wir demnächst anpacken müssen. Wir sind am Plaudern, Planen und Grübeln. Wir sind überall, nur nicht an dem Ort, wo wir gerade sind.

Wandern können wir aber auch mit Präsenz, mit Achtsamkeit und mit Gewahrsein dessen, was in uns und um uns in jedem Moment ist und passiert. Dann sehen wir die wunderschöne Alpen-Aster rechts des Weges, hören das helle «Dlitlitlitlit» des Bergpiepers, riechen die würzige Bergluft und nehmen die Weite der Landschaft bewusst und mit allen Sinnen wahr. Dann bemerken wir, dass unser Körper durstig ist und eine Pause braucht oder dass wir Lust haben, uns unter einen alten Baum zu legen und in die Wolken zu schauen. Erst mit dieser Präsenz können wir auch bewusst wahrnehmen, dass es uns gefällt auf dieser Wanderung, an diesem Ort, zu dieser Zeit. Und so erleben wir umso intensiver, dass wir – hier und jetzt – richtig glücklich sind.

Ins Vernela
Zum verborgenen See bei den Unghürhörnern

Der Ausgangspunkt. Unspektakulär, aber doch selbstbewusst sitzt das Berghaus Vereina, ein 100-jähriges, währschaftes Steinhaus, auf einem kleinen Felsbuckel – ganz in der Mitte, im Herzen dieser Berglandschaft hoch über Klosters, dort, wo das Jörital, Süser Tal und das Vernela zusammenkommen. Schon von der Terrasse des Hauses reicht der Blick bis ganz ins hinterste Ende des Vernelas, zum Verstanclahorn und zum Chapütschin. Die beiden Bergzacken wirken noch klein, weit entfernt, und werden vorerst deutlich übertrumpft von den Unghürhörnern zur Rechten. Mächtig ragen sie vor dem Berghaus in die Höhe, ihre riesigen Flanken fast schwarz im Morgenschatten, und es scheint, als möchten sie den Eingang zum Vernela überwachen und nur denjenigen Einlass gewähren, die der Schätze weiter hinten im Tal auch würdig sind.

Der Weg. Schnörkellos steigt er das etwa sechs Kilometer lange Vernela-Tal hinan. Erst noch breit wie ein Fahrweg, weiter oben nur noch ein Fusspfad, folgt er stets dem Vernelabach, in gerader Linie hoch zum Ende des Tales beim Verstanclahorn. Zielgerichtet und direkt. Und doch mit Überraschungen. Denn was die Karte kaum verrät: Nicht weniger als fünf Mal ebnet das Vernela-Tal aus, und statt über Felsbrocken und Kanten zu sprudeln, ergiesst sich der Vernelabach in aller Ruhe über einen Boden, verästelt sich, fliesst fast lautlos um grün bewachsene Schuttinseln, die hier und dort mit dichten Büscheln weiss leuchtenden Wollgrases geschmückt sind.

Der Chessisee. Das Ziel. Ein Ort der Ruhe ganz hinten im Tal. Unsichtbar vom Wanderweg, aber ein waches Auge erkennt, wo die Landschaft den Platz für den See geschaffen hat. In einer sanften Mulde liegt er, eingebettet in Grün, überragt von den wilden Felsgipfeln des Verstanclahorns und der Plattenhörner. Es ist ruhig hier, das Tosen des Baches ist verebbt, nur das feine Plätschern eines Bächleins, das in den See mündet, und der feine Hauch des Windes, der den See zum Kräuseln bringt, liegen in der Luft. Myriaden von Alpenmargeriten überziehen die Wiesen; die Schatten einiger Wolken ziehen über die Hänge jenseits des Sees in die Höhe, über das satte Grün, dann geschwind über einen Felsabsatz, immer höher in die Felsen, bis sie am Bürgenchopf und im Himmel für immer verschwinden.

Bild Seite 34/35
Auf Blumen gebettet. Beim Chessisee, mit den Plattenhörnern.

Wege des Wassers, Wege des Menschen. Am Vernelabach.

Ausgangspunkt: Zug nach Klosters Platz und von hier mit dem privaten Vereinabus zum Berghaus Vereina. Voranmelden unter Telefon 081 422 11 97 oder info@gotschnasport.ch, Fahrplan auf www.berghausvereina.com
Route: Vom Berghaus Vereina ins Vernela-Tal (Richtung Fuorcla Zadrell). Auf einer Höhe von 2350 m links (nördlich) weg (der Abzweigepunkt liegt etwa 1,8 km nach der Vernelahütte, auf einer kleinen Hochebene, auf der der Wanderweg wieder nahe zum Vernelabach führt). Nun in einigen Minuten zum See bei Chessi (2358 m). Auf demselben Weg zurück.

Kennzahlen: Hin und zurück 10,5 km, je 440 m Auf- und Abstieg, 3¼ Std., Schwierigkeit T2
Einkehren und Übernachten: Berghaus Vereina, Zimmer und Lager, bewartet Ende Juni bis Mitte Oktober, Telefon 081 422 11 97, www.berghausvereina.com
Entdecken und Erleben: Zeit haben heisst geniessen können. Darum lohnt es sich, bereits am Vorabend anzureisen und im Berghaus Vereina zu übernachten.
Karten: Landeskarte 1:25 000, 1197 Davos und 1198 Silvretta; 1:50 000, 248/248T Prättigau und 249/249T Tarasp
Informationen: Davos Klosters Tourismus, Telefon 081 410 20 20, www.klosters.ch

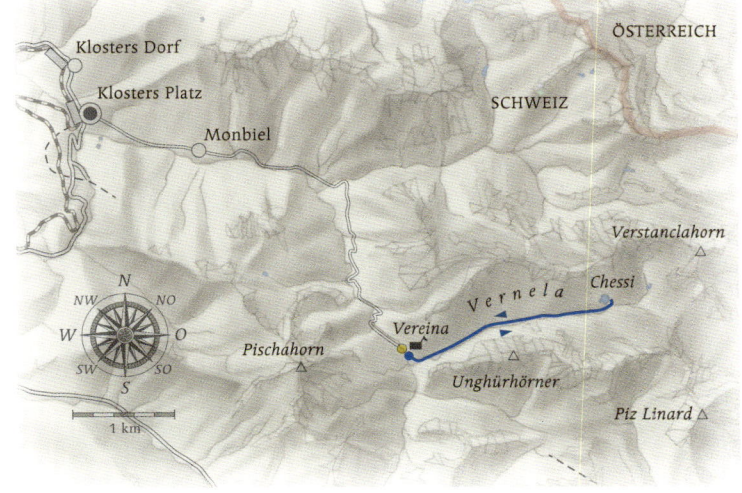

GRAUBÜNDEN 33

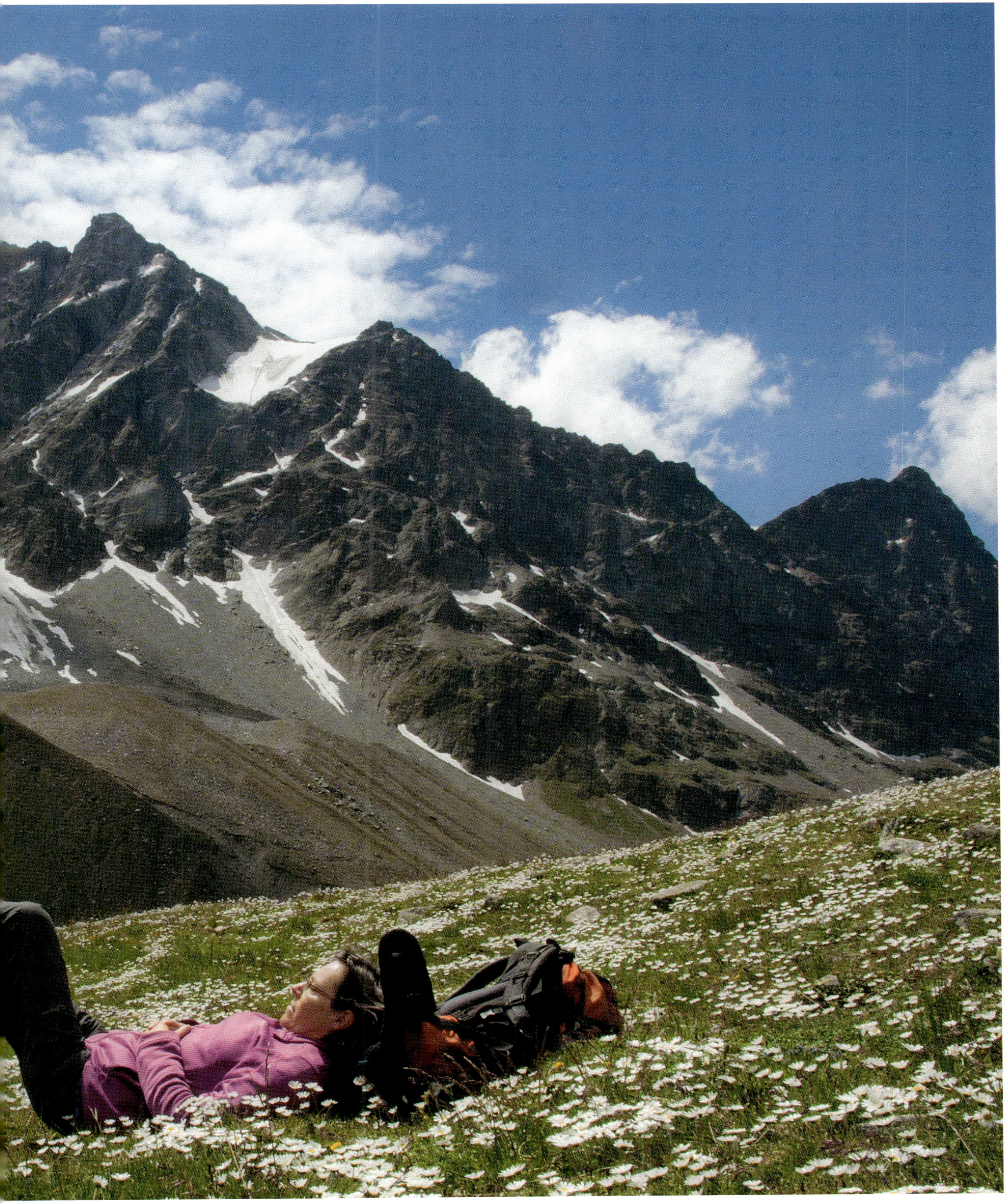

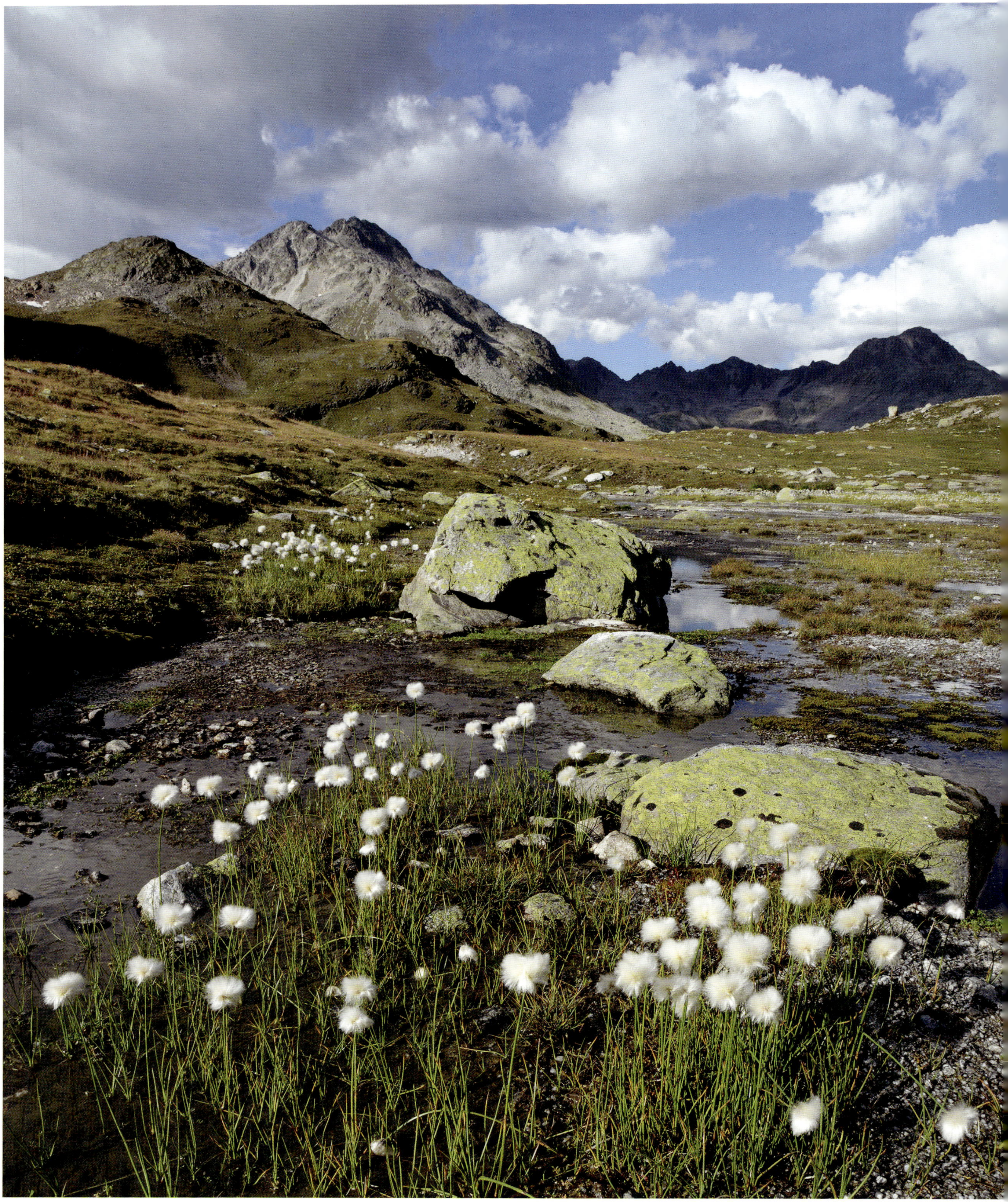

Radönt

Herbe, heilige Bergwelt hoch über dem Flüelapass

Es gibt Berglandschaften, nach denen ich mich besonders sehne. In diesen Landschaften tagträume ich, wenn ich weg von allem sein will, hierhin zieht es mich, wenn ich die Urkraft und die Ehrlichkeit der Natur spüren will, und in diesen Landschaften kann ich tagelang herumwandern und schauen, sitzen und fühlen – keine Besteigungen, keine Leistung, kein Müssen – einfach nur sein. Mit dem Sein kommt alles andere von selbst: die Ruhe im Kopf, die Weichheit im Herzen und die Entspannung im Körper.

Ganz besonders berühren mich einsame Bergseen im Urgestein, abgelegene, auch ganz kleine Seen. Oft liegen sie auf Hochebenen mit eindrücklicher Fernsicht oder in Gletscherbecken mit viel Geröll und Bächen, vielleicht auch kleinen Gletschern. Urgestein wie Granit oder Gneis gibt diesen Landschaften eine grosse Kraft. Kantige Felsblöcke, die hoch oben aus einer Felswand gebrochen sind und nun verstreut herumliegen, Felsbuckel, die aus dem Gras ragen, abgeschliffen vom Eis und überzogen mit uralten Flechten. Immer wieder Senken mit Bächen, einem Seelein oder einem Feuchtgebiet, in dem sich weisse Büschel von Wollgras wiegen. Die Krummsegge, deren krause Blätter hart sind und doch einen weichen Teppich bilden, der sich schon früh im Sommer bräunlich verfärbt und in den man sich so wohlig hineinlegen kann.

Radönt heisst eine solche Seelenlandschaft. Sie liegt etwas oberhalb der Flüelapass-Strasse, und in einer guten halben Stunde erreicht man sie bequem von der Postautohaltestelle aus. Die beliebte Wanderung auf das Schwarzhorn beginnt ebenfalls hier, doch just bei Erreichen der kleinen Hochebene zweigt diese Route rechts ab, nimmt die meisten Wanderer mit sich und überlässt Radönt den Ruhesuchenden.

Das Gelände ist einfach und lädt dazu ein, den Wanderweg zu verlassen und sich in der Landschaft zu verlieren. Zurück auf dem Weg, erreicht man über etwas Geröll die Fuorcla Radönt, die eine tolle Aussicht ins hintere Val Grialetsch und zum schroffen Bergkranz um den Piz Vadret bietet. Auf einem leicht abfallenden Wanderweg und vorbei an zwei weiteren Seen geht es schliesslich zurück zur Flüelapass-Strasse.

Noch etwas Spannendes zu Radönt. Vor einigen Jahren wurde auf einer kleinen Ebene neben dem Wanderweg auf das Schwarzhorn eine eiserne Lanzenspitze mit Resten des Griffs gefunden. Die Spitze ist etwa 37 Zentimeter lang, stark verrostet, aber doch gut erhalten – und von einer eindrücklichen, perfekten Form. Die Lanzenspitze wurde wahrscheinlich in den ersten Jahrhunderten vor Christus geschmiedet. Interessant ist, dass die Spitze in der Nähe einer Quelle entdeckt wurde. Die Archäologen halten es für möglich, dass die Spitze eine Weihgabe für eine Wasser- oder Quellgottheit gewesen sein könnte. Stellt man sich vor, dass vor mehr als 2000 Jahren die Menschen an diesen Ort hoch in den Bergen kamen, um ihren Gottheiten zu huldigen, so erhalten diese Wanderung und dieser Ort eine unerwartete Dimension und berühren auf eine ganz neue Art und Weise.

Ausgangspunkt: Zug bis Davos Dorf (respektive Susch oder Zernez), dann Postauto bis Flüela, Ospiz.
Route: Vom Flüelapass etwas mehr als einen Kilometer in der Nähe der Strasse in Richtung Engadin, dann die Strasse überqueren und via Radönt hoch zur Fuorcla Radönt (2788 m). Auf deren Ostseite etwa 180 m absteigen und nun wieder nördlich, an zwei Seen vorbei, zur Flüelapass-Strasse (Postautohaltestelle Susch, Abzweigung Schwarzhorn).
Kennzahlen: Länge 7,6 km, 520 m Aufstieg, 650 m Abstieg, 3¼ Std., Schwierigkeit T2, streckenweise etwas Geröll
Einkehren und Übernachten: Passhotel Flüela Hospiz, Zimmer und Lager, Telefon 081 416 17 47, www.flueela-hospiz.ch.

Entdecken und Erleben: Wer den Wanderweg verlässt und langsam und achtsam durch die Landschaft streift, kann am intensivsten in die Natur eintauchen. Eine wunderbare, knapp 1 km lange Möglichkeit zum Ausprobieren (falls Wasserstand nicht zu hoch): Beim Erreichen der Hochebene Radönt dem Bachlauf auf seiner Ostseite folgen, bis hoch zum See bei P. 2487 und nun etwa 200 m östlich zurück zum Wanderweg.
Karten: Landeskarte 1:25000, 1217 Scalettapass; 1:50000, 258/258T Bergün/Bravuogn
Informationen: Davos Klosters Tourismus, Telefon 081 415 21 21, www.davos.ch

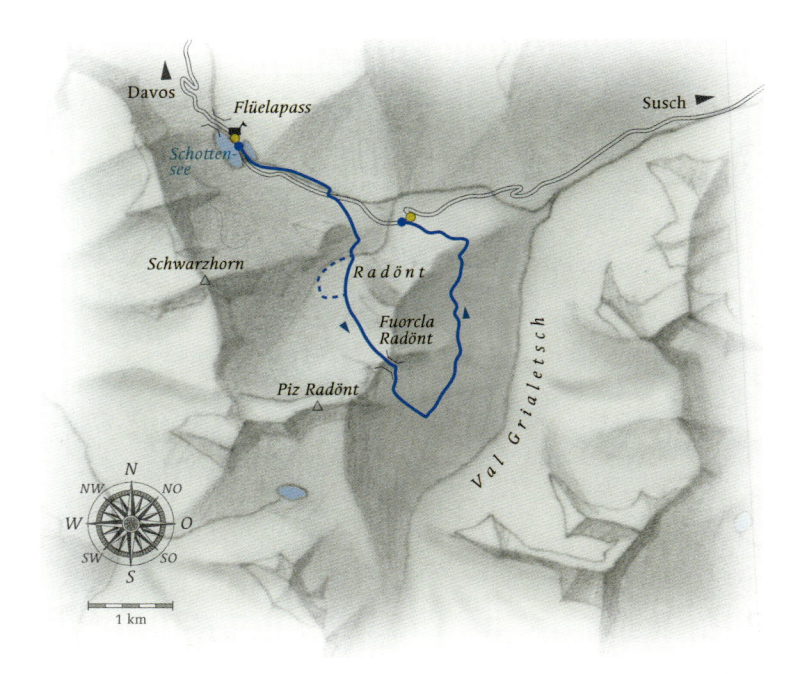

Bild Seite 36
Herbststille auf Radönt.
Mit dem Flüela Wisshorn.

Karge schöne Bergwelt auf Radönt.
Oben der Piz Radönt.

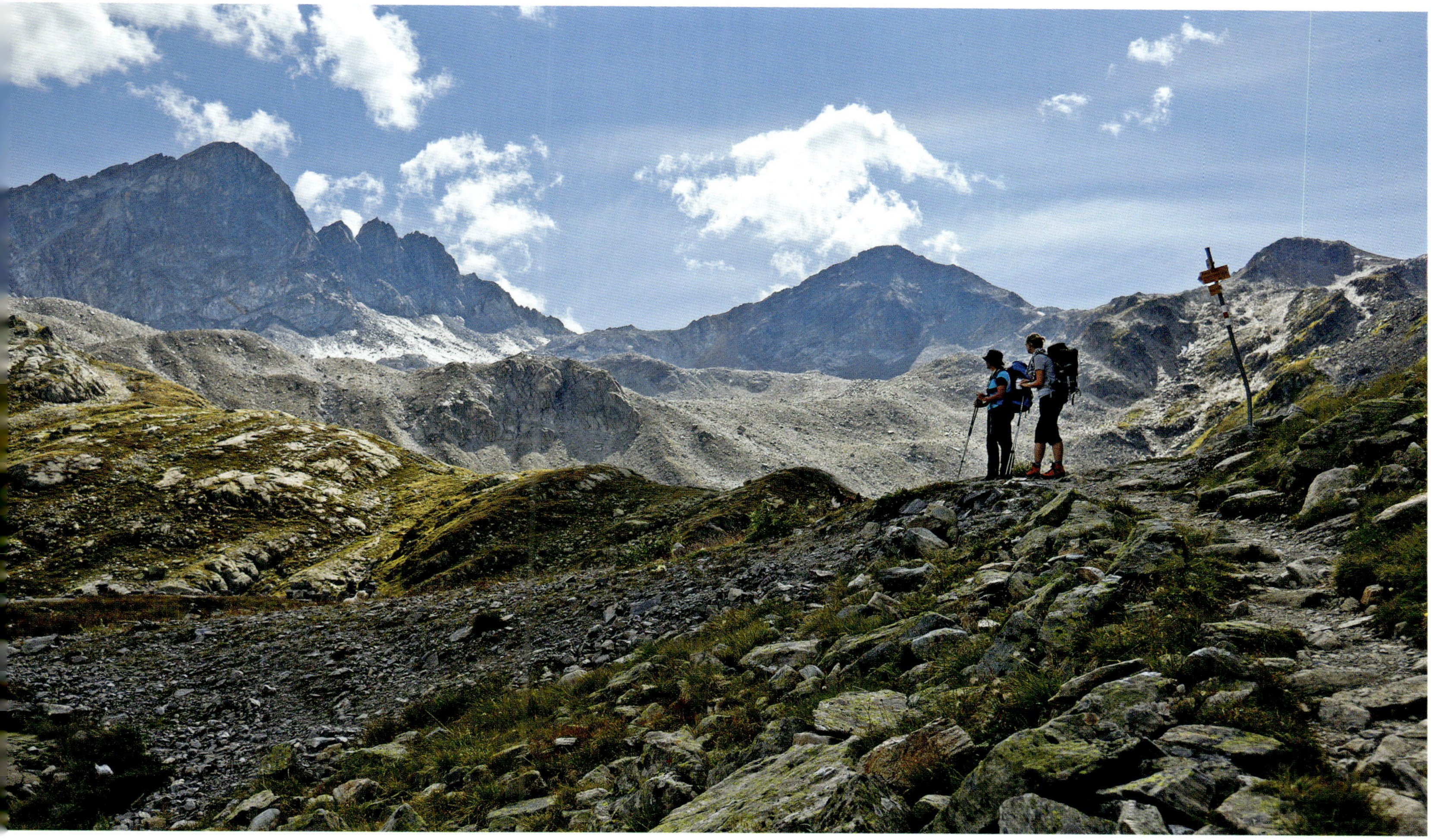

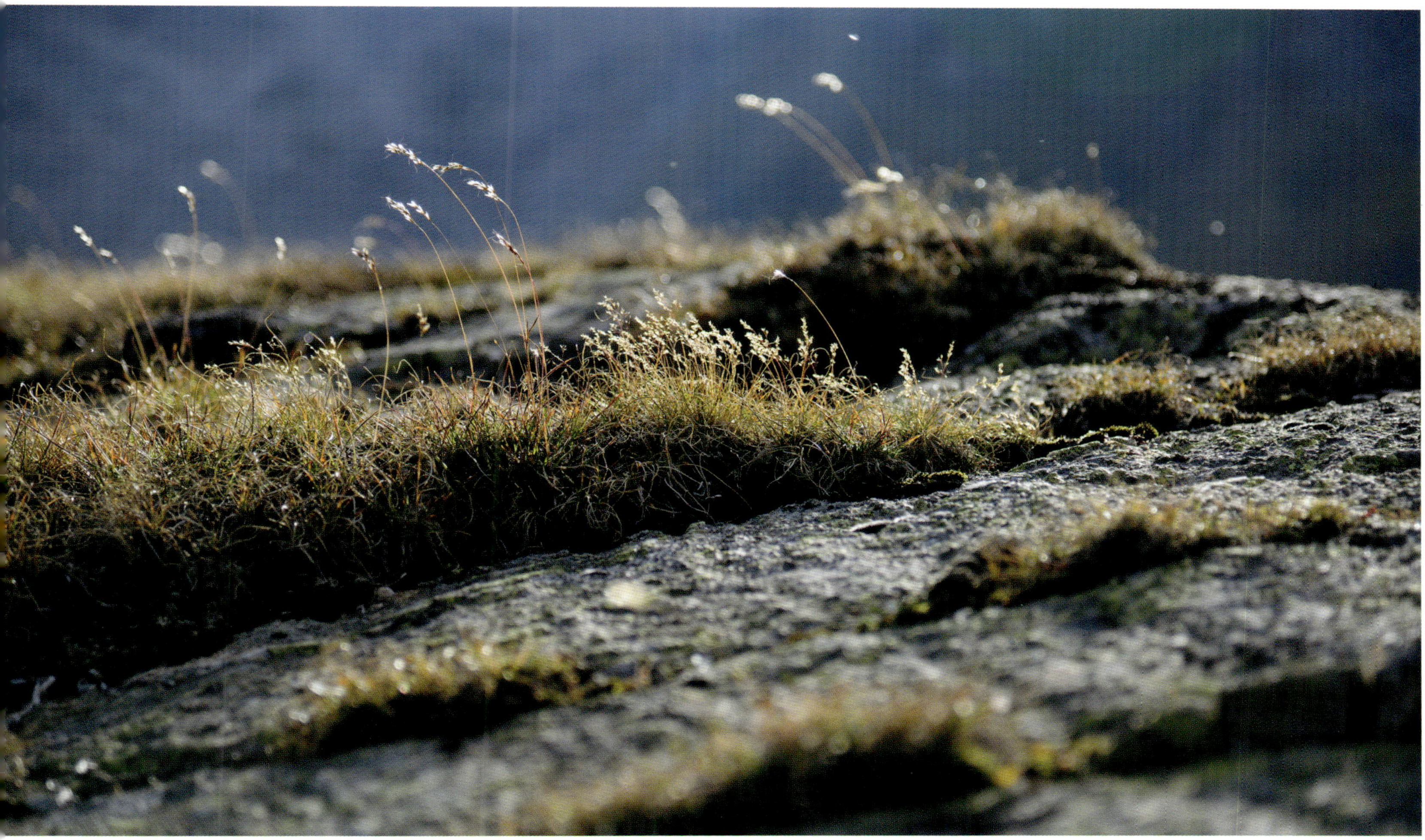

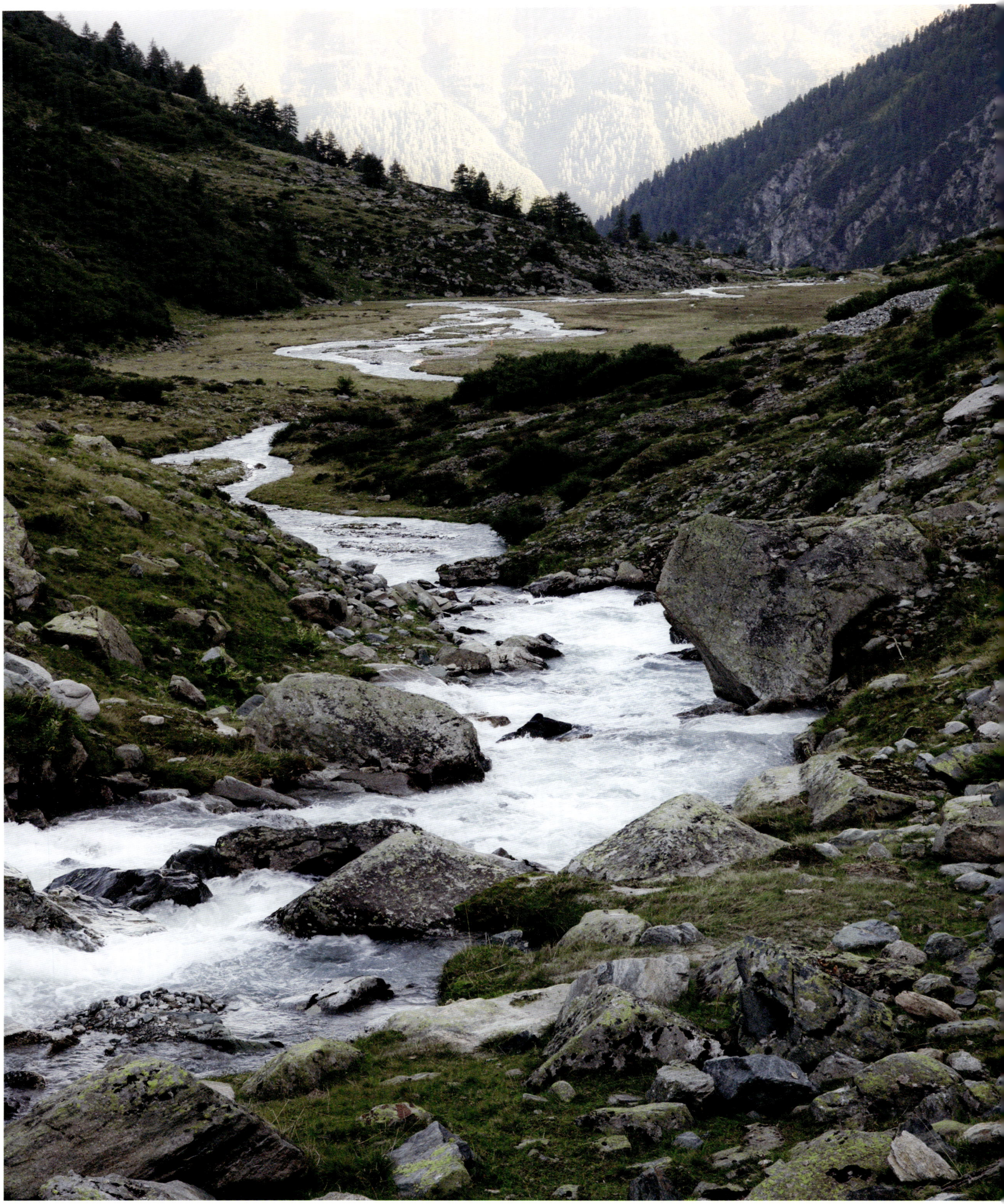

Ins Val Lavinuoz
Eines der ganz stillen Täler im Unterengadin

Es gibt Berge, die sind etwas anders als die anderen. Sie stehen für sich allein, ohne sich abzusondern, überragen die umliegenden, ohne sie in den Schatten zu stellen, und sind einfach geformt, ohne langweilig zu wirken. Sie strahlen Ruhe, Standfestigkeit und Selbstvertrauen aus. Werte, die wir nur allzu oft in uns selbst suchen. Es sind Berge der Kraft.

Der Piz Linard ist für mich so ein Berg. Dass er der höchste Gipfel im Unterengadin ist, spielt dabei keine Rolle. Von Zernez aus präsentiert er sich als nahezu perfekte Pyramide, vom Vereinapass aus ebenso, wenn auch etwas abgeflacht. Es ist eine einfache, roh gehobelte Pyramide. Vergletschert ist sie kaum. Die Besteigung ist nicht schwierig, und doch machte es der Berg einem seiner frühesten Besteiger nicht einfach. Er «wurde vor vielen Jahren von einem Pfarrer Zadrell erstiegen, welches gefahrvolle Unternehmen durch den Flügelschlag eines gewaltigen Adlers, der ihn umkreiste, bedeutend erschwert worden sein soll», schreibt Gottfried von Escher in seinem Werk «Neuestes Handbuch für Reisende in der Schweiz und die angrenzenden Täler» von 1851.

Solches Ungemach sollte Wanderinnen und Wanderer unten im Tal allerdings nicht heimsuchen. Und doch ist es ratsam, den Warnschildern zu folgen und auf dem Weg zu bleiben. Denn die Wanderung führt ins Val Lavinuoz, ins «Tal der Lawinen». Dabei ist der Name auch im Sommer nicht ganz unberechtigt – Schneelawinen hat man dann keine zu befürchten, doch Fels- und Schuttkegel, die bis nahe an den Weg reichen, machen klar, dass hier die Urkräfte der Natur noch längst nicht gebändigt sind.

Der Aufstieg von Lavin ins stille Val Lavinuoz ist weder überaus lang noch steil, und auf grossen Strecken ist man gar auf einer Naturstrasse unterwegs. In etwa zweieinhalb Stunden erreicht man die Chamanna Marangun, eine einfache Alphütte, in der man bei garstigem Wetter Unterschlupf findet, und in der es auch einen einfachen Raum mit Lager zum Schlafen gibt. Wer noch etwas weiter aufsteigen mag, erreicht kurz danach die kleine Hochebene Las Maisas. Es ist das perfekte Plätzchen für die Mittagspause, mit schönem Blick über das lange Val Lavinuoz, die Arme des Baches, die im Mittagslicht funkeln, und überragt und beschützt von der mächtigen, dunklen Pyramide des Piz Linard.

Ausgangspunkt: Bahnhof Lavin.
Route: Vom Bahnhof an der Kirche vorbei, unter Strasse und Bahn hindurch und nun auf Naturstrassen und Wanderwegen ins Val Lavinuoz bis zur Chamanna Marangun.
Etwa 20 Min. weiter bis zur kleinen Hochebene Las Maisas. Auf demselben Weg zurück.
Kennzahlen: Hin und zurück 14,6 km, je 670 m Auf- und Abstieg, 4½ Std., Schwierigkeit T2
Einkehren und Übernachten: Ein Raum in der Chamanna Marangun ist als Unterkunft eingerichtet, mit Holzofen, Kochutensilien, Tisch und einem Lager. Auskunft über Telefon 079 712 42 59.
Entdecken und Erleben: Gönnen Sie sich eine Nacht in der Chamanna Marangun. Der Lohn: viel Zeit zum Sein, den Sonnenuntergang und den Sternenhimmel bestaunen und das erste Morgenlicht am Verstanclahorn aufleuchten sehen.
Karten: Landeskarte 1:25 000, 1198 Silvretta; 1:50 000, 249/249T Tarasp
Informationen: Tourismus Engadin, Telefon 081 861 88 00, www.engadin.com

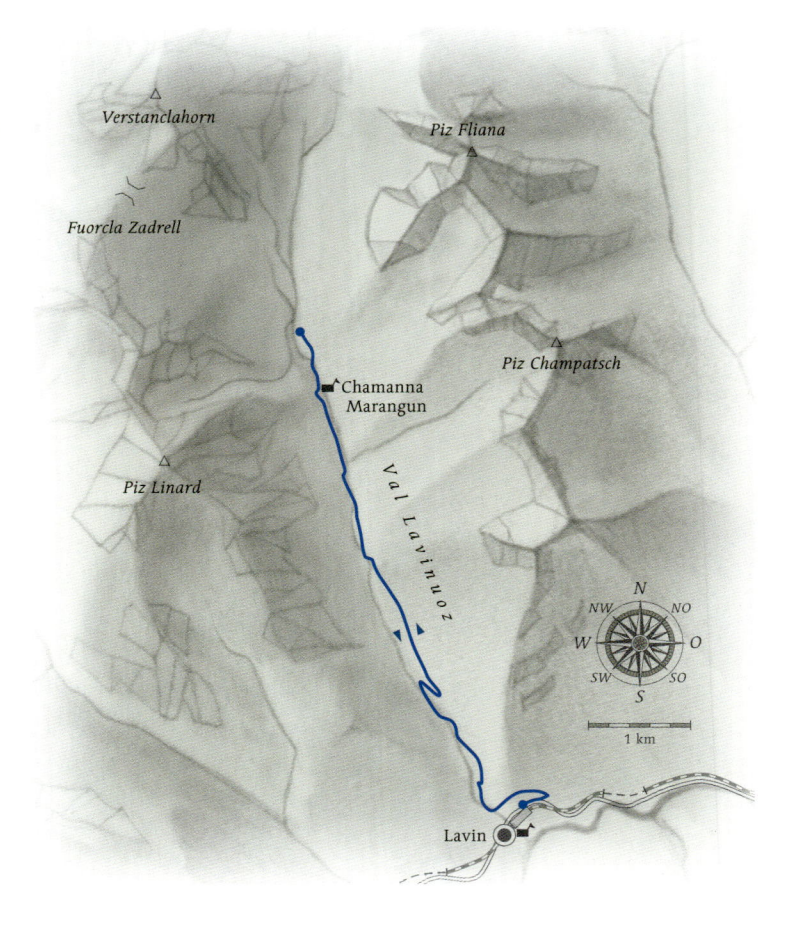

«Glück lässt sich nicht
durch grosse Anstrengung und Willenskraft finden,
sondern ist bereits da
in der Entspannung und im Loslassen.»
Gendun Rinpoche

Bild Seite 40
Abend im Val Lavinuoz.

Bild oben
Paradiesisch gelegen: die Chamanna Marangun.
Hinten das Verstanclahorn.

Bild unten
Stets wachsam: das Murmeltier.

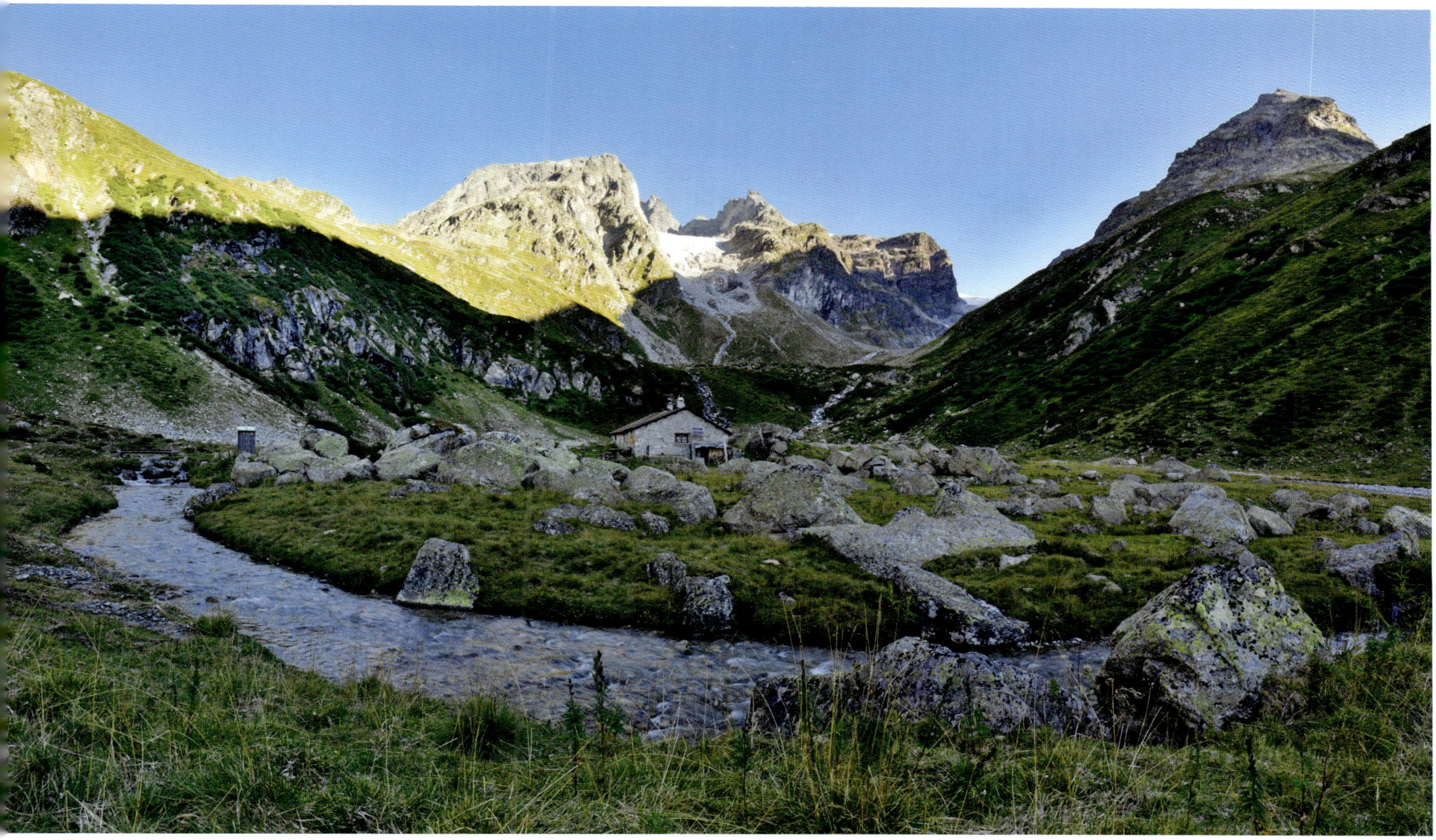

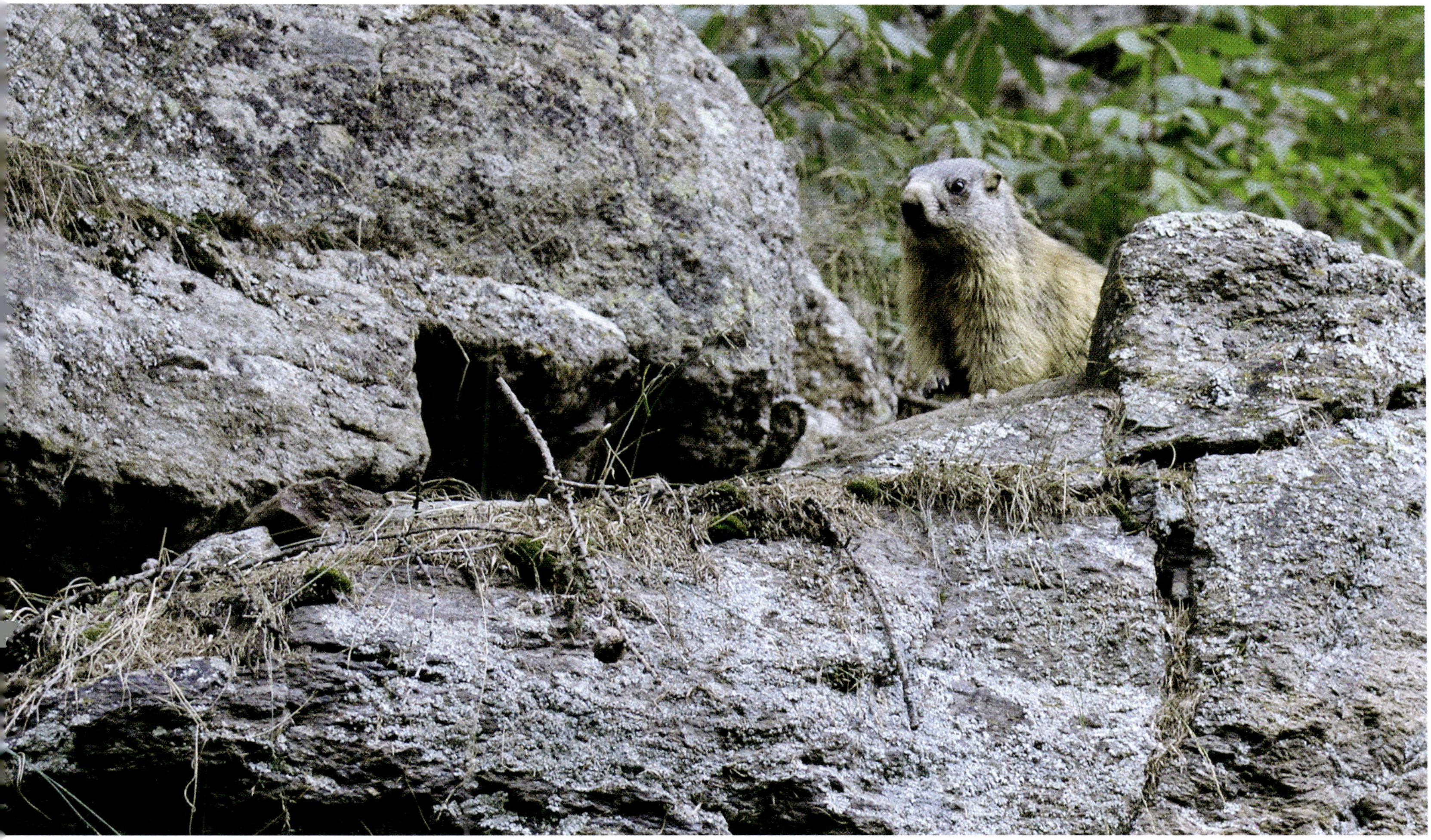

Im Nationalpark
Wildes, weites Herz der Schweizer Alpen

In einem Buch über stille Wege und starke Orte darf ein Gebiet natürlich nicht fehlen: der Schweizerische Nationalpark. In keinem anderen Gebiet in der Schweiz haben die Natur, die Landschaft, die Pflanzen und Tiere so viel Raum, Ruhe und Zeit wie hier. Denn das rund 200 Quadratkilometer grosse Gebiet ist seit 100 Jahren einer der am strengsten geschützten Parks der Welt. Hier darf weder gejagt noch geholzt, weder geweidet noch gebaut werden – hier ist der Mensch nur Besucher, der nicht bleibt, der sich an die Wege hält und abends wieder heimgeht. Und so ist dies ein Ort, an dem die Kraft der Natur sich ganz und frei entfalten kann, wild und schön, ungezügelt und rau, zart und doch unberechenbar. Bäume stürzen um und bleiben liegen, hundert Jahre und mehr, Steinadler und Bartgeier wohnen hier und ziehen ihre Kreise am Himmel, in den Felsen leuchtet das Gelb des Rätischen Alpenmohns, und ganze Täler schlummern vergessen vor sich hin, ohne Wege, ohne Hütten, nie besucht.

Der Munt la Schera ist ein spezieller Berg im Nationalpark. Er liegt in der Mitte, im Herzen des Schutzgebietes, und während fast alle Berge um ihn herum spitz zulaufend sind, hat er sich richtig breit gemacht, mit einer grossen, flachen Gipfelkuppe. Und schliesslich ist er – neben dem alpinen Piz Quattervals – der einzige Berg, den man im Nationalpark besteigen darf.

Der Wanderung fehlt es nicht an starken Orten, an Plätzchen, an denen man sich gerne hinsetzt und die Kraft der Natur und der Landschaft spürt und auf sich wirken lässt. Oben auf Buffalora, eine gute halbe Stunde nach dem Start, stehen einige uralte, mächtige und vom Wetter gezeichnete Arven. Beim Munt Chavagl betritt man den eigentlichen Nationalpark – in diesem Gebiet halten sich gerne Gämsen auf. Die Aussicht vom felsigen, abgeflachten Munt la Schera ist vielleicht die beste im ganzen Park: im Norden die sieben Dreitausender zwischen Piz Laschadurella und Piz Vallatscha, im Osten die weiten Wälder des Ofenpassgebietes, im Süden die Cima Paradiso und im Westen das Massiv des Piz Quattervals. Ein magisch schönes Plätzchen für eine lange Pause ist auch die Lichtung bei der Alp la Schera. Hier kann man sich ins warme, weiche Gras legen, das kühle Wasser vom Brunnen geniessen und den Wolken zuschauen, wie sie vom mächtigen Piz Quattervals her durch das Blau des Himmels ziehen.

Bild Seite 46/47
Seelenlandschaft bei Buffalora.
Hinten der Piz Tavrü.

Gelber Alpen-Mohn.

Besuch beim Edelweiss.

Ausgangspunkt: Zug bis Zernez und Postauto bis Buffalora an der Ofenpassstrasse.
Route: Über die Ova dal Fuorn und hoch nach Buffalora. Nun westlich zur Nationalparkgrenze und auf den Munt la Schera (2587 m). Absteigen zur Alp la Schera und durch Wald zur Postautohaltestelle Il Fuorn. Gut zu wissen: Im Nationalpark auf den Wegen bleiben. Hunde sind nicht erlaubt.
Kennzahlen: Länge 12 km, 660 m Aufstieg, 840 m Abstieg, 4½ Std., Schwierigkeit T2

Einkehren und Übernachten: Gasthaus Buffalora beim Ausgangspunkt, Zimmer, Telefon 081 858 51 74, www.gasthaus-buffalora.ch. Hotel Parc Naziunal, Il Fuorn beim Endpunkt, Telefon 081 856 12 26, www.ilfuorn.ch.
Entdecken und Erleben: Viel Spannendes und Interessantes gibt es im neuen Nationalparkzentrum in Zernez zu sehen, Telefon 081 851 41 41.
Karten: Landeskarte 1:25 000, 1218 Zernez, 1219 S-charl, 1238 Piz Quattervals und 1239 Sta. Maria; 1:50 000, 259/259T Ofenpass
Informationen: Zernez Tourismus, Telefon 081 856 13 00, www.zernez.ch; www.nationalpark.ch

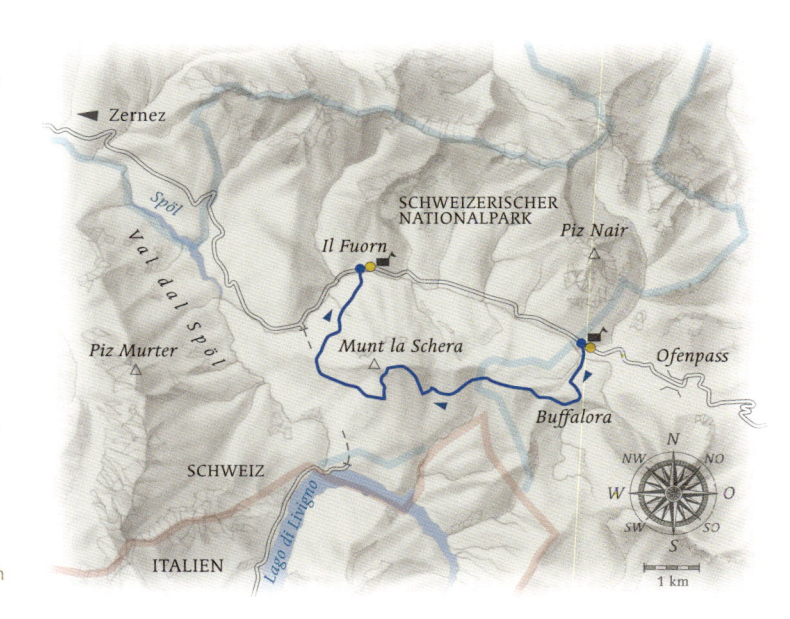

GRAUBÜNDEN

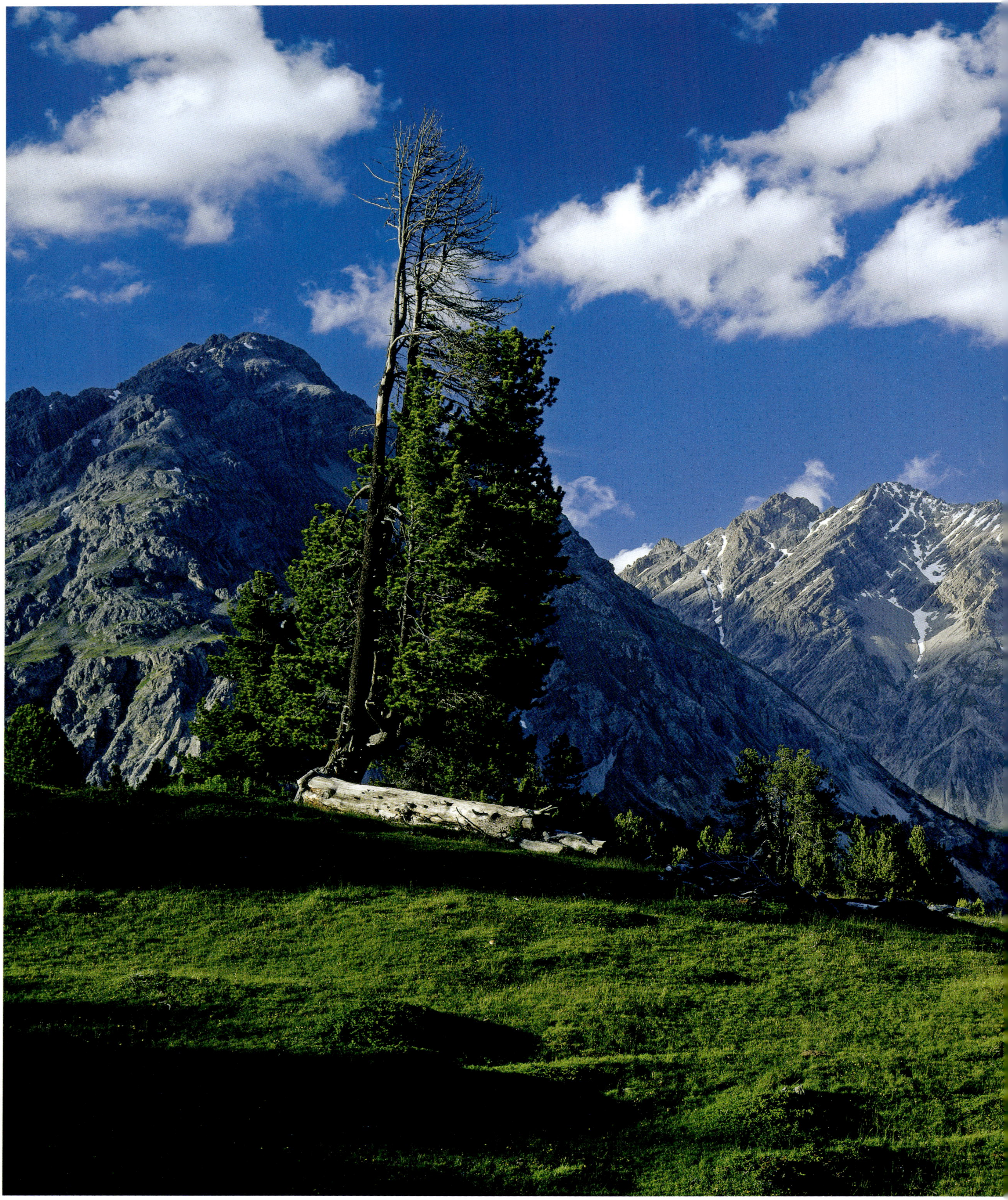

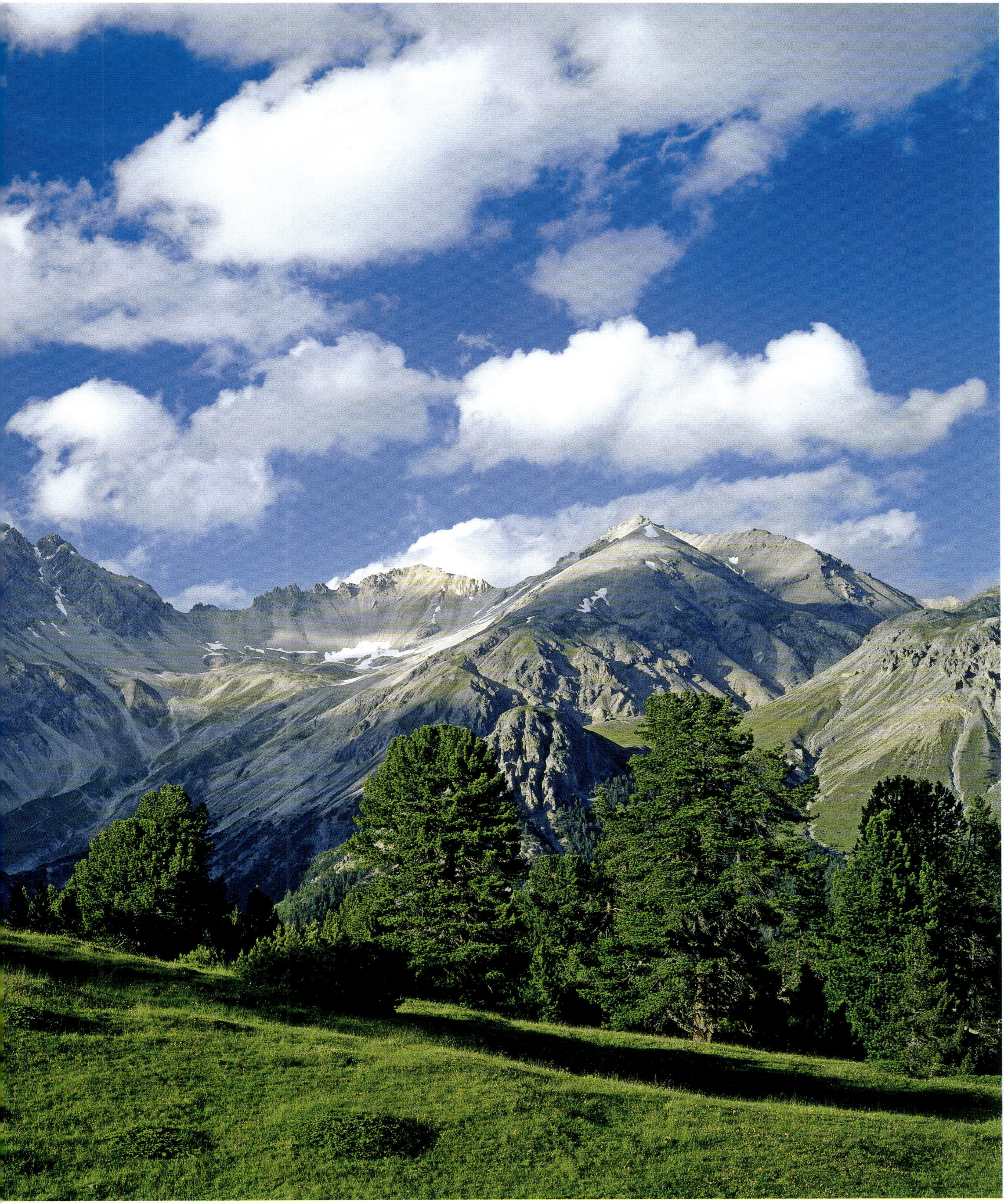

Atmen Die Verbindung zu unserem Körper

Atmen ist Leben. Mit dem ersten eigenen Atemzug beginnt unser Leben, und mit dem letzten Atemzug endet es. Ohne Atem erlischt das Leben. Der Atem ist immer bei uns, Tag und Nacht, in jedem Augenblick. Wir «sind» unser Atem.

Atmen ist aber nicht einfach Atmen. Wir können ganz unterschiedlich atmen. Langsam oder schnell, je nachdem, ob wir sitzen oder durch den Wald joggen. Wir können oberflächlich atmen und stets nur wenig Luft holen. Oder tief atmen und mit jedem Zug die Lungen füllen und wieder leeren. Wir können stockend atmen und, unbewusst, den Atem immer wieder anhalten. Oder wir können fliessend atmen und die Atembewegung in ruhigen Kurven auf- und abgehen lassen. Wir können mit dem Bauch atmen oder mit dem Brustkorb. Wir können bewusst atmen oder es einfach geschehen lassen.

Tipps: Atmen und Wandern

Auch beim Spazieren und Wandern ist der eigene Atem ein einfaches und erprobtes Mittel, sich besser kennen-zu-lernen, mehr im Hier und Jetzt zu sein und sich besser zu entspannen.

- **Wahrnehmen:** Beobachten Sie hin und wieder den Atem beim Wandern: Ist er tief oder eher oberflächlich? Regelmässig oder stockend? Atmen Sie zwar ganz ein, aber nicht ganz aus? Beobachten Sie einfach, nehmen Sie einfach wahr, wie der Atem ist. Ohne zu beurteilen, ob Sie «richtig» atmen oder nicht, und ohne etwas ändern zu wollen.
- **Im Takt atmen:** Wenn es beim Wandern etwas anstrengender wird, müssen wir auch tiefer und schneller atmen. Versuchen Sie, bewusst im Takt mit Ihren Schritten zu atmen. Also beispielsweise: auf zwei Schritte einatmen, auf zwei Schritte ausatmen. So, wie es die Anstrengung gerade erfordert.
- **Sich entspannt anstrengen:** Diese Übung hilft ganz erstaunlich, auch längere, strenge Aufstiege besser zu meistern. Dazu gehört ein mässiges, aber regelmässiges Schritttempo – und das Synchronisieren mit dem Atem. Dabei hilft es, die Schritte und den Atem bewusst wahrzunehmen. Steige ich längere Zeit in solchem Rhythmus bergauf, steigt in mir oft das Bild einer kleinen, «glücklichen» Dampflokomotive auf. Eine Dampflok, die zwar richtig arbeitet, aber doch weich und zufrieden den Berg hinaufschnaubt.
- **Vom Grübeln loskommen:** Wer kennt es nicht: Man ist in der prächtigsten Bergwelt unterwegs, die Sonne lacht und die Vögel zwitschern. Und plötzlich bemerken wir, dass wir geistig ganz woanders waren: in einen Gedankenknäuel verstrickt, über etwas grübelnd, Sorgen und Ängste wälzend. Wenn wir das bemerken, hilft es, sich einfach wieder auf den Atem zu konzentrieren. Die Spannung im Atem loslassen und ihn wieder frei fliessen lassen. Das Ein und Aus beobachten, die Bewegung spüren und dieses Leben in uns geniessen. Wenn die Gedanken uns erneut forttragen: sich einfach wieder mit dem Atem verbinden, ohne sich Vorwürfe zu machen, dass einen die Gedanken schon wieder weggetragen haben.
- **Mit dem Atem entspannen:** Auch bei einer Pause nach einem anstrengenden Aufstieg ist es wohltuend und entspannend, beim Atem zu verweilen. Vielleicht hat man das Bedürfnis, nach dem Ablegen des schweren Rucksacks ein paarmal richtig tief durchzuatmen. Dann lässt es sich entspannter hinsetzen und wahrnehmen, wie sich der Atem verlangsamt und allmählich weniger tief wird. Das hilft uns, im Hier und Jetzt präsent zu bleiben und die Erholung und Entspannung bewusst wahrzunehmen und zu fühlen.

Der Atem ist mehr als eine Funktion, um den lebensnotwendigen Sauerstoff in unseren Körper zu pumpen. Der Atem ist auch ein Spiegelbild unserer Psyche: unseres Gemütszustands, unserer Stimmung. Sind wir entspannt und fühlen uns so richtig wohl, ist in der Regel auch die Atmung frei und fliessend. Sind wir gestresst, zornig oder ängstlich, wird sich das auch in unserem Atemmuster spiegeln – der Atem wird angestrengt, gepresst, forciert.

Die eigene Aufmerksamkeit auf den Atem zu legen, ist ein wunderbares Mittel, um sich mit seinem Körper zu verbinden. Sehr oft passiert es, dass wir unseren Körper schlicht vergessen, weil wir in irgendwelchen Gedanken verloren sind, weil wir uns über etwas ärgern, weil wir in Sorgen verstrickt sind. Dann kann es hilfreich sein, die Aufmerksamkeit auf den eigenen Atem zu lenken, zu beobachten, wie wir gerade atmen, wahrzunehmen, wie sich Bauch und Brust langsam bewegen, zu spüren, wie die Luft durch unsere Nase ein- und wieder ausströmt, zu hören, wie es atmet.

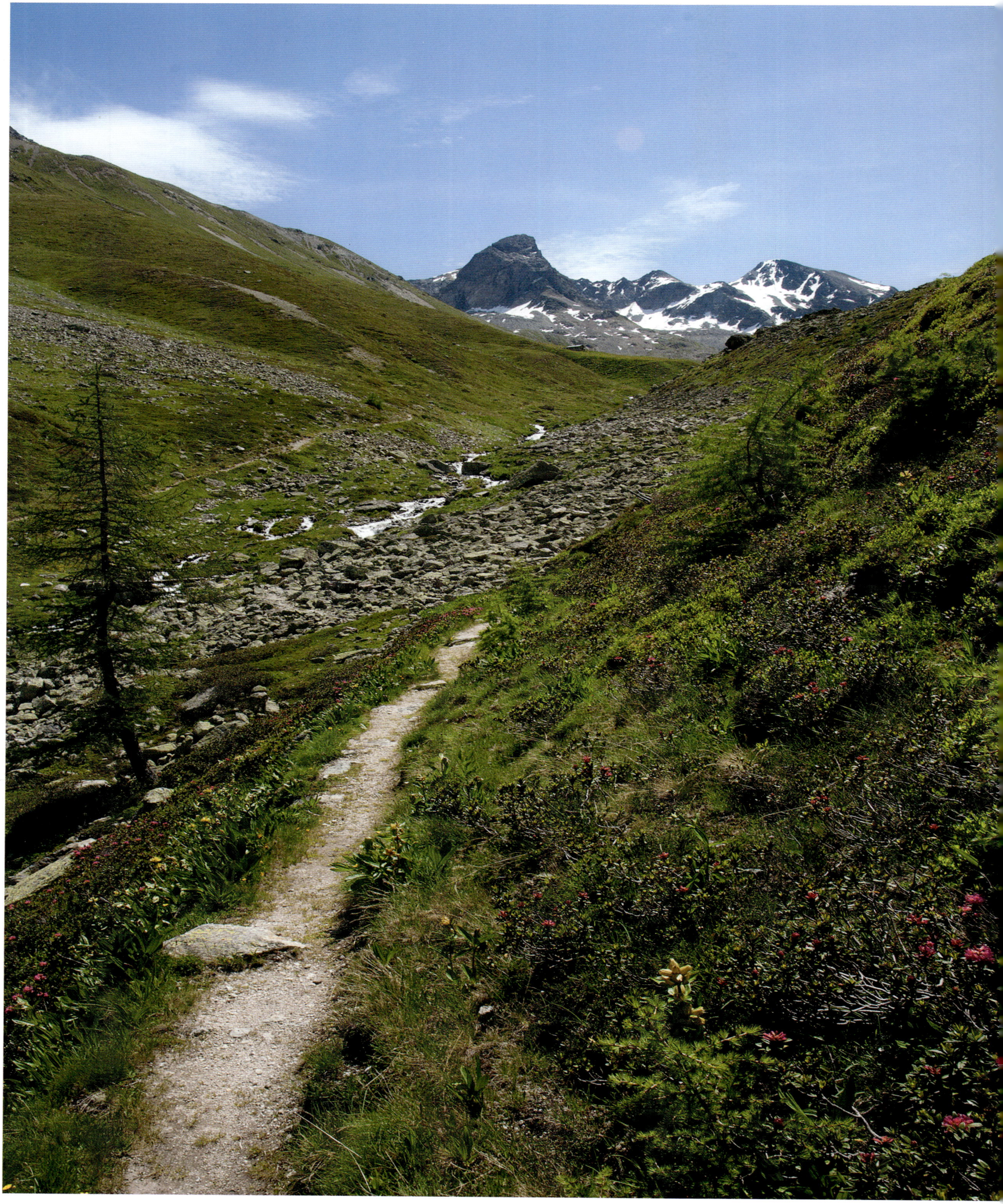

Ins Val Champagna
Die ganze Magie des Oberengadins – und dazu still und ruhig

Ich kann mich noch gut erinnern, als ich das Val Champagna zum ersten Mal erblickte. Ich war losgezogen von Muottas Muragl, hoch über Pontresina, in Richtung Fuorcla Muragl, und entschloss mich kurzerhand, den ausgetretenen Weg zu verlassen und stattdessen ganz oben auf dem lang gezogenen Rücken meinen Weg zu suchen. Nun ist Muottas Muragl selbst schon so etwas wie ein Phänomen. Hoch über der Bilderbuchlandschaft des Oberengadins mit seinen himmelblauen Seen gelegen, mit den eisgeschmückten Bergen am Horizont und einer fast magisch wirkenden Aussicht, ist dies einer der aussergewöhnlichsten Aussichtspunkte der Region. Es verwundert nicht, dass Giovanni Segantini, der seine Berge über alles liebte, sich hier oben inspirieren liess, hier lebte und arbeitete und unter anderem das mittlere, grösste Bild seines Alpentriptychons hier malte.

Ich war also auf diesem einsamen Bergrücken unterwegs, in Gedanken ganz auf mein Ziel und meine Fotomotive bei der Fuorcla Muragl ausgerichtet, als mein Blick zum ersten Mal in das Val Champagna fiel. Ich weiss noch genau, wie ich einfach stehen geblieben bin. Dieses Tal! Dieses unberührte Tal! Diese Natur! Diese Ruhe, die dieses Tal ausstrahlt! Keine Strasse, keine Bahnen, nichts. Nur hie und da die Spuren eines Weges neben dem Bach, und dort, eine kleine Alphütte. Das alles im Herzen des touristisch doch sehr geschäftigen Oberengadins. Den Namen Val Champagna prägte ich mir sehr gut ein.

Einige Jahre sollte es dauern, bis es sich ergab, dass ich das Tal mit meiner Nichte besuchen konnte, an einem Julitag wie aus dem Kalender. Eine Weile dauerte es, bis wir vom Startpunkt in Samedan das Flugfeld passiert hatten und den Taleingang erreichten. Hier wechselte der «Geschmack» der Landschaft unvermittelt. Durch viel Natur, viel kernige Natur, führte jetzt der Wanderweg über den rauschenden Bergbach, durch den Wald hoch, über einige Lawinenzüge, vorbei an einigen stämmigen kleinen Rindern und schliesslich ganz in den Talhintergrund unter dem Piz Vadret.

Hier oben gefiel mir die karge Berglandschaft mit nur noch wenig Grün, umso mehr Geröll und einem plätschernden Bach besonders gut, und ich schlug vor, unsere Mittagspause hier zu machen.

So setzten wir uns an einen Felsen, ruhten uns aus und liessen die schroffe und doch eigenartig beruhigende Landschaft auf uns wirken. Der Bach etwas weiter unten gurgelte leise, machte einige Windungen in der kleinen Ebene aus Fels und Schotter und verschwand dann spritzend in einer kleinen Schlucht. Mächtige Felsbrocken lagen wie von Riesenhand verstreut im Gras. Gegenüber, in der Ferne, reihte sich Bergspitze an Bergspitze im Albulagebiet. Ich liebe diese schroffen, wilden Orte, wo sich Fels und Schnee, Rasen und die letzten Blumen treffen. An solchen Orten kann ich stundenlang sitzen und schauen, oder auch tagelang, mit einem Zelt, und einfach nur sein, umherschweifen, sehen, riechen und geniessen.

Der Aufstieg zur Fuorcla Val Champagna ist nicht allzu steil, führt aber durch etwas Geröll, und im Frühsommer kann hier noch viel Schnee liegen. Einladende Plätzchen für lange Pausen gibt es auf der Fuorcla und auch auf dem Bergrücken, auf den der Wanderweg nach der Fuorcla führt. Auf einem allmählich breiter werdenden Wanderweg geht es dann nach Muottas Muragl, und hier je nach Lust und Zeit zu einem leckeren Dessert im Berghaus oder direkt in die Standseilbahn.

Ausgangspunkt: Mit dem Zug nach Samedan.
Route: Vom Bahnhofvorplatz nordöstlich und am Ende des Bahnhofgeländes östlich zum Inn. Über die Brücke und entlang des Flugfelds zum Campingplatz. Hier nun hoch ins Val Champagna. Über die Fuorcla Val Champagna (2805 m) und schliesslich nach Muottas Muragl. Mit der Standseilbahn hinab zur Bahnstation Punt Muragl.
Kennzahlen: Länge 12,3 km, 1110 m Aufstieg, 370 m Abstieg, 5 Std., Schwierigkeit T2
Einkehren und Übernachten: Berghaus Muottas Muragl, Zimmer, Telefon 081 842 82 32, www.muottasmuragl.ch.

Entdecken und Erleben: Nicht verzichten sollte man auf einen Besuch beim Lej Muragl; er liegt nur einige Wanderminuten vom Weg. Ins Gras liegen oder auf einen der grossen Steine im Wasser sitzen und für eine Viertelstunde einfach sein und zur Ruhe kommen.
Karten: Landeskarte 1:25 000, 1257 St. Moritz; 1:50 000, 268/268T Julierpass
Informationen: Engadin St. Moritz Tourismus, Telefon 081 830 00 01, www.engadin.stmoritz.ch

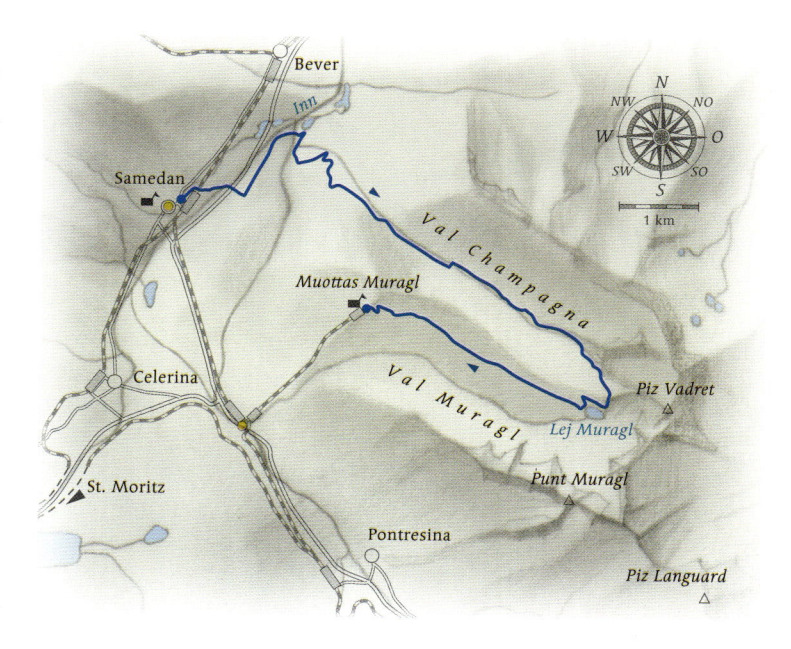

Bild Seite 50
Grosses, stilles Val Champagna.

Bild oben
Zeit zum Sein. Am Lej Muragl.

Bild unten
Zeit zum Blühen. Gletscher-Hahnenfuss.

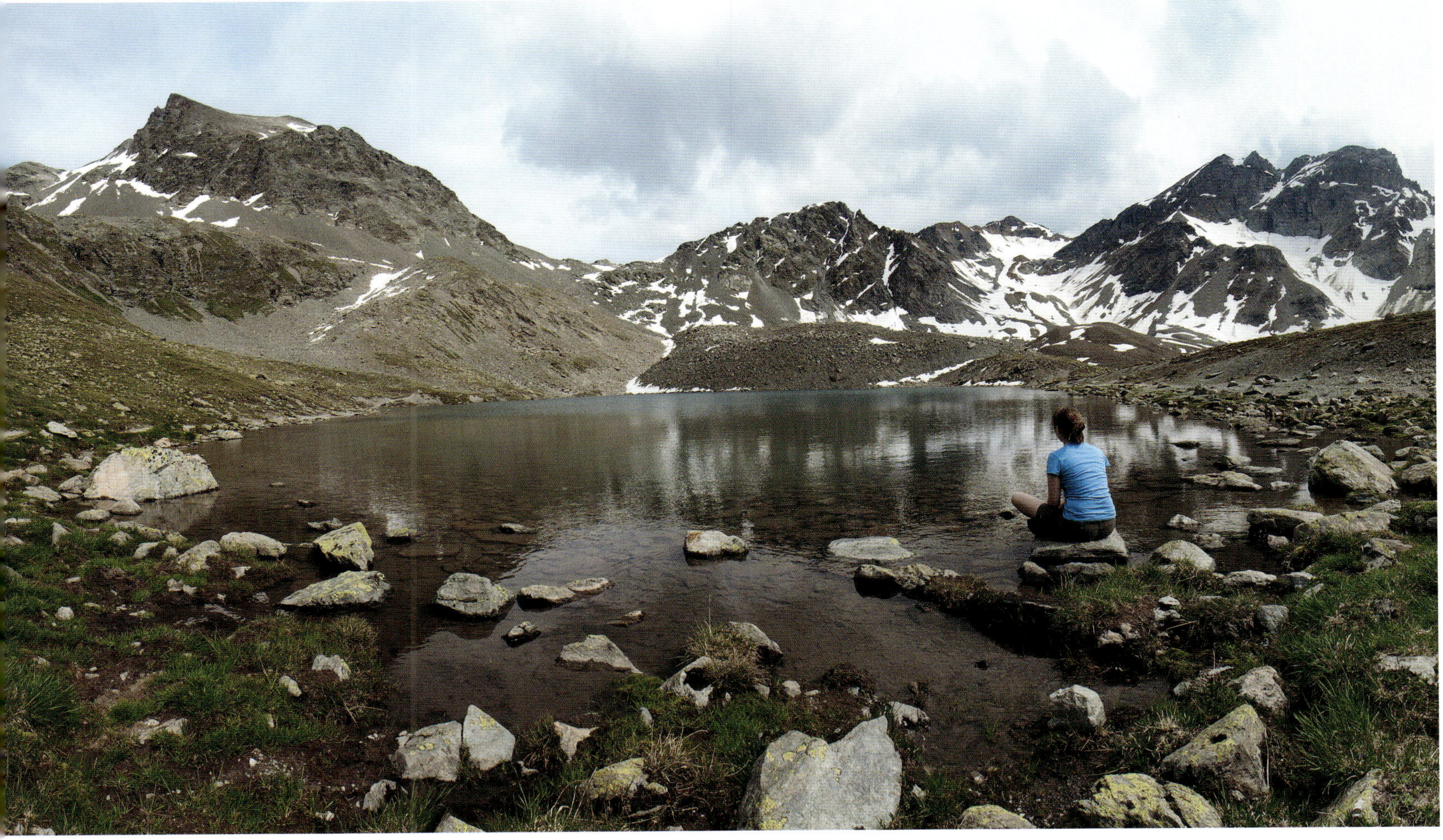

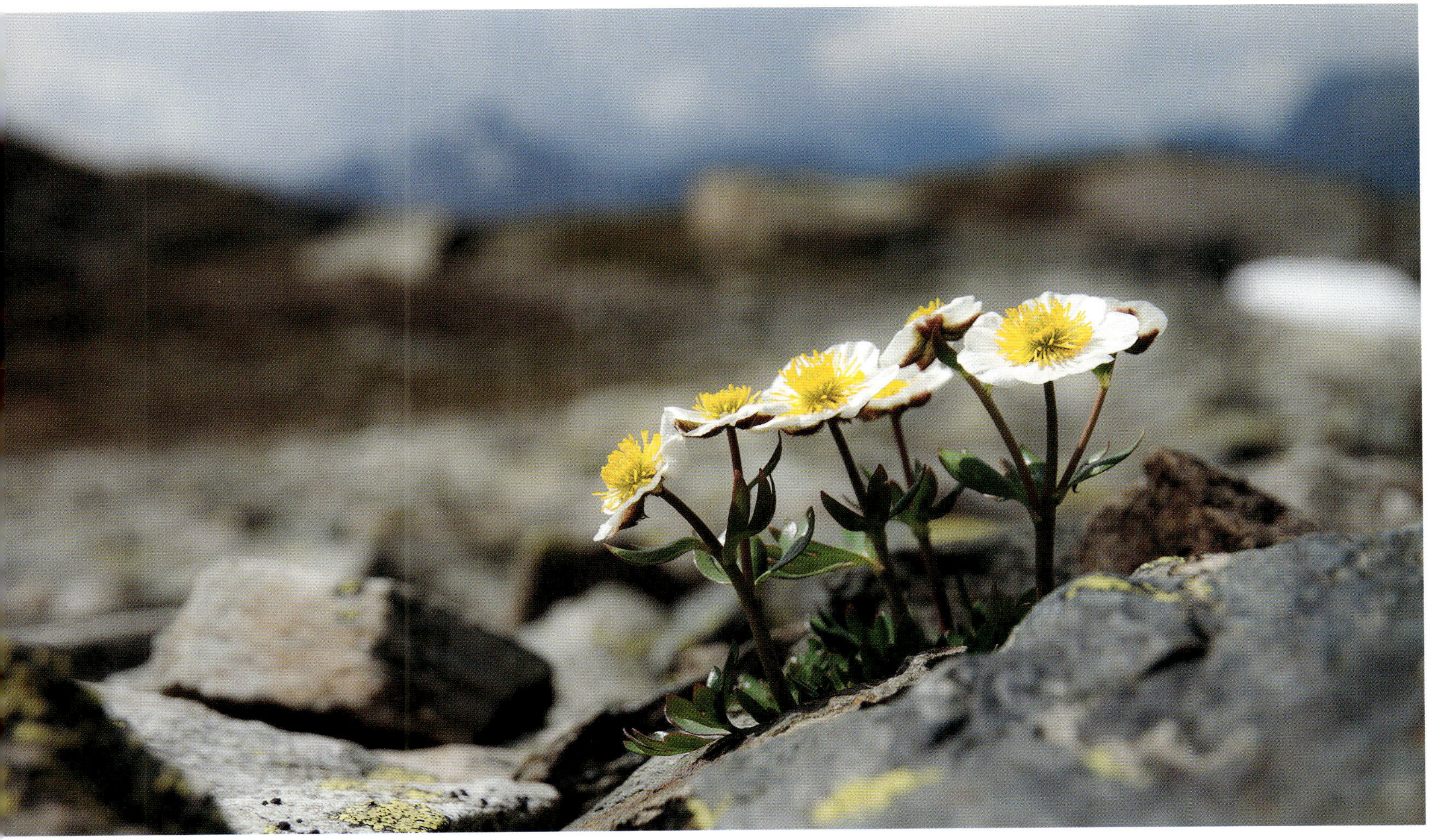

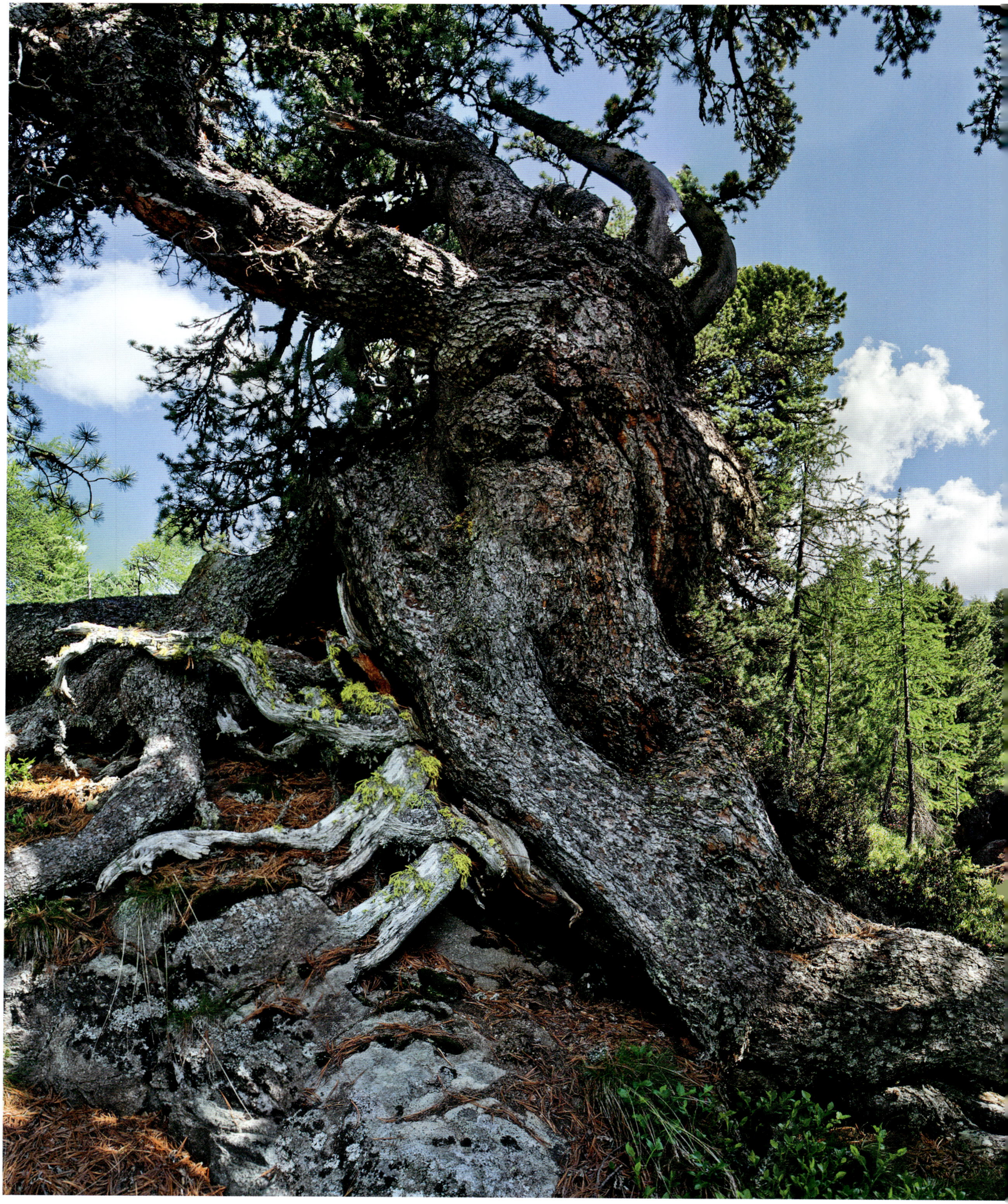

Im Stazerwald

Zu den alten Arven von Pontresina

Haben Sie einen persönlichen Lieblingsbaum? Einen Baum, den Sie einfach gerne sehen, der Sie mit seiner Ausstrahlung berührt, zu dem Sie vielleicht gar hie und da bewusst hingehen? Vielleicht ist es eine Linde, draussen im Feld an der Wegkreuzung, mit der Bank darunter, auf der Sie so gerne sitzen und die Sonnenstrahlen geniessen, die durch das Blätterdach tanzen? Oder vielleicht ist es die Lärche, die im Herbst ein leuchtendes Gold in den dunklen Nadelwald bringt, bevor das Weiss des Winters fällt?

Einer meiner Lieblingsbäume ist die Arve. Sie ist ein Baum der Berge, vielleicht der Bergbaum schlechthin, und in meine Erinnerungen an die Arve mischen sich immer Bilder von schönen Bergwanderungen, von erholsamen, leichten Tagen. Die Arve hat kräftige Wurzeln – Wurzeln, die ihr den Halt geben, auch in den Stürmen des Lebens standhaft aufrecht zu bleiben – Eigenschaften, die wir auch für uns auf unserem Lebensweg wünschen. Aber sie ist auch gezeichnet vom Leben, von den Stürmen, von der Last des Schnees, von krachenden Blitzen; sie alle haben deutliche Spuren im Antlitz des Baumes hinterlassen; der Baum sieht damit älter aus, gezeichneter, aber auch schöner, kräftiger und auf eine Art weiser.

Es gibt zahlreiche Orte in der Schweiz, an denen man eindrückliche, alte Arven besuchen kann. Eine landschaftlich besonders schöne Wanderung führt zu den alten Arven im God Plazzers genannten Wald oberhalb von Pontresina im Engadin. Man könnte durchaus direkt vom Bahnhof Pontresina zum Waldrand aufsteigen, wo die meisten Arvenriesen stehen. Dazu ist das Oberengadin aber einfach zu schön, und darum schlage ich einen grossen, S-förmigen Aufstieg vor. So kommt man am Stazersee vorbei, einem der idyllischsten Bergseen der Schweiz, und auch durch die kleine Hochebene Plaun da Staz.

«Bäume sind Gedichte, die die Erde in den Himmel schreibt.»
Khalil Gibran

Die Baum-Methusalems stehen im Bereich der Waldgrenze. Es macht hier keinen Sinn, genaue Angaben zu einzelnen Bäumen zu machen. Es macht auch mehr Spass, selber nach ihnen Ausschau zu halten und sie zu finden. Die ältesten Bäume dürften ein Alter von maximal 600 Jahren haben. Vom höchsten Punkt der Wanderung steigt man langsam der Waldgrenze entlang ab in Richtung St. Moritz und kommt immer wieder an eindrücklichen Baumwesen vorbei. Als Alternative nimmt man den direkten Weg hinab nach Pontresina, verpasst dabei aber einige schöne Exemplare.

Harte Schale, weicher Kern: Eine Bitte stammt von den Arven vom God Plazzers selbst. Trotz ihres kräftigen und knorrigen Wuchses haben sie, verglichen mit anderen Bäumen, eine empfindliche Schicht unter ihrer dicken Borke. Die Schicht, in der die Nährstoffe des Baumes transportiert werden, erträgt Druck nur schlecht, und zu viel Druck kann sie schädigen und den Fluss der Säfte gar zum Erliegen bringen. Man sollte darum darauf achten, nicht auf ihre Wurzeln zu treten oder gar auf sie zu klettern – der respektvollste Kontakt ist, sich in der Nähe hinzusetzen und so mit dem Baum zu sein.

Ausgangspunkt: Mit dem Zug nach Pontresina.
Route: Vom Bahnhof Richtung Lej da Staz und kurz vor dem See links (südlich) aufwärts zur langen Waldlichtung Plaun da Staz und weiter zu P. 2218 unter den Muottas da Schlarigna. Nun westwärts etwa 3 km und stets im Bereich der Waldgrenze, dann wieder steiler hinab zur Bushaltestelle St. Moritz Bad, Post; mit dem Bus zum Bahnhof St. Moritz.
Kennzahlen: Länge 10,8 km, je 480 m Auf- und Abstieg, 3½ Std., Schwierigkeit T2
Kürzere Variante: Von P. 2218 direkt absteigen zum Bahnhof Pontresina. Länge 8,2 km, je 470 m Auf- und Abstieg, 3 Std., Schwierigkeit T2.

Einkehren und Übernachten: Hotel Restaurant Lej da Staz am gleichnamigen See, Telefon 081 833 60 50, www.lejdastaz.ch. Restaurants und Hotels in Pontresina und St. Moritz.
Entdecken und Erleben: Der Lej da Staz (Stazersee) ist einer der idyllischsten Bergseen der Schweiz und liegt nur einige Minuten vom Weg.
Karten: Landeskarte 1:25 000, 1257 St. Moritz; 1:50 000, 268/268T Julierpass
Informationen: Engadin St. Moritz Tourismus, Telefon 081 830 00 01, www.engadin.stmoritz.ch

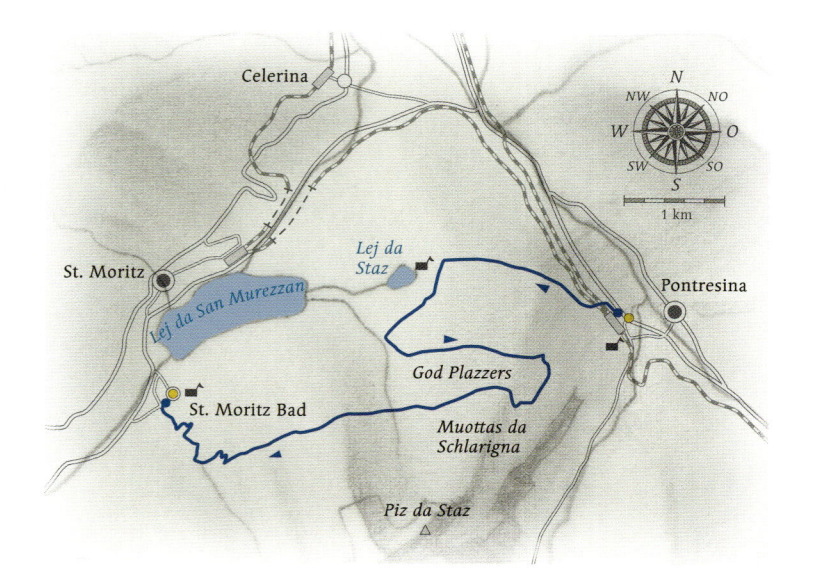

Bild Seite 54
Kraftgestalt.
Alte Arve im God Plazzers.

Sommer auf Muottas da Schlarigna.
Hinten der Piz Kesch.

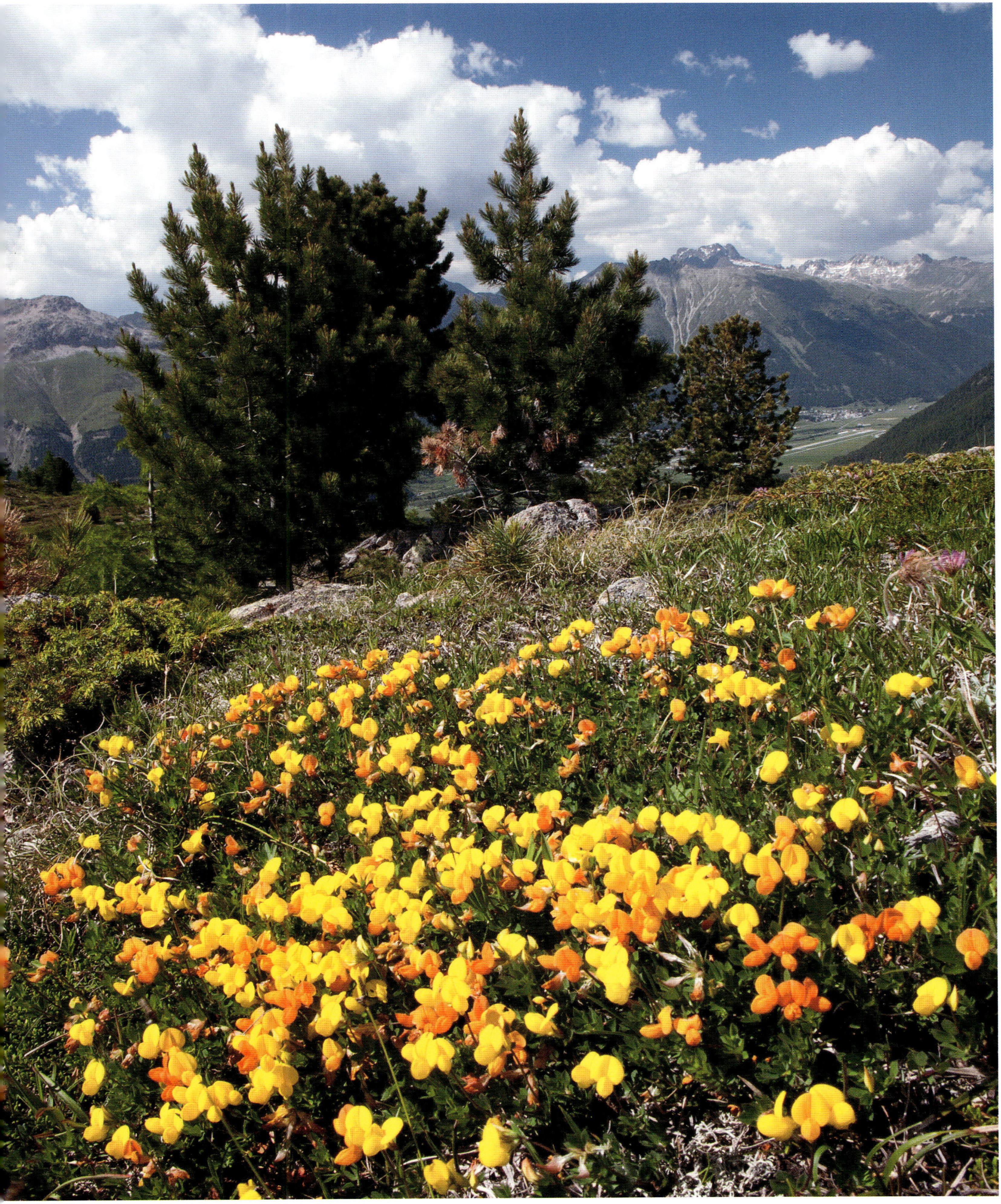

Zervreila

Ein Berg wie ein Götterthron

In fast allen Kulturen und Regionen dieser Welt gibt es heilige Berge. Der Kailash etwa, der im Buddhismus und im Hinduismus der heiligste aller Berge ist, der Berg Athos in Griechenland, oder die vier Sacred Mountains der Navajo-Indianer in Nordamerika. Diese Berge bilden in den jeweiligen Kulturen den Mittelpunkt des Universums, sie sind Sitz der Götter, oder die Menschen erhielten dort Offenbarungen. Heilige Berge sind oft von einer besonderen Gestalt – pyramidenähnlich oder turmartig –, die ihre vermittelnde Stellung zwischen Himmel und Erde, zwischen Göttlichem und Irdischem buchstäblich verkörpert.

In der Schweiz und im Alpenraum sucht man solche heiligen Berge vergeblich. Im Christentum, das im Vergleich zu anderen Religionen eher naturfern ist, wird der Berg nicht verehrt. Es erkennt aber durchaus an, dass es besondere Orte gibt, seien sie hier Orte der Kraft genannt, an denen sich der Mensch leichter mit seinem Inneren und mit dem Göttlichen verbinden kann. Solche Orte wurden oft schon in vorchristlicher Zeit als Kultstätten genutzt, und an solchen Orten wurden später Kirchen oder Kapellen errichtet.

Hoch über dem stillen Bergdorf Vals, auf fast 2000 Meter über Meer, steht die Kapelle St. Bartholomäus. Und von hier aus eröffnet sich der beste Blick auf einen der eigenartigsten Berge der Schweiz, das Zervreilahorn. Ja, würde man sich bei der Suche nach einem besonders kraftvollen Berg in der Schweiz von der Gestalt des Berges leiten lassen, so würde sich dieses Zervreilahorn von fast allen anderen Bergen im Land abheben. Denn von Nordosten betrachtet, also von der Kapelle aus, bildet es eine gleichmässige, spitz zulaufende Pyramide, die, auf einem breiten Sockel ruhend und völlig freigestellt, hoch in den Himmel ragt. Als wäre es ein Thron der Götter oder eine Stätte für Opfergaben an die himmlischen Kräfte.

Die mittellange Rundwanderung beginnt beim Staudamm des Zervreilasees. Von hier aus hat man bereits einen sehr schönen Blick auf das Zervreilahorn. Bis zur Kapelle St. Bartholomäus (eine knappe halbe Stunde) ist man noch auf einer Strasse unterwegs, dann führen Wanderwege durch die Berglandschaft.

Bild rechts
Zervreilahorn.

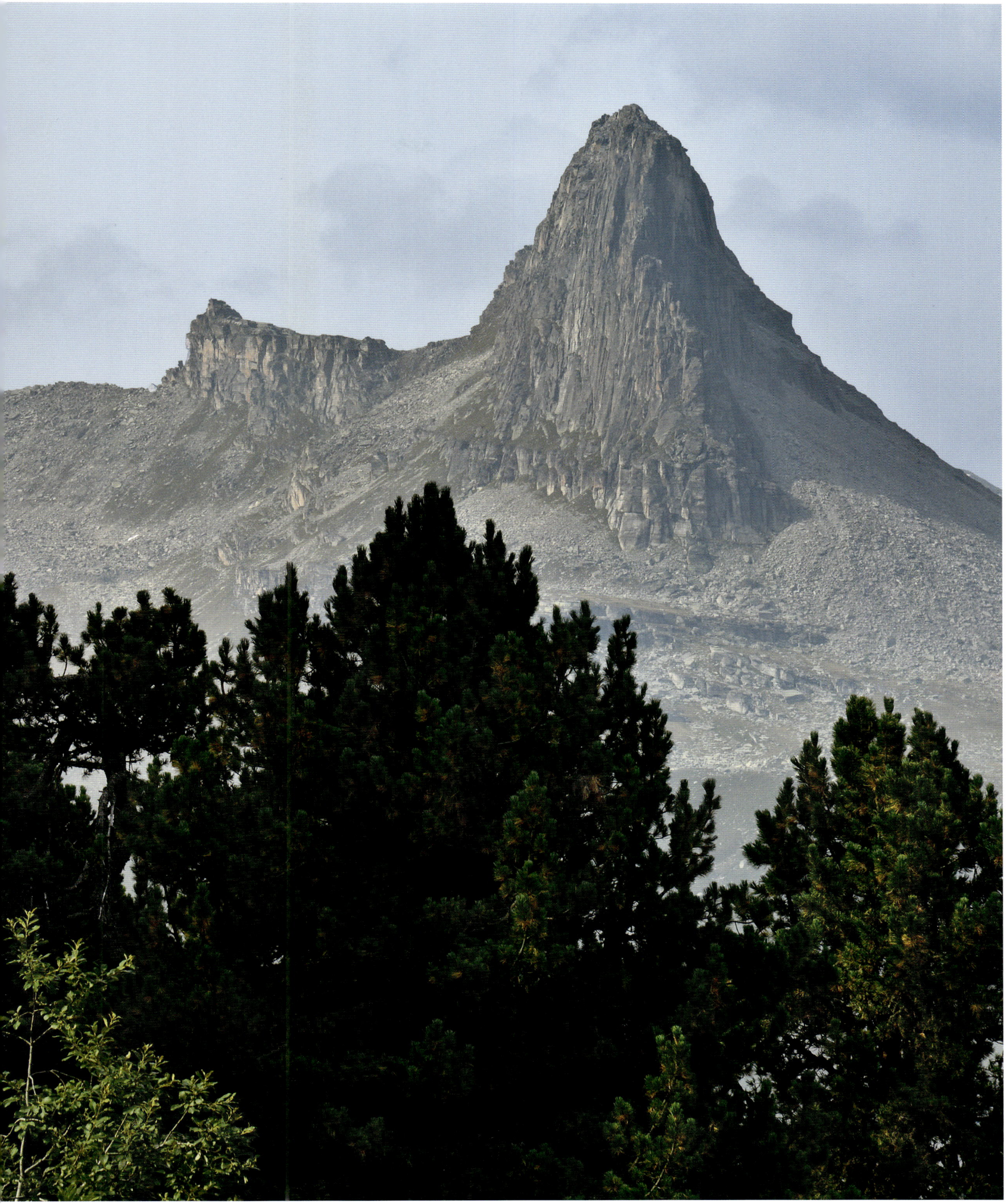

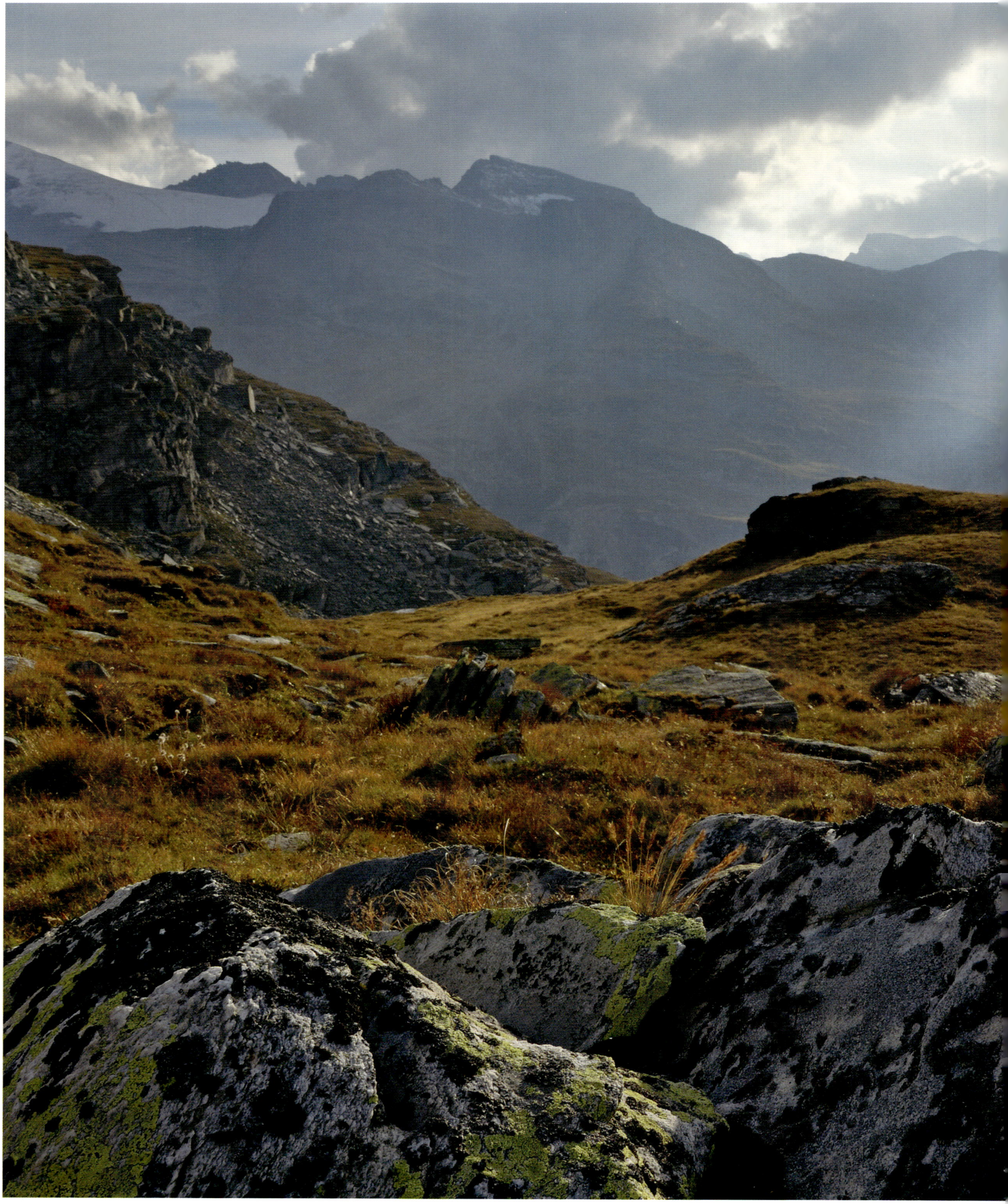

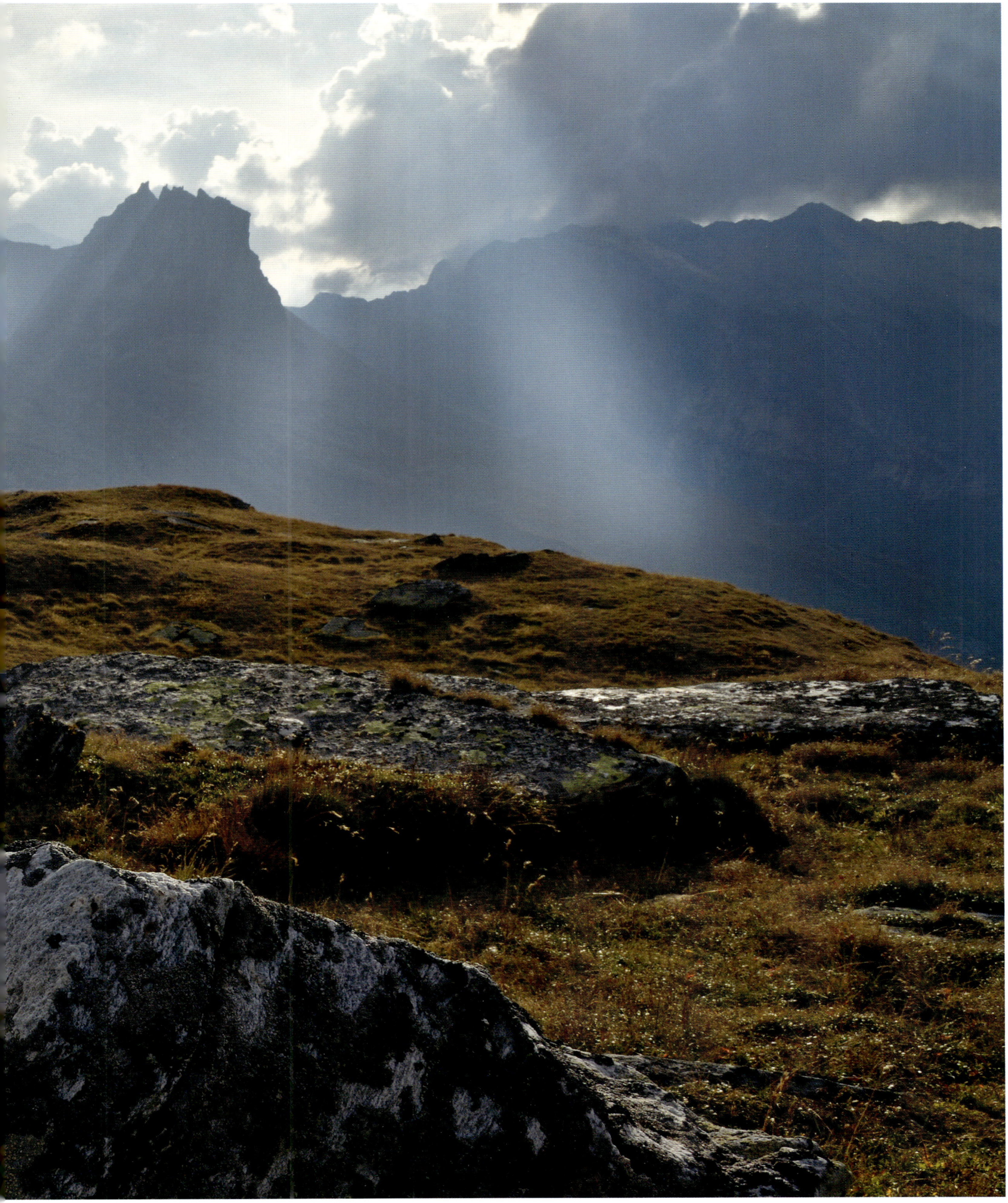

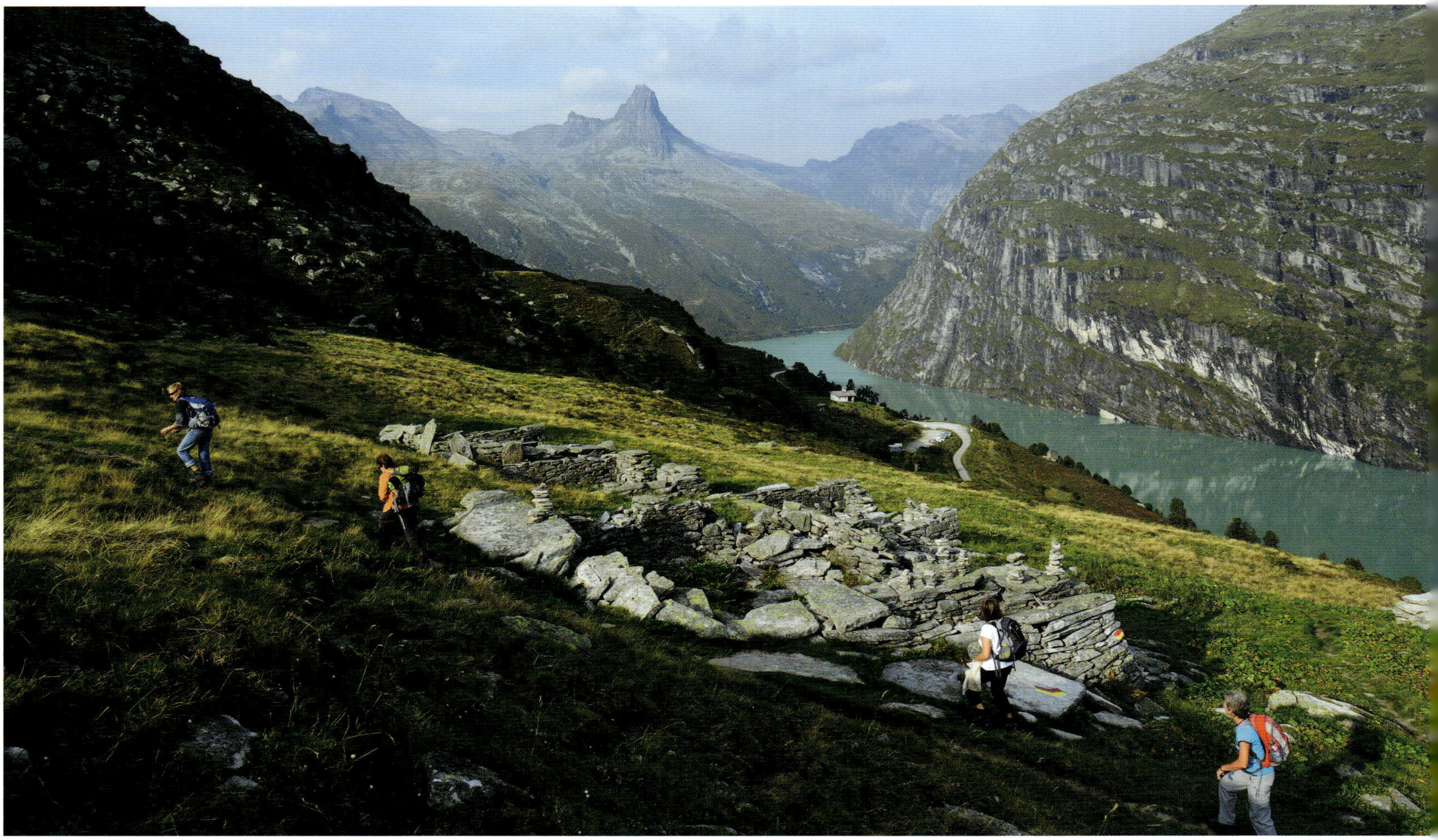

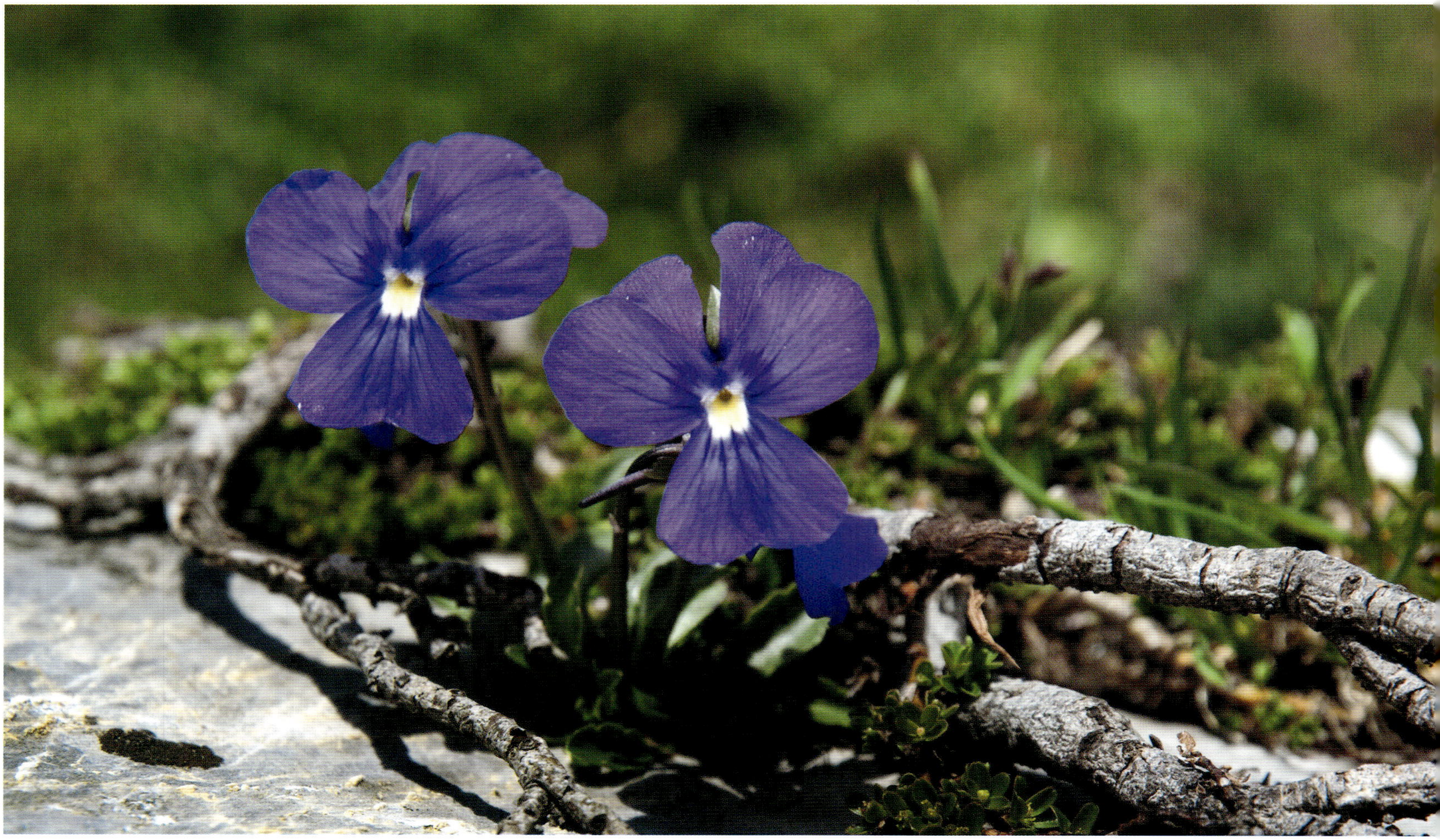

Die Wanderung ist aber nicht nur eine Tour zum Zervreilahorn, sie ist auch eine Seen-Wanderung, führt sie doch am Guraletsch- und Ampervreilsee vorbei, beide idyllisch eingebettet in kargen Bergkesseln und weit über 2000 Meter über Meer liegend. Nach dem zweiten See senkt sich der Weg hinab zum Weiler Ampervreila und führt nun sanft abfallend zurück zum Ausgangspunkt.

Noch ein Wort zur Kapelle St. Bartholomäus: Sie wurde als Ersatz für eine Kapelle unten im Dörfchen Zervreila erbaut, die 1955 in den steigenden Fluten des Stausees verschwand. Am Altar ist links eine etwas makabre Abbildung eines Menschen mit seiner eigenen Haut auf dem Arm zu sehen. Es ist der heilige St. Bartholomäus, dem der Legende nach die komplette Haut bei lebendigem Leibe abgezogen wurde. (Eine ähnliche Darstellung findet sich in der Sixtinischen Kapelle in Rom; hier soll Michelangelo sich im Gesicht der von Bartholomäus getragenen Haut selbst dargestellt haben.) Der Altar, wie auch die Glocken der Kapelle, wurden aus der alten Kapelle im Tal übernommen.

Ausgangspunkt: Zug bis Ilanz und Postauto nach Vals, Zervreila.
Route: Von der Haltestelle etwas unterhalb der Staumauer auf dem Fahrsträsschen weiter bis zur Kapelle. Nun links hoch zum Guraletschsee (2409 m), weiter zum Ampervreilsee, hinunter nach Ampervreila und zurück zum Ausgangspunkt.
Kennzahlen: Länge 11,1 km, je 700 m Auf- und Abstieg, 4 Std., Schwierigkeit T2. Vom Ausgangspunkt bis zur Kapelle verkehrt im Sommer das Postauto. Informationen auf www.zervreila.ch.

Einkehren und Übernachten: Gasthaus Zervreila beim Ausgangspunkt, Zimmer und Lager, Telefon 081 935 11 66, www.zervreila.ch.
Entdecken und Erleben: Wer den Wandertag genüsslich abrunden will, besucht die Therme Vals am nördlichen Dorfrand und hat Wellness und Architekturerlebnis in einem. Reservation empfohlen, Telefon 058 713 20 10, www.therme-vals.ch.
Karten: Landeskarte 1:25 000, 1234 Vals; 1:50 000, 257/257T Safiental
Informationen: Vals Tourismus, Telefon 081 920 70 70, www.vals.ch

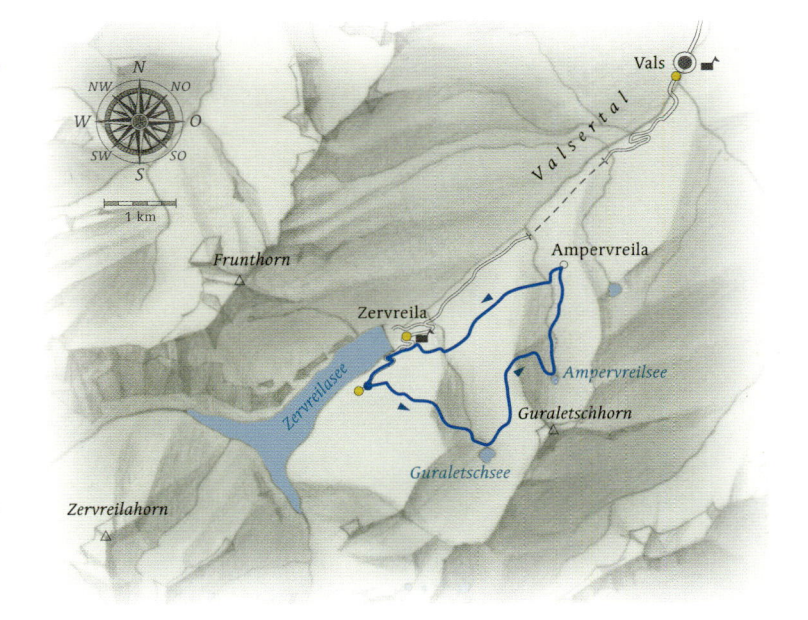

Bild Seite 60/61
Magische Stimmung im Valsertal

Bild oben
Die Ruinen vom Finsterbachstafel.

Bild unten
Langsporniges Stiefmütterchen.

Unser inneres Reisegepäck

Vor jeder Wanderung packen wir unseren Rucksack: Wir packen Kleider ein, damit wir nicht frieren, eine Karte, um den richtigen Weg zu finden, Proviant, um bei Kräften zu bleiben. Auch auf Unerwartetes bereiten wir uns vor und packen einen Regenschutz und vielleicht ein kleines Erste-Hilfe-Set ein.

All diese Dinge brauchen wir für unseren Körper, damit er genährt ist, warm hat und geschützt ist. Doch wir sind nicht nur Körper. Wir haben auch ein Inneres. Wir haben ein Herz mit Gefühlen, wir wünschen uns schöne Erlebnisse, erhoffen uns sonniges Wetter, vielleicht haben wir auch Angst vor einer schwierigen Passage. Um dieses unser Inneres können wir uns ebenfalls bereits vor der Wanderung kümmern und etwas dafür einpacken.

Tipps: Mein inneres Reisegepäck

Das «Gepäckstück»
… für diese Situationen, diese Tage …

Selbstvertrauen
Vor einer anspruchsvollen Wanderung mit schwierigen Passagen. Ich erinnere mich an meine Stärken, daran, was ich sonst schon Schwieriges geschafft habe. ✤ Heute versuche ich mich mit dieser Kraft in mir zu verbinden und sie im Körper zu spüren.

Freude
Wenn ich niedergeschlagen bin, wenn Stress oder Schweres im Leben mich bedrücken. ✤ Heute will ich versuchen, das Schöne am Wegrand zu sehen, dafür dankbar zu sein und die Freude mit ganzem Herzen zu spüren.

Annehmen
Wenn die äusseren Bedingungen nicht den Erwartungen entsprechen, das Wetter etwa schlecht sein wird. ✤ Ich sage Ja dazu, nicht nur als Wort, sondern wirklich, von innen heraus.

Flexibilität
Wenn wir meinen, der Tag müsse sich genau an unseren Plan halten. «Das Leben ist das, was passiert, während du dabei bist, andere Pläne zu schmieden», schrieb einmal John Lennon. ✤ Heute bin ich gespannt, was das Leben mir bringt.

Miteinander-Gefühl
Manchmal zerren die vielen Menschen auf dem Weg oder in der Hütte an unseren Nerven, wir möchten lieber für uns allein sein. Heute sage ich mir: ✤ Wir sind alle Menschen. Menschen, die es manchmal schwer haben und sich beim Wandern erholen möchten. Also können wir genauso gut Spass und eine gute Zeit miteinander haben.

Offenheit
Ein gutes Gepäckstück, um unsere Neugier, unsere kindliche Entdeckungslust am Leben zu erhalten. Neues sehen und erfahren bereichert das Leben. ✤ Heute will ich ganz offen sein für neue Wege, unbekannte Menschen, eine neue Sichtweise, bisher nie beachtete Blumen.

Selbstfürsorge
Ein wunderbares Geschenk, das man sich selbst machen kann, besonders, wenn man immer viel von sich selbst fordert. Wenn ich müde bin, mache ich eine Pause, im Berghaus gönne ich mir ein feines Essen, und wenn ich es nicht auf den Gipfel schaffe, verurteile ich mich nicht, sondern sage mir: «Ist schon okay! Schliesslich bin ich ein Mensch und keine Maschine!» ✤ Heute will ich immer wieder darauf achten, was mein Körper und meine Seele brauchen, und es mir mitfühlend selbst geben.

Versuchen Sie auf der Wanderung dieses innere Gepäckstück in Ihrem Bewusstsein zu behalten und es bei Bedarf hervorzuholen. Mit der Zeit können Sie für verschiedene Situationen und Herausforderungen auf das passende Gepäckstück zurückgreifen, sich mit einem anderen «inneren Helfer» verbinden. Wenn Sie sich verlaufen haben, erinnern Sie sich an «Offenheit», bei schlechtem Wetter an «Annehmen» oder im vollen Restaurant an das «Miteinander-Gefühl».

Dazu ein Beispiel: Ich musste für einen Zeitungsartikel auf eine Wanderung gehen. Der Abgabetermin war nahe, und die Wetterprognose meldete bis auf Weiteres trübes, kaltes Wetter und immer wieder Regen. Ich hatte keine Wahl und musste die Tour machen. Natürlich rüstete ich mich mit warmen Kleidern und Regenschutz aus. Doch ich wusste, dass ich noch etwas mehr einpacken musste, etwas, das mich als ganzen, fühlenden Menschen gut durch den Tag bringen würde: eine Absicht, einen Wert, eine Tugend. Und das war beim bevorstehenden Regentag schlicht «Annehmen». Ja sagen zu dem, was ist. Das Beste daraus machen. Ja, es wird heute kalt und trüb sein. Ja, ich werde einen kalten und nassen Tag haben. Sich dagegen stemmen und ärgern bringt nichts. Im Gegenteil, es würde mich unendlich viel Energie kosten und mir bestimmt den Tag verderben. Es wurde ein kalter und trüber Tag, und es regnete pausenlos. Aber ich hatte es bewusst angenommen und schaffte es, auch für diesen Tag meines Lebens dankbar zu sein. So

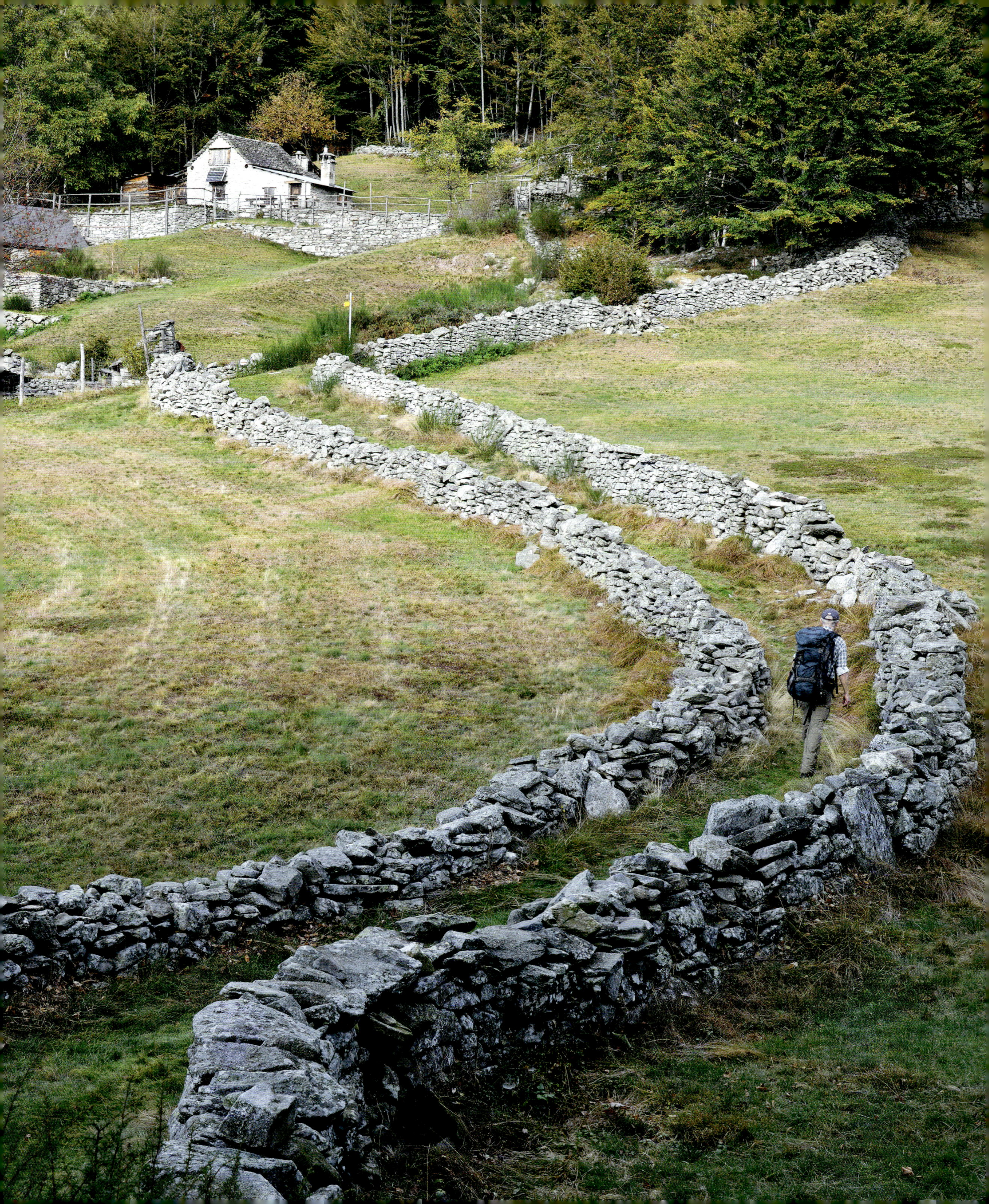

erlebte ich schliesslich eine wunderbare Wanderung. Ich sah den ganzen Tag keine Menschenseele, die Landschaft atmete eine grosse Ruhe. Am Moorsee im Wald lauschte ich der klingenden Musik der aufs Wasser fallenden Regentropfen, tauchte ein in eine märchenhaft entrückte Stimmung und beobachtete einen grossen Reiher, der reglos am anderen Ufer stand.

Auf jede Wanderung können wir ein solches Gepäckstück für die Seele mitnehmen, etwas, das unser Herz wärmt und uns die Wanderung und ihre Herausforderungen meistern, aber auch geniessen lässt. Überlegen Sie sich, was Sie auf die Wanderung mitnehmen möchten, horchen Sie in sich hinein, was Ihr Inneres brauchen könnte. Wenn Sie beispielsweise zu einer anspruchsvollen Wanderung mit exponierten Wegstellen aufbrechen, könnten Sie bewusst «Selbstvertrauen» mitnehmen. Oder vielleicht machen Sie gerade eine schwere Zeit durch und haben Ihre Lebensfreude verloren. Packen Sie «Freude» in den Rucksack, und versuchen Sie, bewusst das Schöne und Erfreuliche am Wegrand zu sehen. Ärgern Sie sich, wenn etwas nicht nach Plan verläuft? Etwa, wenn Sie sich verlaufen oder das Wetter plötzlich kippt? Dann könnten Sie das Gepäckstück «Annehmen» einpacken. Wenn dann eine fordernde Situation eintritt, können Sie sich an dieses «innere Reisegepäckstück» erinnern, das Ihnen Halt gibt, das Ihnen hilft und Sie trägt. Diese oder natürlich auch andere, selbst gewählte Worte können Sie auf ein Stück Halbkarton schreiben und dieses im Deckelfach des Rucksacks verstauen – so werden Sie immer wieder daran erinnert.

«Auf einer Entdeckungsreise geht es nicht darum, unbekannte Landschaften zu suchen, sondern darum, mit neuen Augen zu sehen.» Marcel Proust

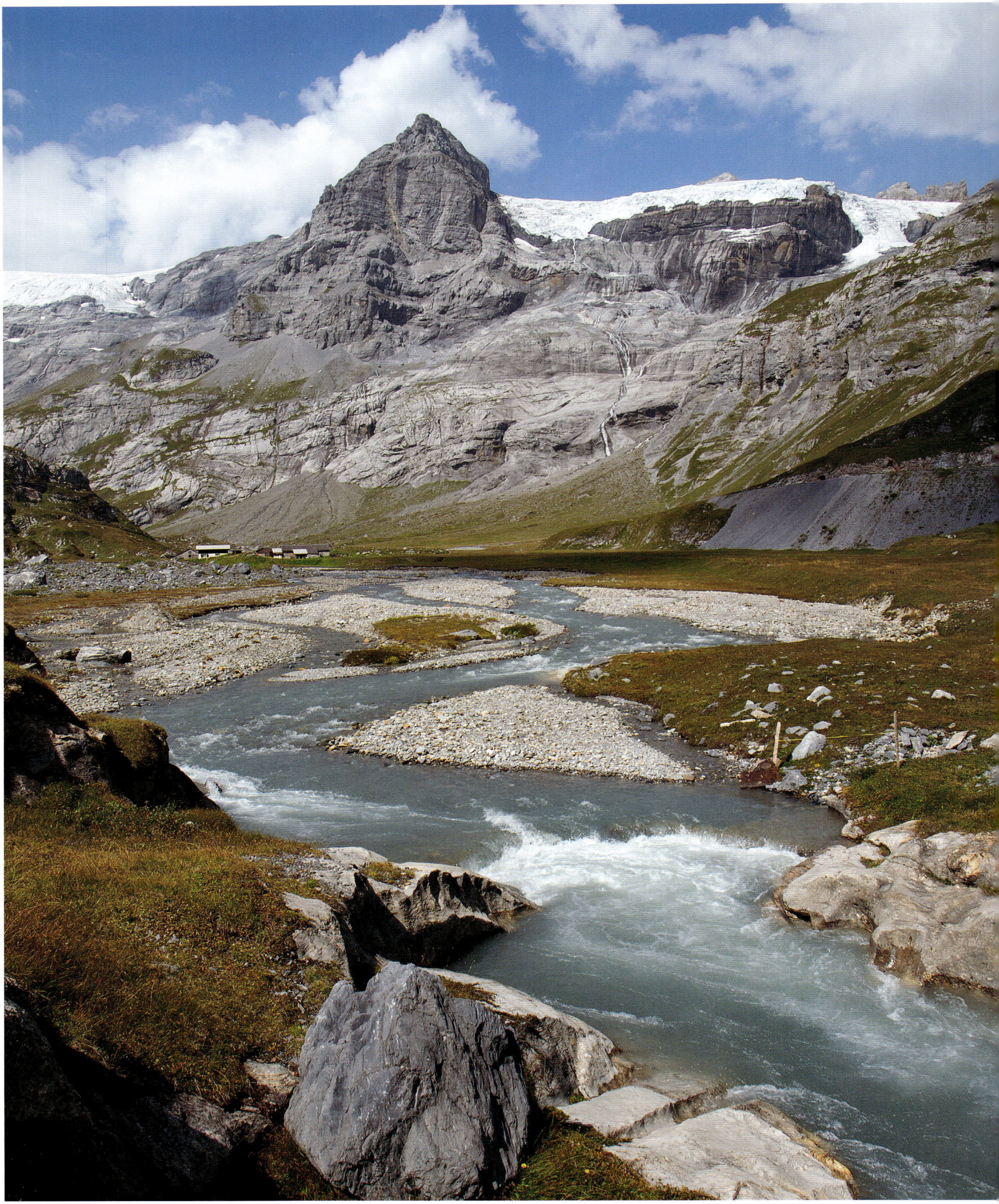

Am Tödi

Bachschlaufen, Eisdonnern und Felsstürze an den Abhängen des grossen Glarners

Die hinteren Glarner Alpen sind kein übliches Stück Schweizer Alpen. Davon erhält bereits eine Vorahnung, wer ganz vorne und ganz unten in Ziegelbrücke im Zug vorbeifährt. Dieser flache Talboden, und dann diese steilen Felswände, hoch zum Rautispitz und zum Glärnisch! Je weiter man in dieses Tal, in diese Kerbe vordringt, desto näher rücken die Wände zusammen. Nur wenige Male gibt es etwas Luft, etwa in Schwanden, dann schliessen sich die Flanken und Mauern wieder.

Ganz hinten im Tal, im Tierfehd, wird es schliesslich so eng zwischen diesen Wänden auf beiden Seiten, dass man den Kopf in die Höhe recken muss, um noch den Himmel zu sehen. Und auch vor einem türmen sich die Berge auf, zum Selbsanft und zum Tödi, dem höchsten Berg des Kantons: zum Greifen nah und doch fast 3000 Meter höher als der Boden unten im Tierfehd. Zwischen diesen Kolossen liegen einige tief eingekerbte Täler, die man durchaus bereits als Schluchten bezeichnen kann.

Einer dieser Einschnitte führt hoch nach Hinter Sand, und bis hierher lassen sich einige Wanderer mit dem Shuttlebus fahren. Dann aber, mit dem Ende der Naturstrasse, löst die Bergnatur endgültig die technisierte und zivilisierte Welt ab. Die meisten Wanderer steigen hinauf zur Fridolinshütte, andere, meist Bergsteiger mit Höherem im Sinne, gehen noch weiter zur Grünhornhütte, hoch oben an den steilen Flanken des Tödi. Wer einen ruhigen Weg einschlagen will, zweigt bei Hinter Sand gleich rechts ab und wandert steil den Oberstafelbach entlang aufwärts nach Ober Sand.

Ober Sand. Ganz unvermittelt steht man am Rand dieser kleinen Hochebene. Ist es lieblich hier, mit den weiten, ebenen Wiesen, dem Vieh, den Alphütten und dem Bach, der unbeschwert und ungefasst sich durch das Grün schlängelt? Ist es wild und rau hier, mit den glatten Felsflanken zur Rechten, hoch oben bedeckt vom dicken Panzer des Claridenfirns? Oder ist es gar gefährlich, mit den Eismassen, die regelmässig vom Gletscher mit einem Krachen und Tosen in die Tiefe donnern? Und den Myriaden Tonnen Felsbrocken, die erst vor ein paar Jahren vom Tödi heruntersdonnerten und die Alpen wie eine riesige Steinhand überdeckten? Eindrücke mischen sich, das Sanfte und Einladende mit dem Wilden und Ungebändigten.

Wer all dies in aller Ruhe auf sich wirken lassen möchte, bleibt hier auf Ober Sand und schlendert über die Hochebene, den vielen Armen des Oberstafelbachs entlang, vielleicht einen oder zwei Kilometer, vielleicht bis zum Hinter Stäfeli, wo Wiesen und Weiden sich wieder in Schutt und Geröll verlieren. Wer höher hinauf und alles von oben sehen will, auch Neues entdecken möchte, der steigt links hinauf zum Ochsenstock und kehrt über die Fridolinshütte wieder ins Tal zurück, oder zweigt nach rechts ab, zur Beggilücke und zur Claridenhütte, und steigt dem Walenbach entlang wieder ins Tal ab.

Ausgangspunkt: Mit dem Zug bis Linthal und von hier mit dem Taxi bis zum Wendeplatz in der Nähe von Hinter Sand (1300 m). Telefonnummern siehe www.fridolinshuette.ch.
Route: Nordöstlich zum Hof Hinter Sand und hoch zur Fridolinshütte. Weiter auf den Ochsenstock (2265 m), hinab zur Brücke bei Ober Sand und weiter talwärts zum Wendeplatz des Busses.
Kennzahlen: Länge 11,5 km, je 1100 m Auf- und Abstieg, 5¼ Std., Schwierigkeit T2
Einkehren und Übernachten: Fridolinshütte SAC, bewartet Juli und August durchgehend, im Juni und September an Wochenenden auf Anfrage, Telefon 055 643 34 34, www.fridolinshuette.ch. Hotels und Restaurants in Linthal, Hotel Tödi im Tierfehd.
Entdecken und Erleben: Die beste Aussicht geniesst man bei der Fridolinshütte und um den Ochsenstock. Wunderschöne Plätzchen zum Hinliegen und «Herumlungern» gibt es am Oberstafelbach bei Ober Sand.
Karten: Landeskarte 1 : 25 000, 1193 Tödi; 1 : 50 000, 246/246T Klausenpass
Informationen: Glarus Süd Tourismus, Telefon 055 653 65 65, www.glarnerland.ch

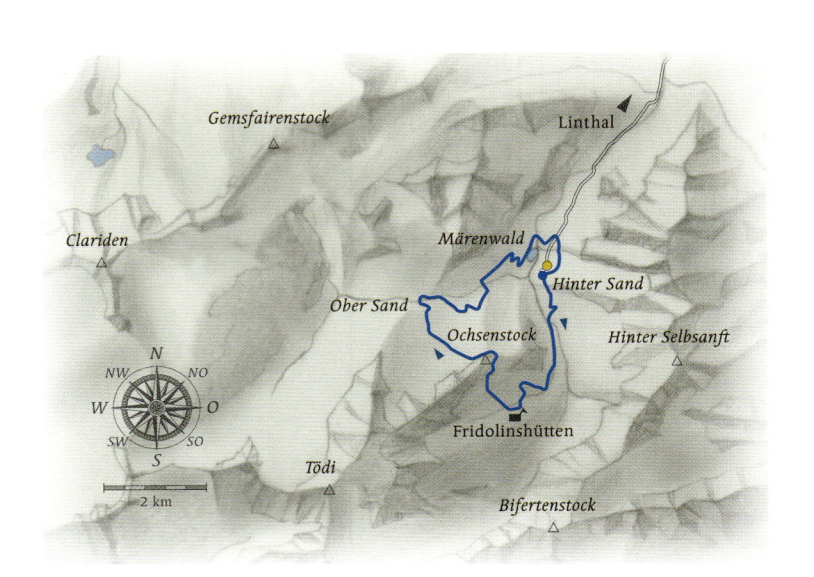

Bild Seite 68
Hinsitzen, sehen und hören – ein perfektes Plätzchen bei Ober Sand.

Bild oben
Vorfreude auf einen neuen Tag.
Bei der Fridolinshütte.

Bild unten
Gleich bei der Hütte: der wilde Bifertenfirn.

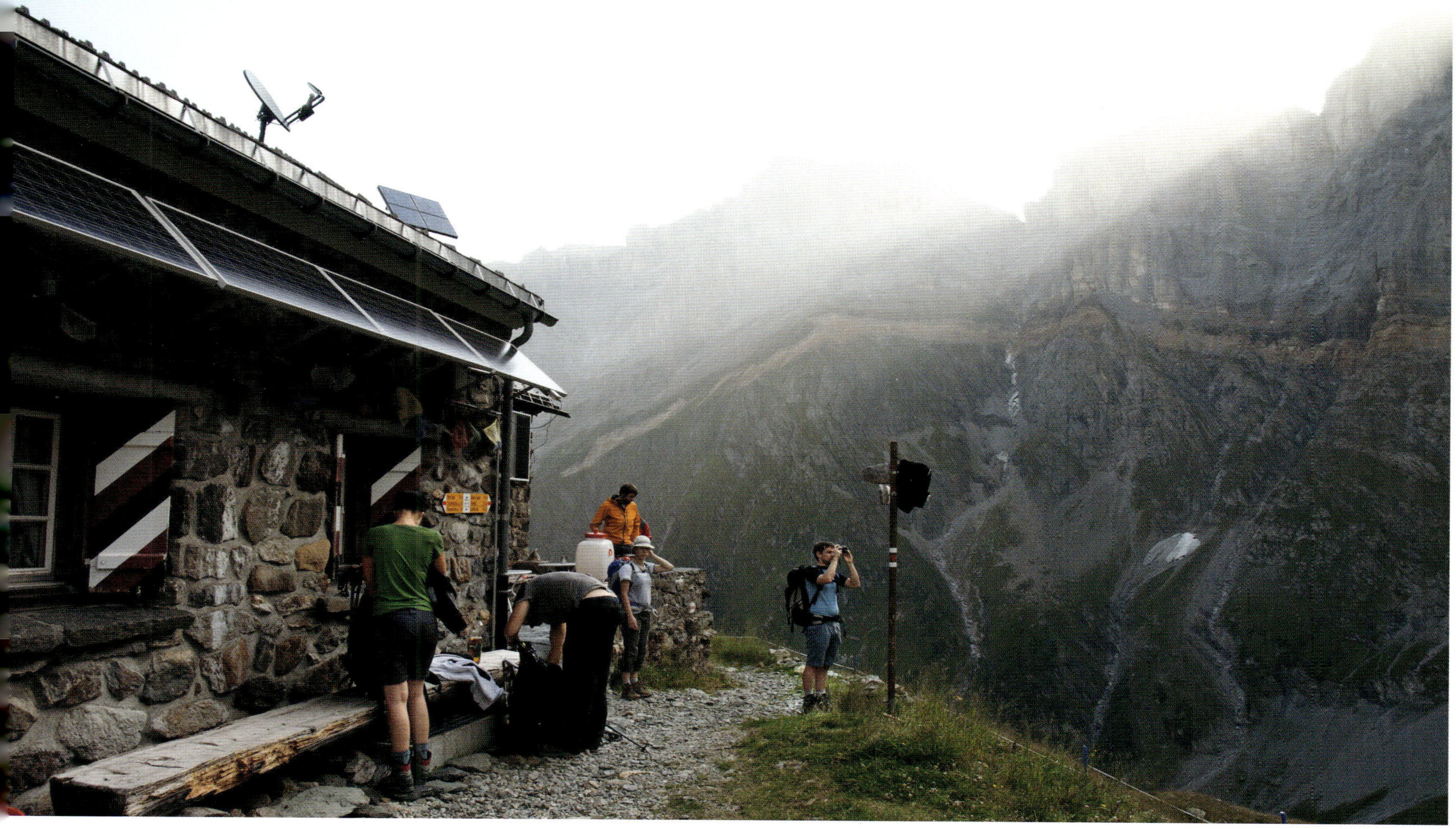

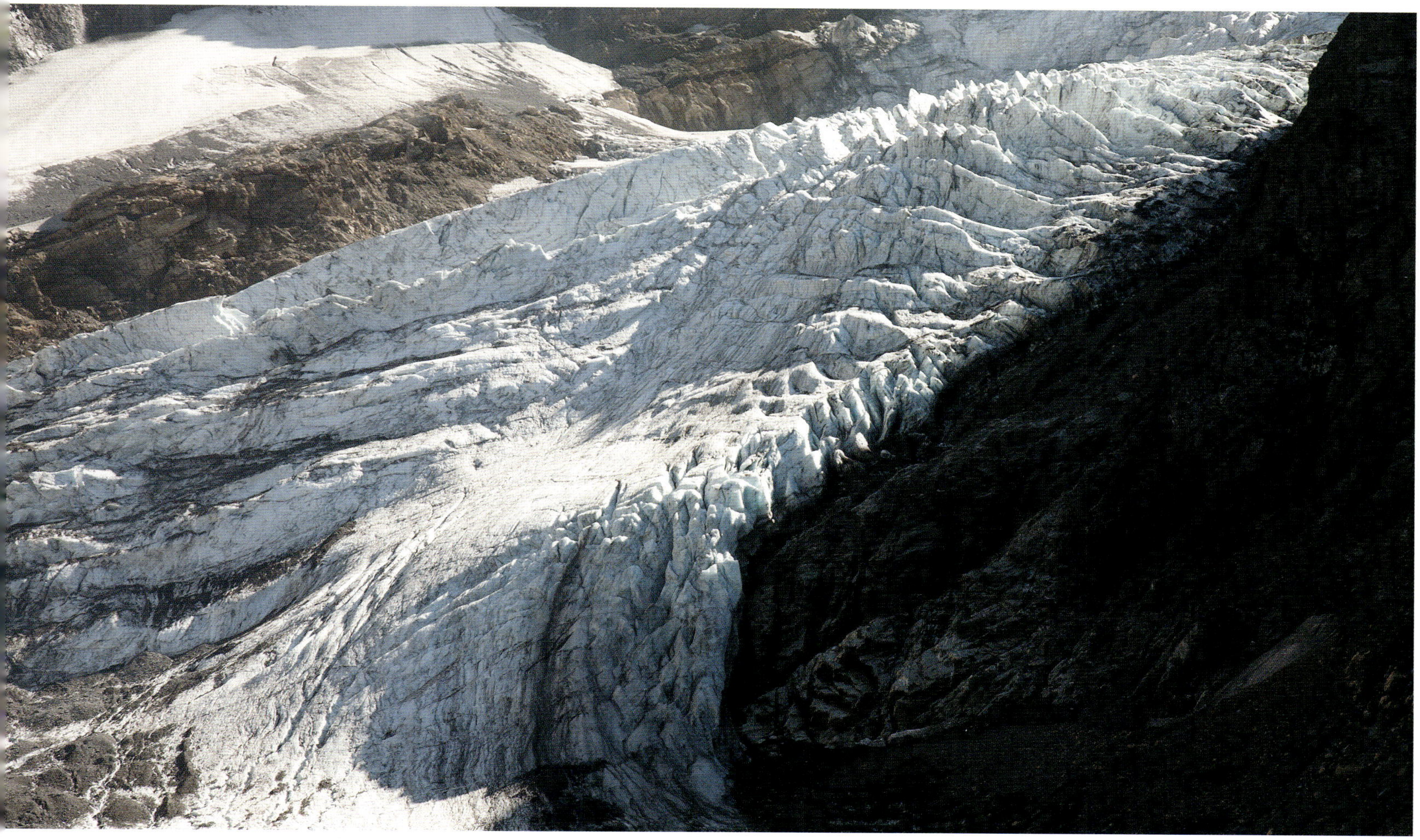

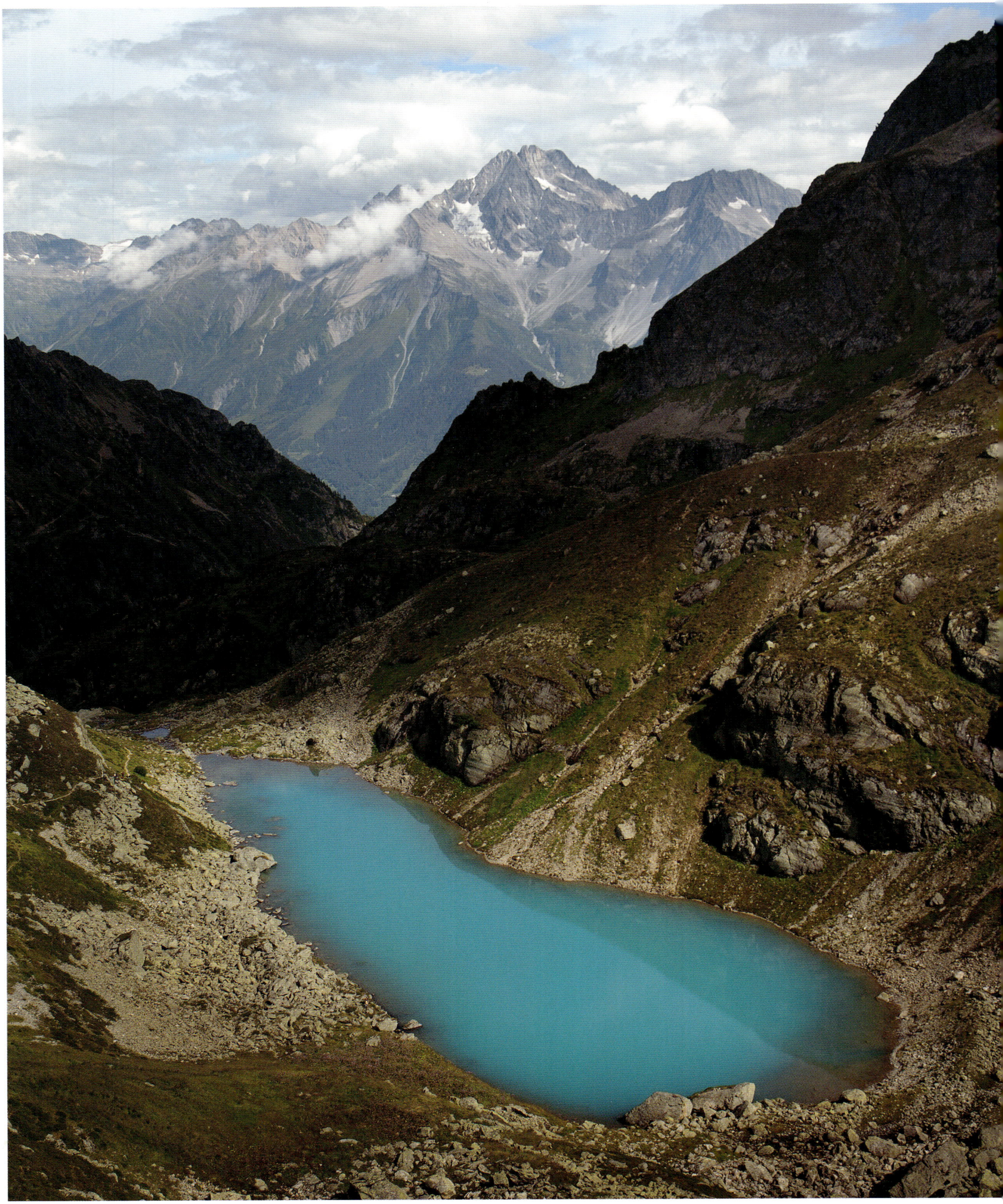

Zum Nidersee
Umrahmt von schwarzen Zacken, das Türkis des magischen Sees

Das Urnerland – ein starkes Stück Urschweiz, steinig, steil und wild. Es gibt hier zwar einige bekanntere Wandergebiete, das Schächental etwa oder die Region Andermatt. Daneben aber gibt es in diesem Kanton ganz im Herzen der Schweiz eine Vielzahl kleiner, unbekannter Täler, ganz ohne Passstrassen, ohne Skiresorts, mit nichts als unverbrauchter Urner Berglandschaft.

Ein solches Tal ist das Leitschach-Tal. Beim Arnisee, den man mit der Luftseilbahn erreicht, geht es an schönen Sonntagen noch geschäftig zu und her, und es wird gegrillt, gespielt und geplanscht. Doch schon bald wird es ruhig auf dem Weg zur Leutschachhütte, und nur noch das Plätschern des Baches und ein gelegentliches Bimmeln einer Kuhglocke mischen sich mit dem regelmässigen Ein und Aus des eigenen Atems.

Die Alp Chäserli, nach einer halben Stunde. Ein ganzer Berg scheint hier heruntergekommen zu sein, und die Wiese neben dem Bach ist übersät von Felsbrocken, manche so gross, dass gleich alle drei Alphütten darin Platz hätten. Eine Tafel weist den Wanderer darauf hin, dass sich hier der Mittelpunkt des Kantons Uri befindet. Ein gutes, schönes Plätzchen, um sich ein erstes Mal hinzulegen, unten am Bach oder versteckt hinter einem der grossen Steine.

Nach etwas mehr als zwei Stunden führt der Weg nach einem steileren Aufstieg über eine kleine Kuppe, und unerwartet steht man vor dem Nidersee. Dieser Nidersee ist schlicht ein Phänomen. Erst einmal leuchtet er in einem hellen, leuchtenden Türkis, einer Farbe, die in dieser Intensität in der Schweiz wohl einmalig ist. Die Farbe rührt vom gelösten Gesteinsstaub her. Auch die Lage des Sees ist eindrücklich. Tief eingesenkt liegt er zwischen zwei Berggraten, am tiefsten Punkt einer langen Talkerbe, und wenn am späten Nachmittag die Lichtstrahlen der Sonne mit dunklen Wolken über dem Zackengrat des Mäntliser spielen, fühlt man sich unvermittelt in die Szenerie einer Fantasy-Geschichte versetzt.

Unvergleichlicher Nidersee.
Hinten der Gross Windgällen.

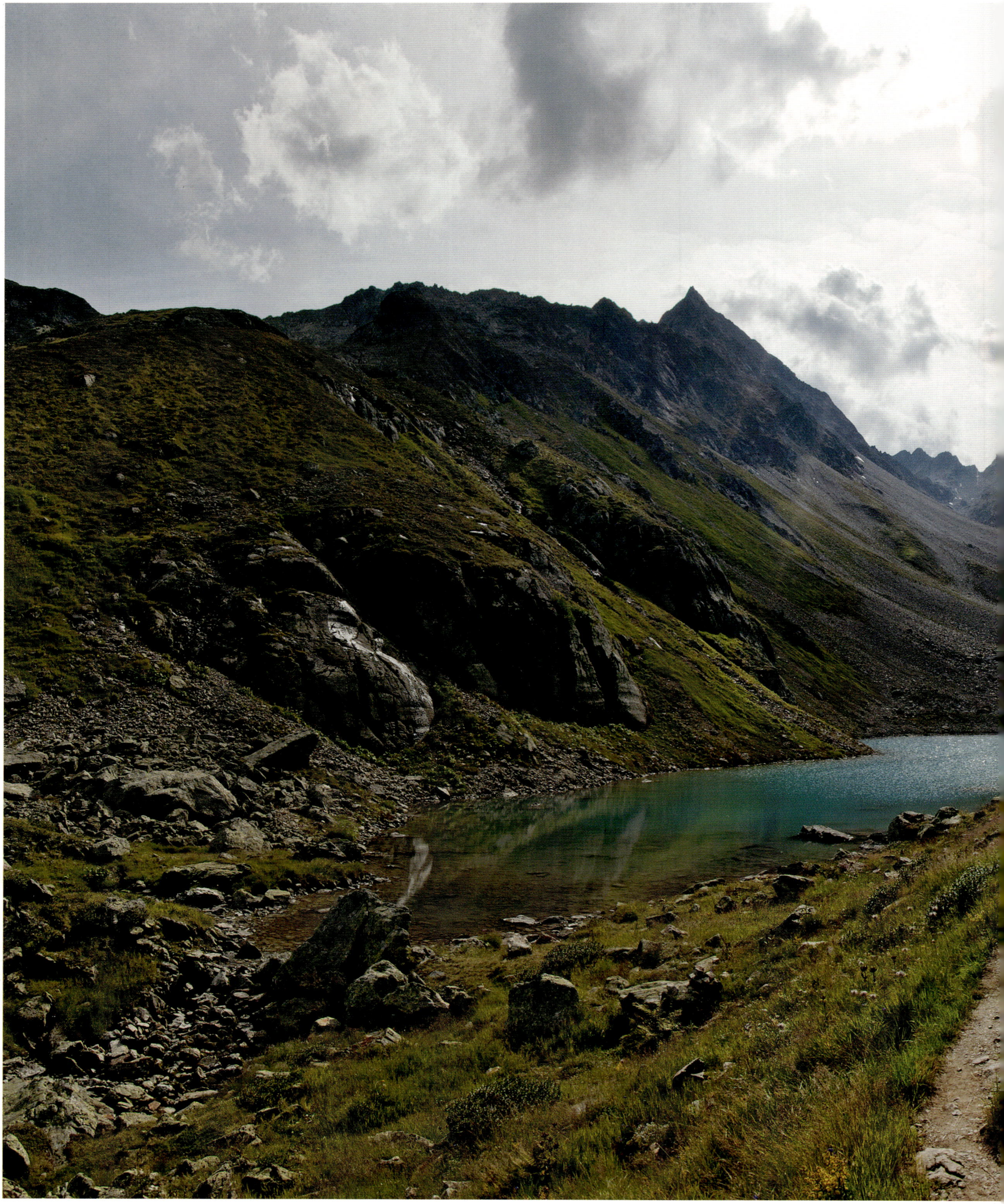

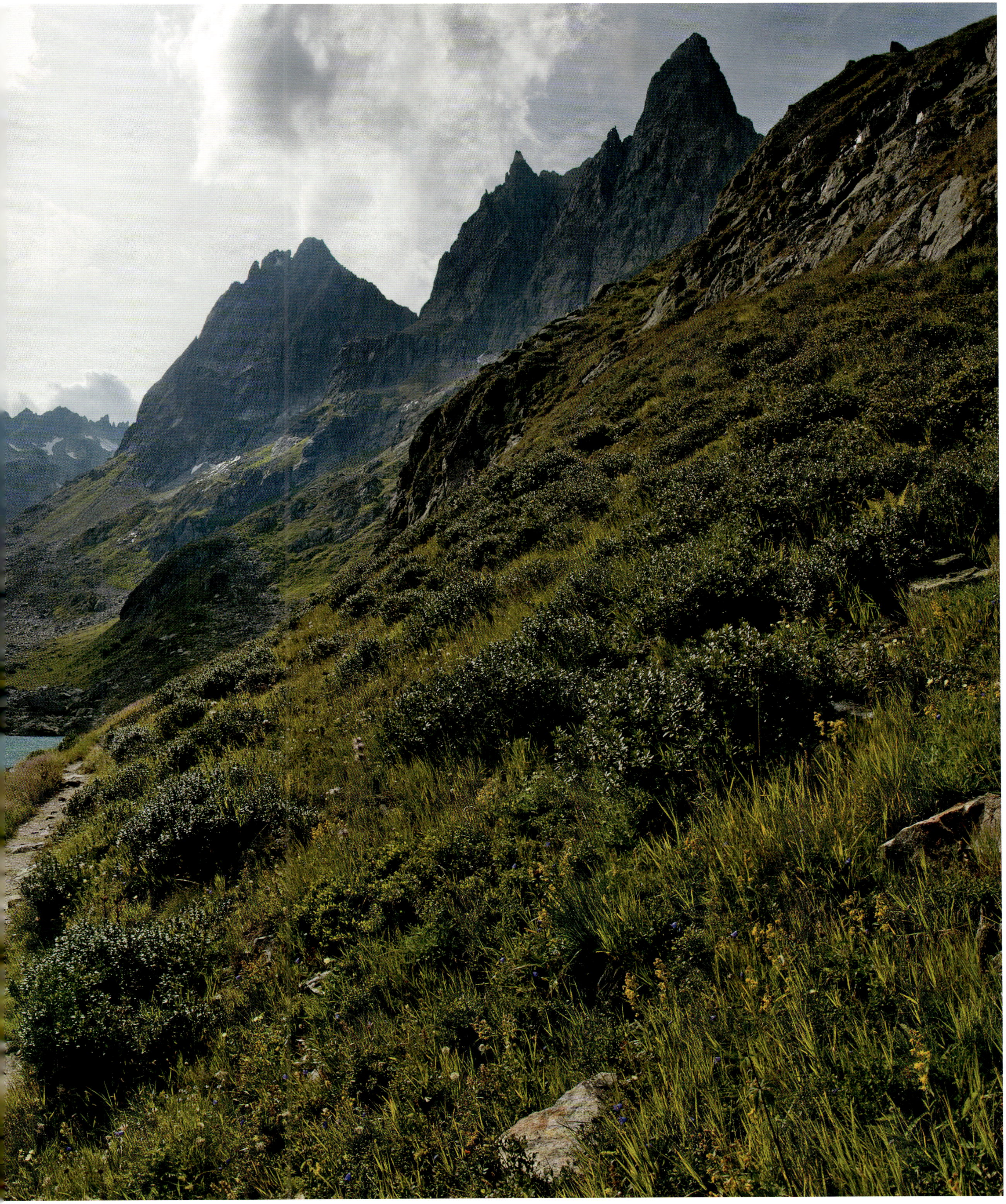

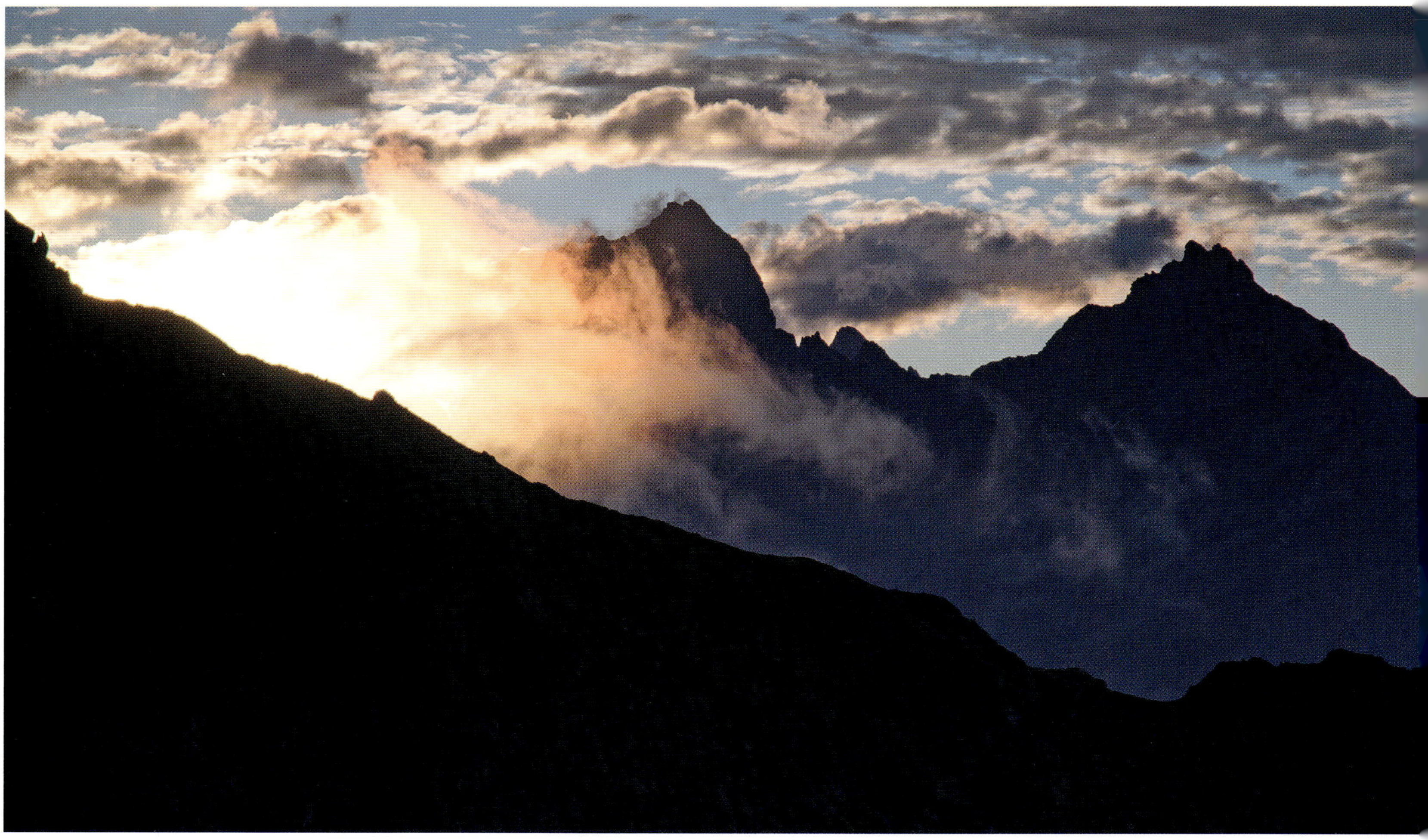

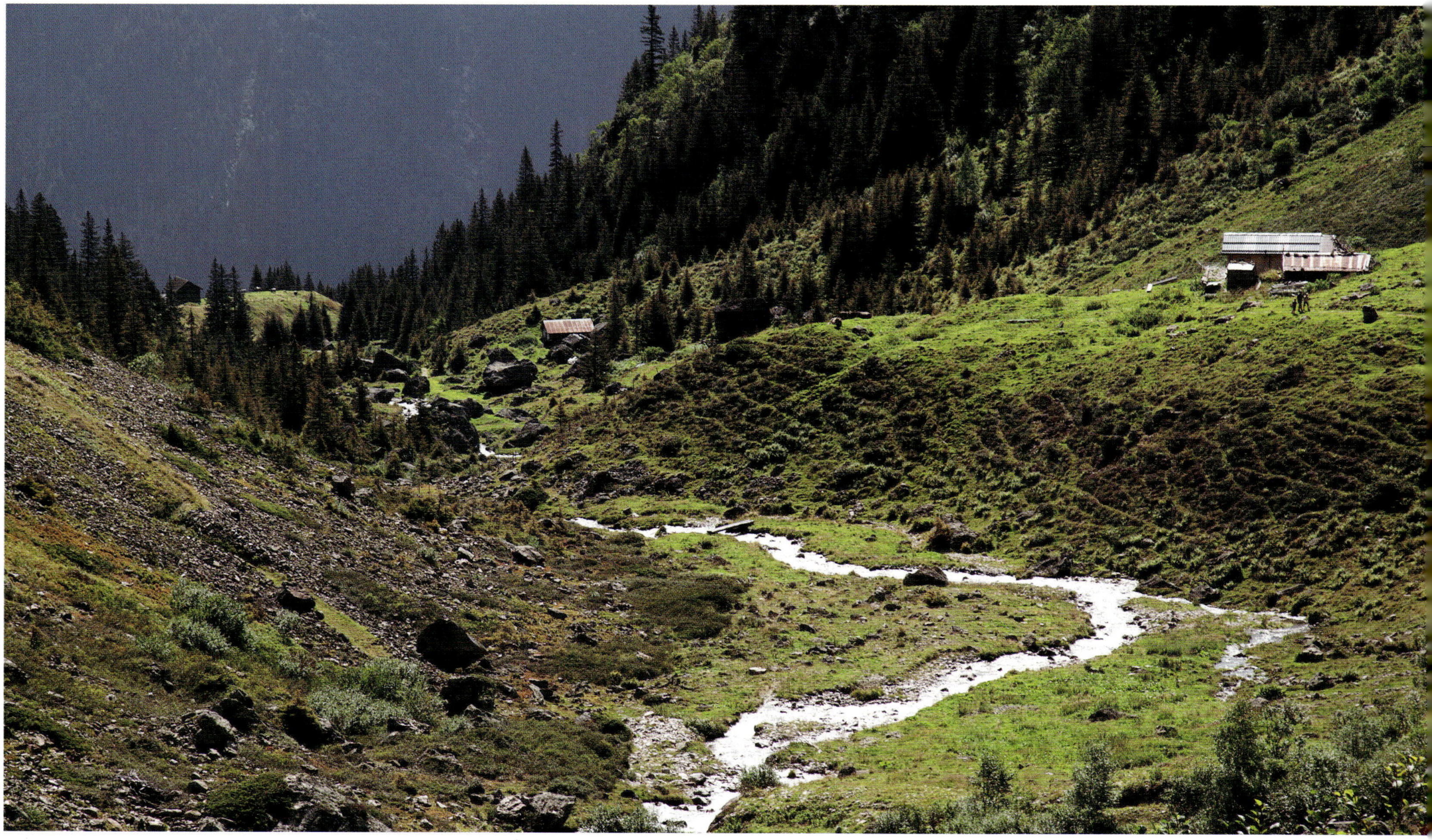

Die Leutschachhütte – knapp drei Stunden sind es insgesamt bis hierher – liegt noch etwa 20 Minuten weiter oben. Das einladende Haus, das traditionelles Steinwerk mit einem modernen Ausbau kombiniert, hat sich ein besonderes Plätzchen ausgesucht, so wie es das Markenzeichen vieler SAC-Hütten ist. Sie liegt am äussersten Punkt eines Bergrückens, hoch über dem blaugrün leuchtenden Nidersee, überragt von der eindrücklichen, dunklen Pyramide des Mäntliser, und bietet einen freien Blick zum Gross Windgällen, ins Maderanertal und auf zahlreiche Gipfel und Grate in diesem wenig bekannten, wilden Teil der Urner Bergwelt. Je nach Lust und Zeit kehrt man beim Nidersee um, oder tut dies erst nach einer langen Kuchenpause in der Leutschachhütte, oder kehrt, als dritte Variante, in einem grossen Bogen auf dem Höhenweg zurück zum Arnisee.

Ausgangspunkt: Zug bis Erstfeld und Bus bis Intschi, Seilbahn; nun mit der Luftseilbahn nach Arnisee. Alternativ von Amsteg mit einer anderen Luftseilbahn nach Arni, UR. Informationen auf www.arnisee.ch.
Route: Vom Arnisee durch das Leitschach-Tal hoch zur Leutschachhütte. Nun auf dem Höhenweg zur Sunniggrätlihütte (kurzer Gegenanstieg) und hinab zum Arnisee.
Kennzahlen: Länge 12,9 km, je 1010 m Auf- und Abstieg, 6 Std., Schwierigkeit T2
Einkehren und Übernachten: Zwei Berghäuser beim Arnisee: Berggasthaus Alpenblick, Restaurant, Zimmer und Lager, Telefon 041 883 03 42, www.berggasthaus-alpenblick.ch; Berggasthaus Arnisee, Restaurant, Zimmer, Telefon 041 883 12 83, www.arnisee.ch. Alpbeizli Furt (im Leitschach-Tal auf 1760 m). Leutschachhütte SAC, bewartet Mitte Juni bis Mitte Oktober, Telefon 041 883 15 17, www.leutschachhuette.ch. Sunniggrathütte, bewartet Juni bis Mitte Oktober, Lager, Telefon 079 386 14 85.
Entdecken und Erleben: Vielleicht das schönste Erlebnis, das Sie sich gönnen können: Statt direkt hinauf zum Kuchen in der Leutschachhütte weg vom Weg und an den Ufern des Nidersees sitzen, entweder beim Abfluss des Baches, oder bei einigen grossen Felsbrocken am hinteren Ende des Sees, das man in 10 Min. auf einigen Wegspuren erreicht.
Karten: Landeskarte 1:25 000, 1191 Engelberg, 1192 Schächental, 1211 Meiental und 1212 Amsteg; 1:50 000, 245/245T Stans, 246/246T Klausenpass, 255/255T Sustenpass und 256/256T Disentis/Mustér
Informationen: Gurtnellen Tourismus, Telefon 079 670 31 33, www.gurtnellen-tourismus.ch

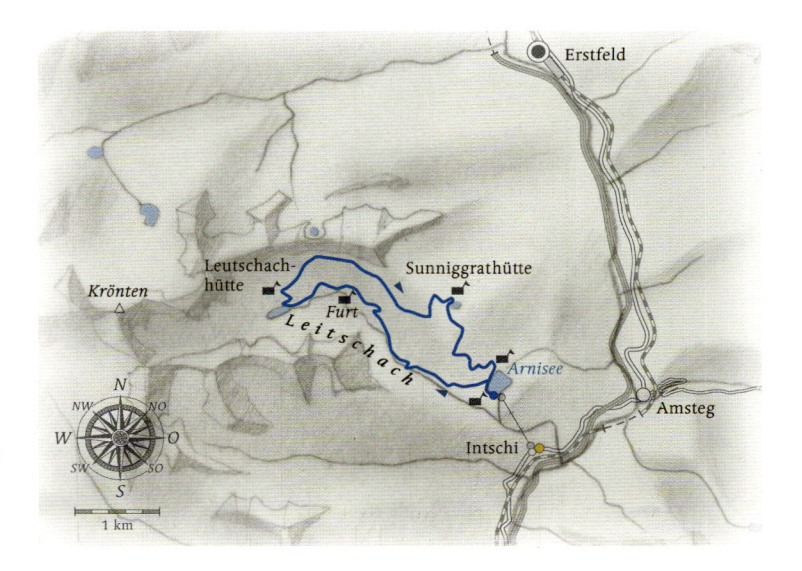

Bild Seite 74/75
Die ganze Kraft der Berge.
Beim Nidersee.

Bild oben
Licht- und Wolkenspiel am Gross Ruchen.

Bild unten
Leitschachbach.

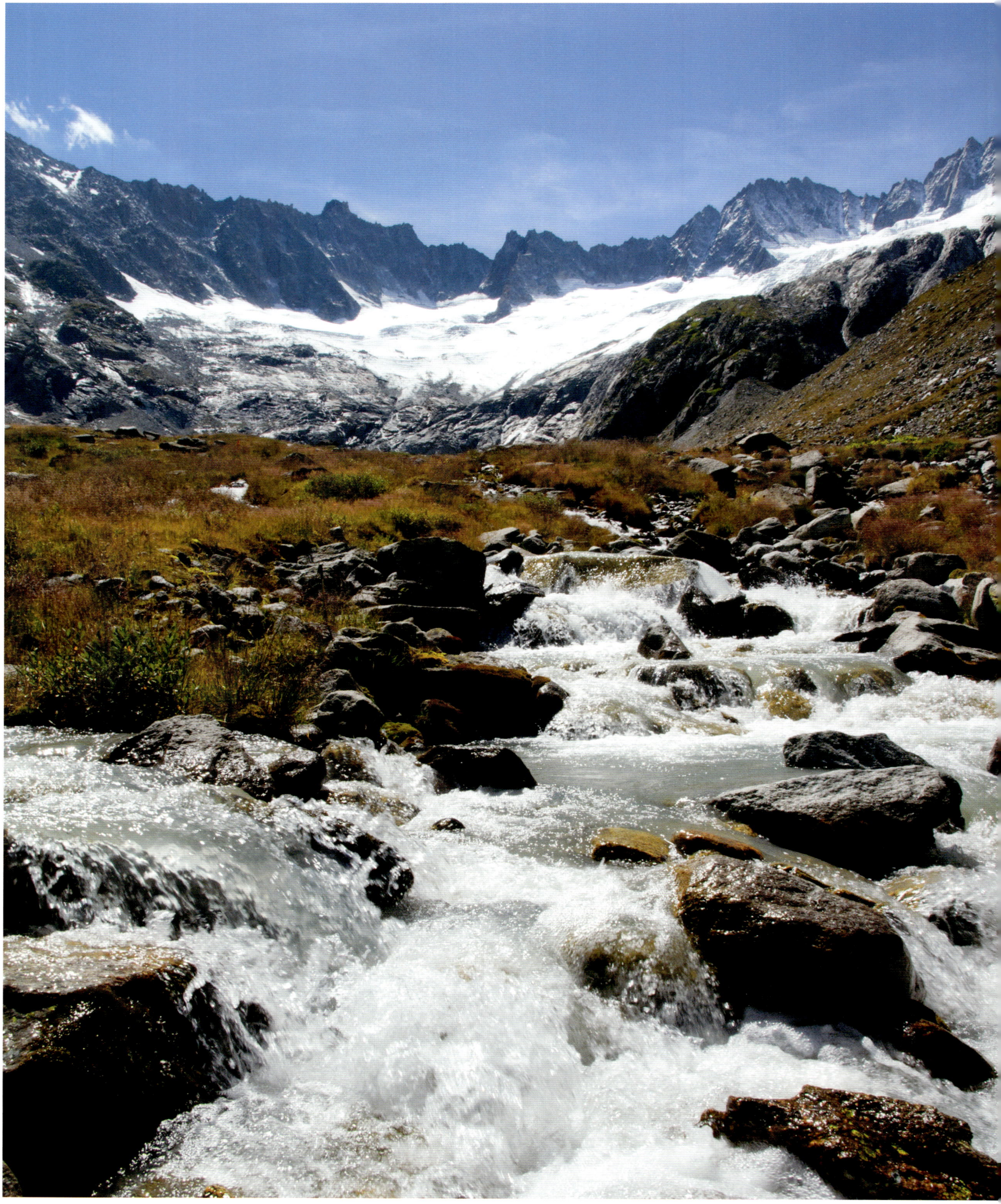

Um den Göscheneralpsee
Die ganze Kraft der Urner Berge

Die Zugfahrt durch Göschenen hat für mich immer etwas Erwartungsvolles. Denn ich weiss: nur für einen ganz kurzen Moment, fast wie ein einzelnes Bild aus einer Fantasie, blitzen die Bergzacken und Gletscher ganz hinten im Göscheneralptal auf.
Wie eine Verheissung einer anderen Welt, hell, weit und frei. Für einige Momente träume ich dann, dort oben zu sein, inmitten dieser gleissenden Bergwelt – dann verschwindet der Zug schon wieder im Dunkel des nächsten Tunnels.

Wir wären nicht in der Schweiz, wenn auch dieses Alpental nicht bestens erschlossen und erwanderbar wäre, und so erreicht man den Ausgangspunkt auf der Göscheneralp bequem mit dem Postauto. Und, auch ganz schweizerisch und sehr praktisch, der Bus hält wenige Schritte neben den Tischen des Berghauses Dammagletscher. Falls ein zweiter Kaffee und ein Croissant einfach sein müssen …

Die Wanderung ist nicht nur eine Tour zur Dammahütte, sondern ebenso eine grosse Umrundung des Stausees. Nach der Überschreitung des gewaltigen Dammes geht es auf den eigentlichen Wanderweg. Sachte steigt der Pfad durch die Abhänge hoch. Hier ist man tief im Reich der Bergkristalle unterwegs. Nur einen Kilometer vom Weg, aber etwa 700 Meter höher oben am Planggenstock, fand vor einigen Jahren das Strahlerduo von Arx und von Känel die weltberühmten Riesenkristalle, mit Spitzen von bis zu einem Meter Länge. Heute können die Kristalle im Naturhistorischen Museum Bern bewundert werden.

Der Aufstieg zur Dammahütte des SAC ist nicht zu streng, nur etwa 500 Meter liegt sie über dem Ausgangspunkt beim Göscheneralpsee. Die Hütte ist klein, fast schnuckelig, sie ist bestimmt eine der kleinsten bewarteten Hütten der Schweiz. Interessant: Sie stand ursprünglich an der Landesausstellung von 1914 in Bern; danach wurde sie Stück für Stück an den heutigen Standort transportiert und wieder aufgebaut.

Jetzt sitze ich etwas unterhalb der Dammahütte, eben «dort oben», mitten in den Bergen des Traumbildes aus meinen Zugfahrten durch Göschenen, umgeben vom weiten Bergkranz zwischen Planggenstock und Dammastock. Ein langes Band von Eis und Firn zieht sich auf der Schulter unter den Zacken und Zähnen entlang, steigt in einigen Rinnen hoch zum Horizont und vereinigt sich mit der Eisdecke ganz oben.

Es ist still hier, keine Passstrasse, die dröhnt, keine Seilbahn, die surrt, nicht einmal Kuhglocken sind zu vernehmen. Nur das Rauschen der Bäche, die am Gletschersaum entspringen und als weisse Bänder durch die kahle, gerippte Felslandschaft in die Tiefe strömen. Meine Hände ruhen auf einem geschliffenen und doch rauen Fels; die Sonne hat ihn aufgewärmt, und die Wärme entlockt einen würzigen Duft aus dem bald herbstlichen Gras. Es ist, als sitze ich hier in der genauen Mitte, im Herzen dieses ganzen Halbrundes von Bergen und Gletschern. Es ist, als habe sich die ganze Kraft und Schönheit der Urner Bergwelt hier im Kreis versammelt.

Ausgangspunkt: Zug bis Göschenen und Postauto bis Göscheneralp, Dammagletscher.
Route: Über den Staudamm und dann allmählich, zum Schluss herzhaft steil hinauf zur Dammahütte SAC. Zurück bis vor die Dammareuss, dann links (nördlich) ins Chelenalptal und schliesslich ostwärts zurück zum Ausgangspunkt.
Kennzahlen: Länge 11,2 km, je 900 m Auf- und Abstieg, 4¾ Std., Schwierigkeit T2
Einkehren und Übernachten: Berggasthaus Dammagletscher, offen Ende Mai bis Anfang Oktober, Zimmer und Lager, Telefon 041 886 88 68, www.dammagletscher.ch. Dammahütte SAC, bewartet Juli bis September, Telefon 041 885 17 81, www.dammahuette.ch.
Entdecken und Erleben: Wer Lust auf weniger Wandern und mehr Zeit zum Sitzen, Dösen und Entdecken hat, verzichtet auf den Aufstieg zur Hütte und schlendert stattdessen unten im Tal ein Stück entlang der tosenden und gurgelnden Dammareuss.
Karten: Landeskarte 1:25 000, 1231 Urseren; 1:50 000, 255/255T Sustenpass
Informationen: Tourismusbüro Göschenen, Telefon 041 888 71 00, www.goeschenen.ch

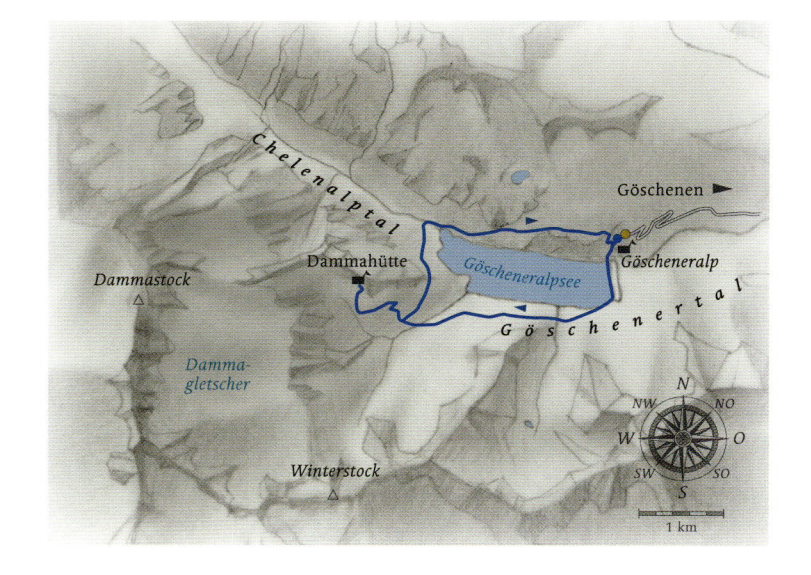

Bild Seite 78
Eiskalt und erfrischend:
die Dammareuss.

Halb sieben, gleich vor der
SAC-Hütte: Sonnenaufgang
am Dammastock.

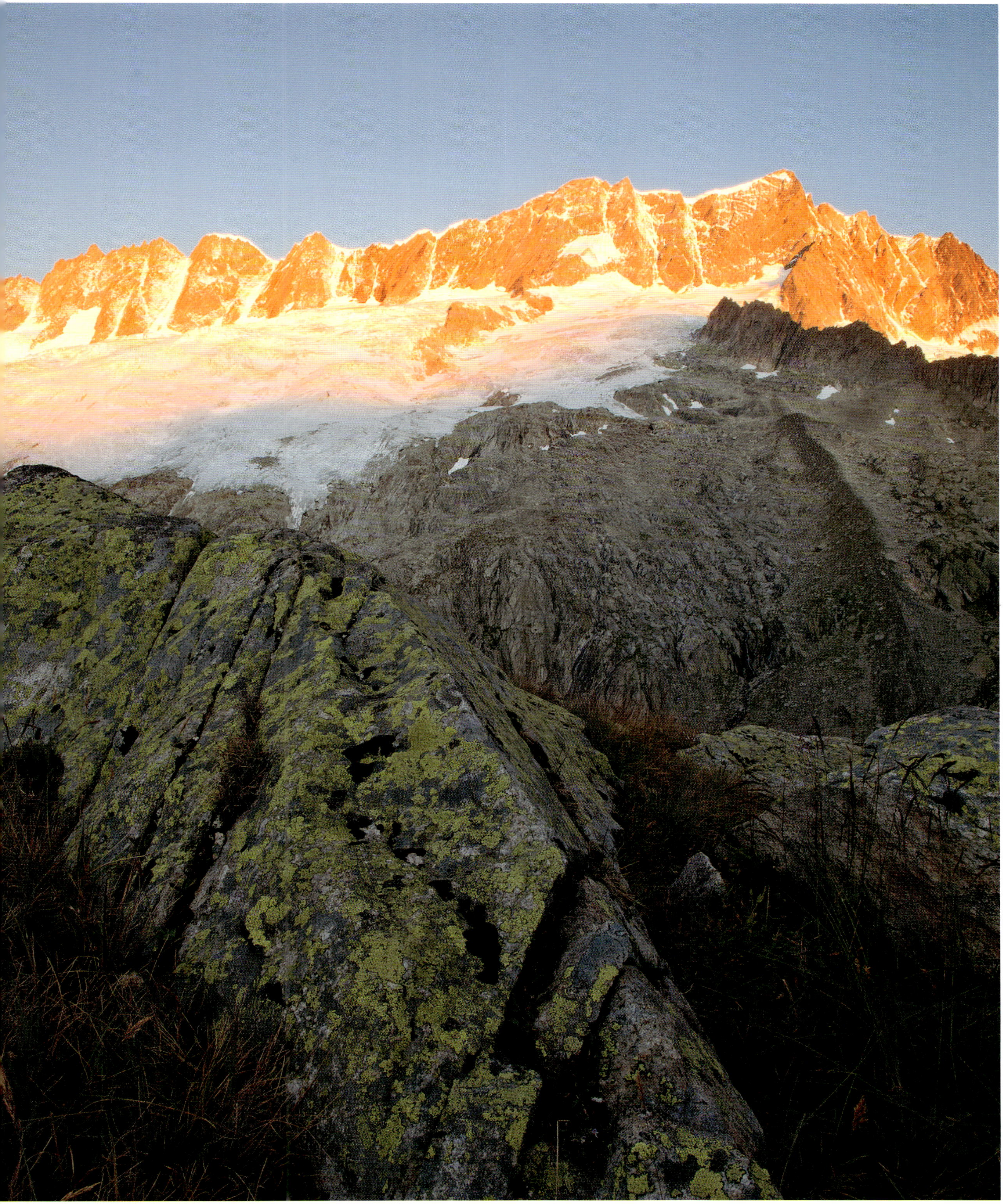

Die Kunst der Pause

Es war vor einigen Jahren, ich arbeitete an meinem Buch über Passwanderungen, als ich von Wildhaus hoch zum Zwinglipass wanderte. Es war Spätsommer, warm und der Rucksack wie immer schwer. Ich hatte eine strenge Bürozeit hinter mir, und so war ich zwar sehr gerne wieder einmal unterwegs in den Bergen, fühlte mich aber auch etwas erschöpft. Kurz vor dem Pass hatte ich unvermittelt das Bedürfnis, mich einfach hinzulegen, wo ich gerade war, einfach eine Pause zu machen, nichts mehr zu tun.

Das Bild ist noch heute ganz lebendig in mir. Ich suchte mir ein Plätzchen, setzte den Rucksack ab und legte mich ins warme, gelbliche Gras. Die Schuhe zog ich aus und benutzte einen davon als Kopfkissen. Ich genoss das Daliegen, spürte die angenehme Schwere des Körpers und die Erde, die ihn trug. Ich schloss die Augen und folgte meinem langsamen, tiefen Atem, wie er den Bauch anschwellen und entspannen liess, ein und aus, wie der Atem Energie brachte und meine Müdigkeit vertrieb. Ich hatte das Bedürfnis, etwas zu dösen. Hie und da öffnete ich die Augen einen Spalt weit, sah die Grashalme vor mir, ganz nah, sich leicht im Wind wiegend, und im Hintergrund, etwas verschwommen, die lange Kette der Churfirsten. Ich schloss die Augen wieder, war ganz in

Tipps: Das Beste aus der Pause machen

- Rechnen Sie genug Zeit für Pausen ein. Sie sehen auf dem Wegweiser die Angabe «4 Std.» bis an Ihr Ziel? Verfallen Sie nicht der Versuchung, die Strecke unter vier Stunden schaffen zu wollen. Freuen Sie sich lieber darüber, eine Menge Zeit für das Wandern und die Pausen zu haben, fährt doch das letzte Postauto erst in 8 Stunden.

- Machen Sie nicht erst dann eine Pause, wenn Sie ganz ausser Atem sind und nicht mehr weitergehen können. Fühlen Sie in Ihren Körper hinein, und machen Sie eine Pause, wenn er Ihnen sagt: «Jetzt wäre eine gute Zeit dafür.»

- Suchen Sie sich einen schönen Platz, an dem Sie sich wohlfühlen. Vielleicht auf einem Felsbrocken mit weiter Rundsicht, vielleicht unter einer alten Arve, wo sie sich geborgen fühlen, oder vielleicht an einem kühlen und wunderbar gurgelnden Bergbach.

- Horchen Sie in sich hinein, um zu erkennen, was Sie in dieser Pause brauchen. Vielleicht ist es nur ein kleiner Snack, vielleicht ist es aber ein richtiges Picknick, das jetzt guttun würde? Wäre es vielleicht angenehm, das T-Shirt zu wechseln? Wie steht es mit Blasen an den Füssen?

- Was braucht meine Seele in dieser Pause? Habe ich das Bedürfnis, ganz ruhig dazusitzen? Oder möchte ich mit meinen Wanderkollegen plaudern? Möchte ich das Panorama in seiner ganzen Weite überschauen oder mich nur ins weiche Gras legen und die Augen schliessen?

- Vielleicht haben Sie Lust, Ihre Umgebung mit allen Sinnen aufzunehmen: Kenne ich einige der Blumen? Wie fühlt sich der Stein an, auf dem ich sitze, wenn ich mit der Hand darüberfahre? Welche Geräusche und Töne vernehme ich aus der Natur? Das Säuseln des Windes? Das Singen eines Vogels? Das Plätschern eines Bergbachs? Kann ich etwas riechen? Wonach riecht die sonnengewärmte Baumrinde? Hat der Stein in meiner Hand vielleicht einen Geruch?

- Lassen Sie sich Zeit bei der Pause. Gehen Sie erst weiter, wenn Sie sich genügend erholt und gestärkt durch das Erlebnis des Nichtstuns fühlen. Schiessen Sie dann nicht einfach los, sondern begeben Sie sich bewusst und achtsam auf den Weg.

meinem Körper und bei meinem Atem, öffnete die Augen erneut und sah das Gelb des Grases und das Blau des Himmels.

Bedeutsam an dieser Geschichte ist für mich Folgendes: Noch heute ist dies die lebendigste und intensivste Erinnerung an diesen langen Wandertag. Nicht Bilder vom Aufstieg, von besonderen Aussichten und von schroffen Gipfeln sind mir geblieben, sondern das Erlebnis dieser Pause. Noch heute erinnere ich mich mit einem wohligen Gefühl daran zurück. Und ich habe festgestellt, dass es mir bei vielen anderen Wanderungen ebenso ergeht: Die langen, bewussten, genüsslichen Pausen bleiben am längsten lebendig in mir erhalten.

Pausen können mehr sein als nur eine Rast, bei der man sich hinsetzt, etwas trinkt und neuen Atem holt. Viel mehr als ein blosser Unterbruch im Tagesprogramm, bei dem man vermeintlich nur Zeit verliert. Pausen können eine wunderbare Bereicherung eines Wandertages sein, wenn man sie wertschätzt, geniesst – oder sogar richtig auskostet.

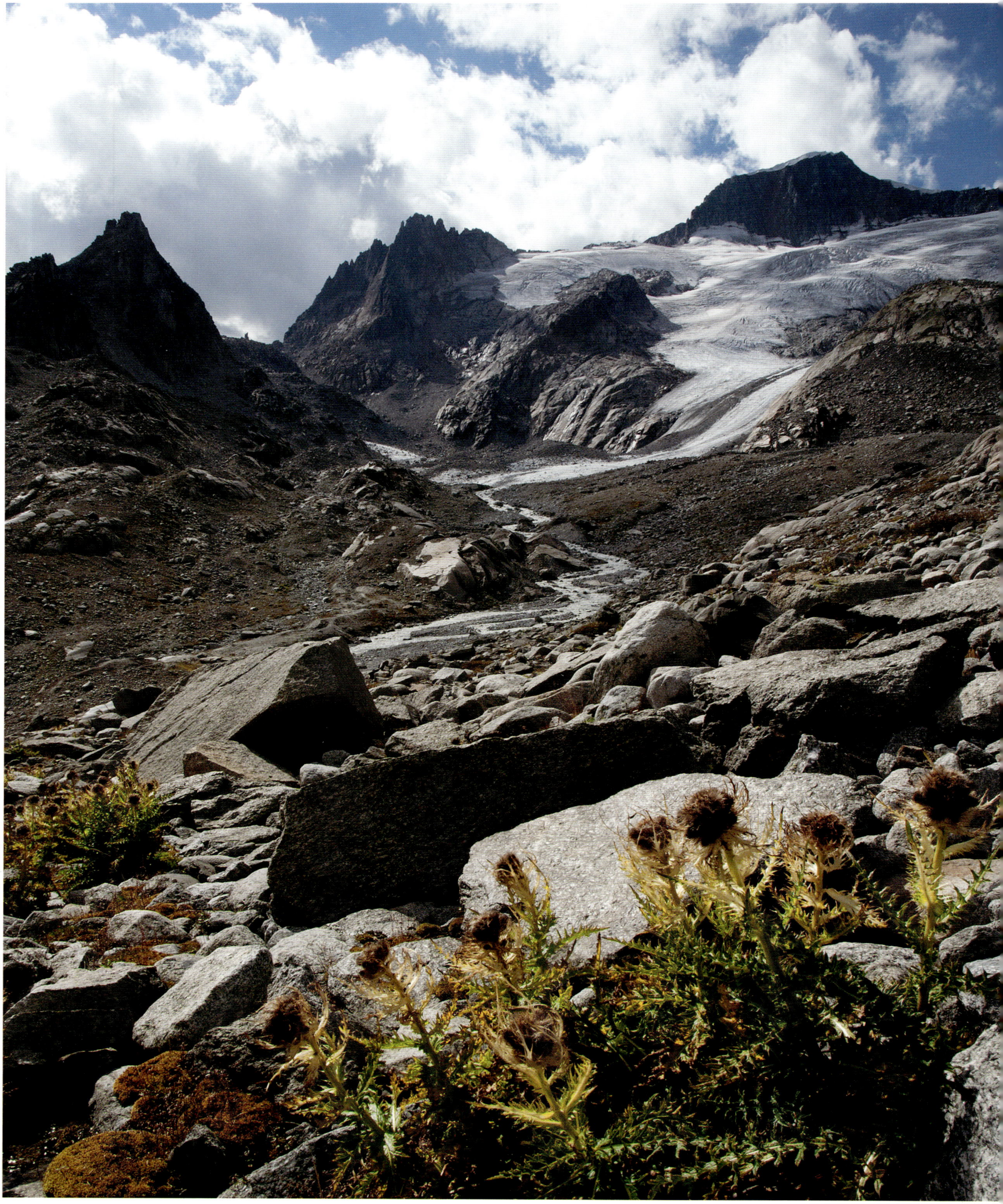

Zum Tiefengletscher
Das Wasser des Eises gurgelt im Stein des Berges

Das Gotthardmassiv, das Gebiet zwischen Grimsel, Gotthard, Oberalp und Susten, übt auf mich eine magische Anziehungskraft aus. Die Landschaft fasziniert mich, die Formen der Berge, die Kraft des Granits. Mich beeindrucken die glatten Felsplatten, die Buckel und Keile, das Urgestein, das wohl noch heute ununterbrochen in die Tiefe führt, ins Erdinnere, zum Magma, aus dem es vor fast 300 Millionen Jahren entstand. Mich berühren die zackigen Grate und scharfen Gipfel, die aus diesen Felsen und den Gletschern aufsteigen und für mich als Wanderer unerreichbar bleiben. Vielleicht spielt auch mit, dass ich selbst Innerschweizer bin, aus der Stadt Luzern zwar, mich aber doch mit diesen Bergen verbunden fühle, weil ich dort schon als Kind wanderte, mit Onkeln und Tanten «in die Heubeeren» ging oder als Jugendlicher eine Woche lang das Strahlen lernte.

Noch heute zieht es mich ins Gotthardgebiet, wenn ich ganz für mich ein paar Tage in die Berge gehen will, um abzuschalten, zu vergessen, eine starke Landschaft auf mich wirken zu lassen, mich selber zu spüren. Nun bin ich aber, besonders in solchen Momenten, ziemlich ruhebedürftig und ertrage den Lärm von Autos schlecht. So muss ich die Route und die Orte in diesem Land der vielen Passstrassen jeweils sorgfältig auswählen.

Eine schöne Rundwanderung führt von Realp via Saasegg zum Tiefenbach und seinem Gletscher und wieder zurück nach Realp. Das Schöne daran: Die Tour lässt einen die ganze Kraft dieser Berge spüren, und auf einem grossen Teil der Strecke ist man durch einen Bergrücken von den Geräuschen der Strasse geschützt. Zudem ist man – falls man vor dem Mittag startet, wenn die Sonne am wärmsten scheint – zu Beginn im kühlen Schutzwald oberhalb Realp unterwegs.

«Am Ziel deiner Wünsche wirst du jedenfalls eines vermissen: dein Wandern zum Ziel.» Marie von Ebner-Eschenbach

Ein erstes schönes Plätzchen, um zu verweilen, erreicht man gut zwei Stunden nach dem Start bei der Saasegg. Es ist dies eine Welt aus Wiesen und Felsen; Lieblichkeit und Schroffheit liegen eng nebeneinander. Durch eine kleine, von saftig grünem Gras bewachsene Hochebene schlängelt sich fast lautlos der Lochbergbach, zur Rechten thronen die gezackten Pyramiden des Winterstocks und des Lochbergs, und geradeaus im Westen leuchtet der eisbepackte Galenstock durch eine breite Mulde.

Ein zweiter, starker Ort liegt gleich westlich der Albert-Heim-Hütte. Der Charakter dieser Landschaft ist anders als bei der Saasegg, es ist eine Welt aus Stein und Eis. Es ist das Gletschervorfeld des Tiefengletschers. Das sich zurückziehende Eis hinterlässt eine Welt aus Geröll, Sand und riesigen, gebrochenen Felsbrocken, und die Pflanzen hatten meistenorts noch keine Zeit, hier Fuss zu fassen. So setzt man sich dann hin, irgendwo zwischen die Felsen, die Hände aufgestützt auf dem körnigen Granit, und lässt diese Berge auf sich wirken, lauscht dem Rauschen des Tiefenbachs, in das sich hie und da das «Zii-üp» einer Alpendohle mischt, und lässt sich von der nachmittäglichen Sonne wärmen, die bereits über den spitzen Pyramiden der Bielenhörner steht und den Tiefengletscher zum Gleissen bringt.

Ausgangspunkt: Mit dem Zug nach Realp.
Route: Vom Bahnhof auf die Kantonsstrasse, etwa 50 m nach rechts und dann links (nordwestlich) aufwärts. Durch den Schutzwald und über Weiden auf die Saasegg und weiter auf den flachen, schotterbedeckten Pass unterhalb der Albert-Heim-Hütte. Nun hinab Richtung Tiefenbach, bei P. 2272 aber links (nordöstlich) auf den Furka-Höhenweg und schliesslich wieder hinab nach Realp.
Kennzahlen: Länge 14,2 km, je 1020 m Auf- und Abstieg, 5½ Std., Schwierigkeit T2

Einkehren und Übernachten: Hotels und Restaurants in Realp. Albert-Heim-Hütte SAC, bewartet Juli bis September, Telefon 041 887 17 45, www.albertheimhuette.ch.
Entdecken und Erleben: Wer Einsamkeit abseits vom Weg sucht, kann von der Saasegg zu den Seelein bei P. 2435 aufsteigen. Es sind Wegspuren vorhanden, das Gelände ist felsdurchsetzt, aber nicht zu steil.
Karten: Landeskarte 1:25 000, 1231 Urseren; 1:50 000, 255/255T Sustenpass
Informationen: Andermatt-Urserntal Tourismus, Telefon 041 888 71 00, www.andermatt.ch

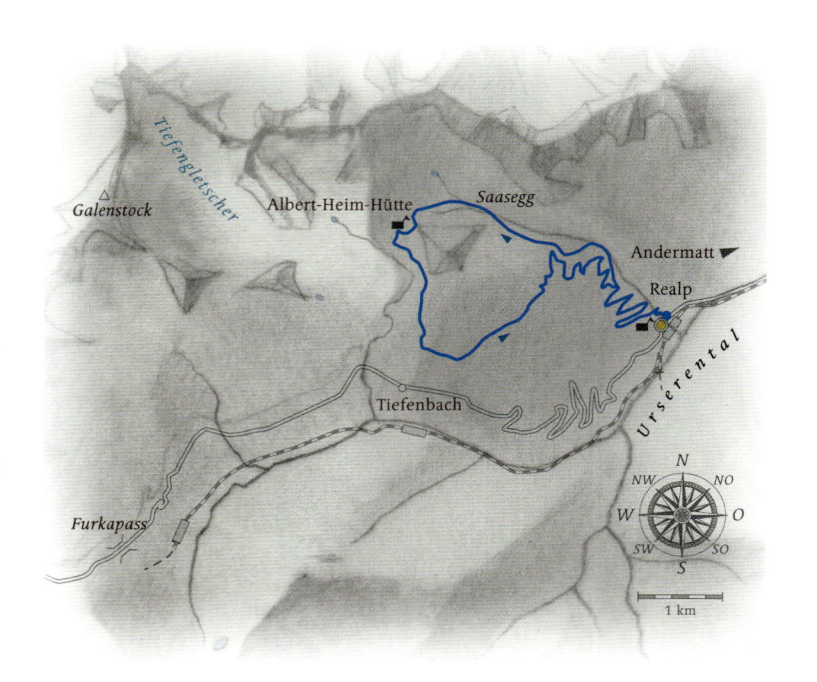

Bild Seite 84
Wilde Felswelt bei der Albert-Heim-Hütte.
Hinten der Galenstock.

Bild oben
Landschaft zum Abschalten
und Auftanken: bei der Saasegg.

Bild unten
Dreihundert Millionen Jahre
alter Granit, neu belebt mit
Landkartenflechten.

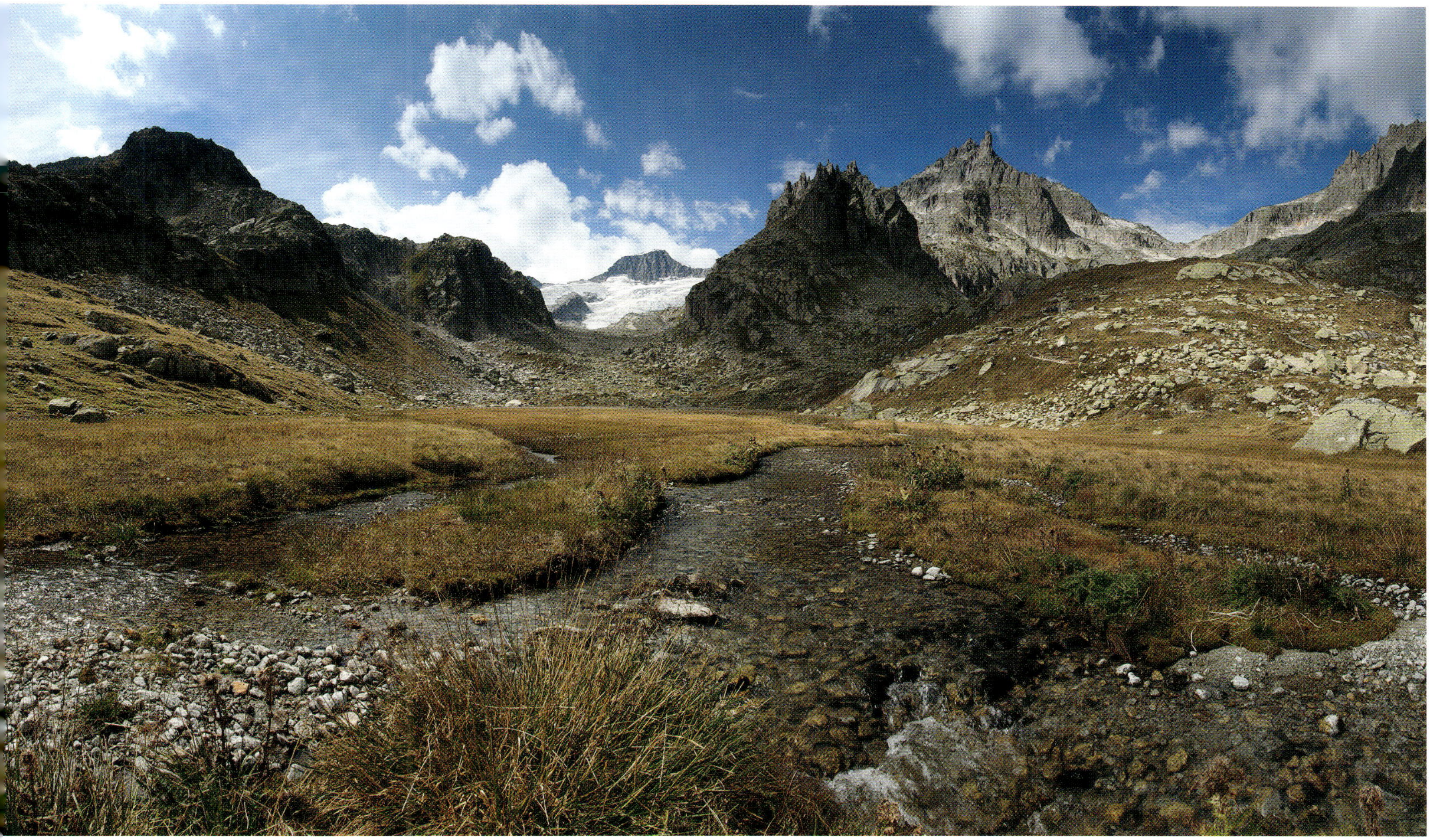

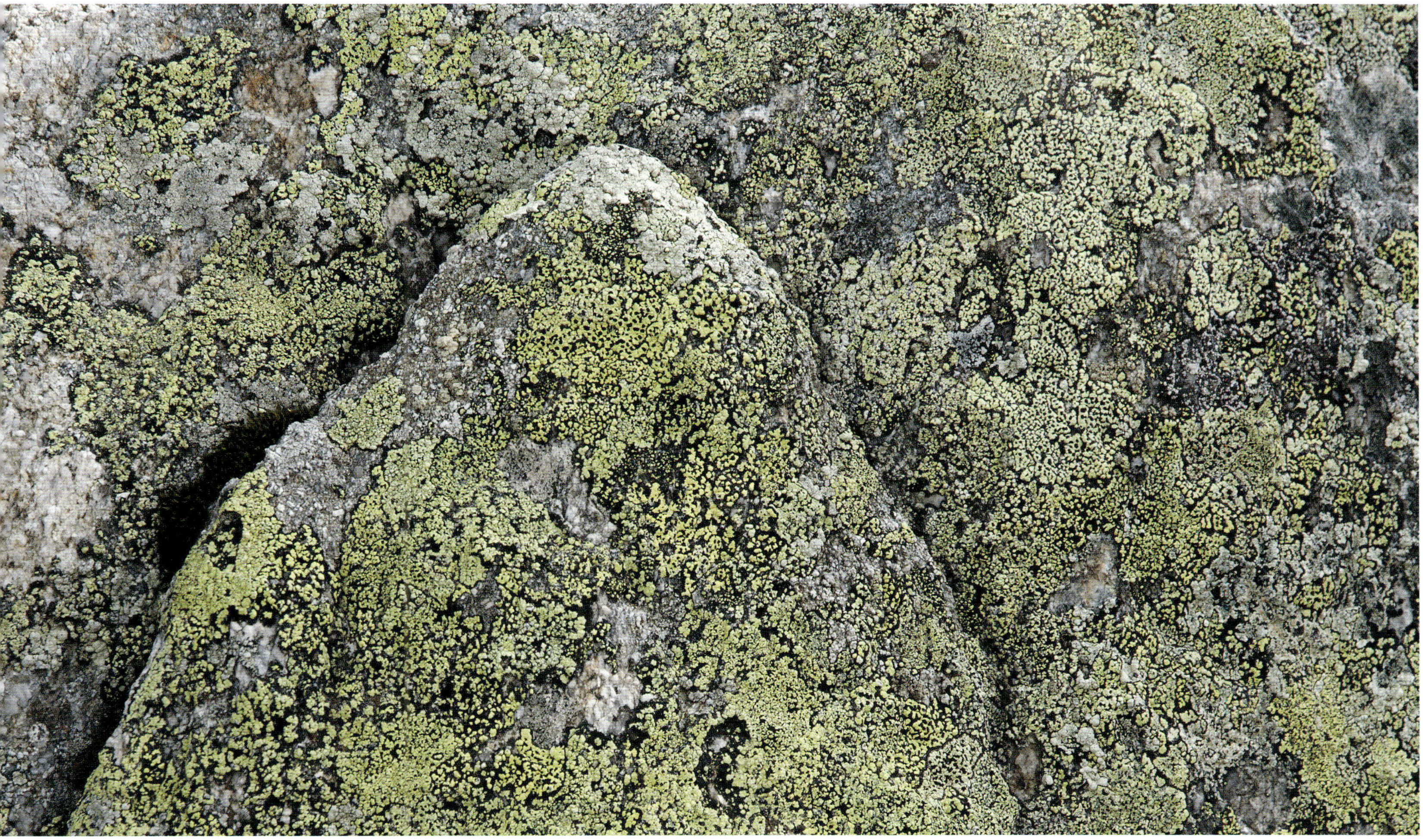

Auf das Nägelisgrätli
Bergwelt mit der Kraft der Kristalle

Die urtümliche Berglandschaft am Grimselpass ist für mich eine der stärksten Landschaften der Schweiz. Bereits als Kind, auf der Fahrt in die Familienferien, prägten sich mir diese Bilder tief ein: die grünlichen Felsen, die vom Talgrund in kühnen Kurven oder als kantige Wände in die Höhe schiessen, die Staudämme und Seen, die auf ihre Art von der Kraft in diesen Bergen sprechen, und darüber schliesslich die langen, felsigen Zackengrate und einsamen Pyramiden, die aus dem Urgestein aufsteigen.

Es ist schon so – die Betriebsamkeit und der Lärm auf der Strasse können verwirrend und anstrengend sein; aber einmal auf dem Wanderweg und dem Getümmel entflohen, breitet sich in mir jeweils schnell eine grosse Ruhe aus – und auch eine Ehrfurcht vor dieser grandiosen Berglandschaft.

Vom Pass gibt es im Wesentlichen zwei Wege, um in die Höhe zu gelangen. Auf der Westseite liegt das Sidelhorn, ein viel begangener und sehr lohnender Aussichtsgipfel. Viel stiller, und doch mit prächtigen Ausblicken, ist das Nägelisgrätli im Nordosten des Passes. Vom Begriff «Grat» muss man sich allerdings in keiner Weise beeindrucken lassen – der gute Wanderweg ist nirgends ausgesetzt und folgt eher einem breiten Rücken denn einem Grat. Ein wunderbares Ziel ist der Grütlisee; bis hierher ist man knapp zwei Stunden unterwegs und wird nicht nur mit Blicken über das Goms und in Richtung Lauteraarhorn belohnt, man ist hier auch ganz nahe am Rhonegletscher und der harmonisch wirkenden Bergkuppe des Galenstocks.

Die Landschaft an der Grimsel hat für mich noch aus einem anderen Grund eine grosse Kraft. Es ist das Land der Bergkristalle, und einige der schönsten Stufen der Alpen stammen aus dem Grimselgebiet. Bergkristalle sind zum einen einfach wunderschön, und kaum jemand kann sich dem Bann und der Ausstrahlung ihrer perfekten Form entziehen. Zum anderen wird ihnen in gewissen alternativen Heilsystemen auch eine wohltuende Wirkung auf Nervensystem und Kreislauf zugeschrieben.

Die grösste Kraft der Bergkristalle liegt für mich aber woanders. Es ist die Langsamkeit, die sie für mich verkörpern. Vor vielen Millionen Jahren sind sie entstanden, und das Wachstum selbst dauerte ein bis zwei Millionen Jahre. Manchmal versuche ich, mir diese Langsamkeit vorzustellen, in mich fliessen zu lassen, und stosse dabei auf ein Gefühl der Gelassenheit, des Sein-Lassens. Es sind Dimensionen der Langsamkeit, die für uns, in unserer schnelllebigen Zeit, beinahe unfassbar sind. Und wenn ich im Grimselgebiet unterwegs bin, dann stelle ich mir auch jeweils vor, wie tief unten im Berginnern, vielleicht fünf Kilometer tief, zahllose Bergkristalle in ihren Klüften verborgen liegen, unberührt, unentdeckt, und unendlich langsam zu ihrer Schönheit strebend. Das sind Momente, in denen grosse Stille und Ehrfurcht in mir aufkommen.

Bild oben
Nur noch stehen bleiben und staunen.
Bergwelt zwischen Grimselpass
und Schreckhorn.

Bild Seite 90/91
Ein Sommerabend beim Grütlisee.
Hinten der Galenstock.

Ausgangspunkt: Zug bis Meiringen oder Oberwald, dann Postauto bis Grimsel Passhöhe.

Route: Auf gutem Weg in nordöstlicher Richtung auf das Nägelisgrätli bis zum Grütlisee auf 2661 m. Auf demselben Weg zurück.

Kennzahlen: Hin und zurück 7,4 km, je 550 m Auf- und Abstieg, 3 Std., Schwierigkeit T2.

Variante Rundweg: Vom Grütlisee in einer grossen Schlaufe via «Roti Blatte» tiefer hinab in die Nähe des Rhonegletschers und mit Gegenanstieg zurück zum Grütlisee. Zusätzlich 3,1 km, je 350 m Auf- und Abstieg, 1¾ Std., Schwierigkeit T2.

Einkehren und Übernachten: Mehrere Hotels auf dem Grimselpass: Alpenlodge Grimselpass, Telefon 027 973 11 77, www.grimselpass.ch; Hotel Alpenrösli, Telefon 033 973 12 91, www.grimselpass.com.

Entdecken und Erleben: Ausstellungen von Bergkristallen gibt es in den Hotels Grimselblick und Alpenrösli, im ersten auch eine künstliche Kristallgrotte.

Karten: Landeskarte 1:25 000, 1230 Guttanen und 1250 Ulrichen; 1:50 000, 255/255T Sustenpass und 265/265T Nufenenpass

Informationen: Obergoms Tourismus, Telefon 027 974 68 68, www.obergoms.ch; Tourist Center Meiringen, Telefon 033 972 50 50, www.haslital.ch

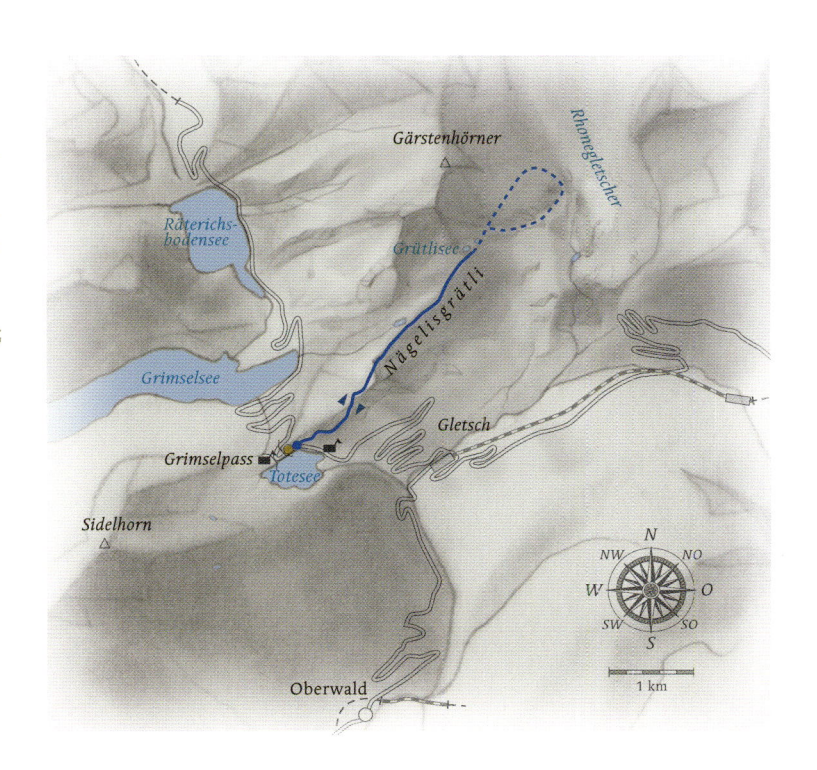

ZENTRALSCHWEIZ

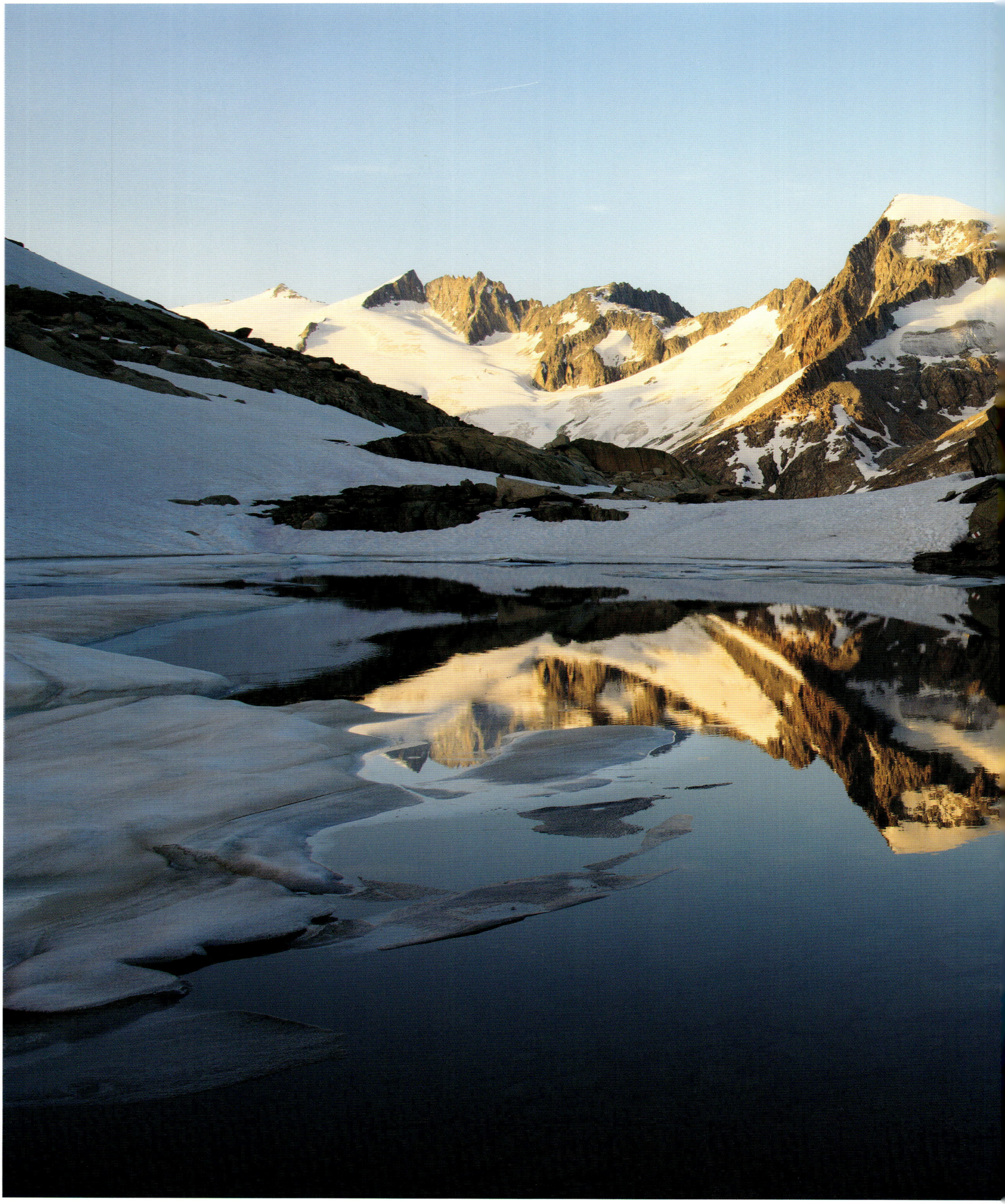

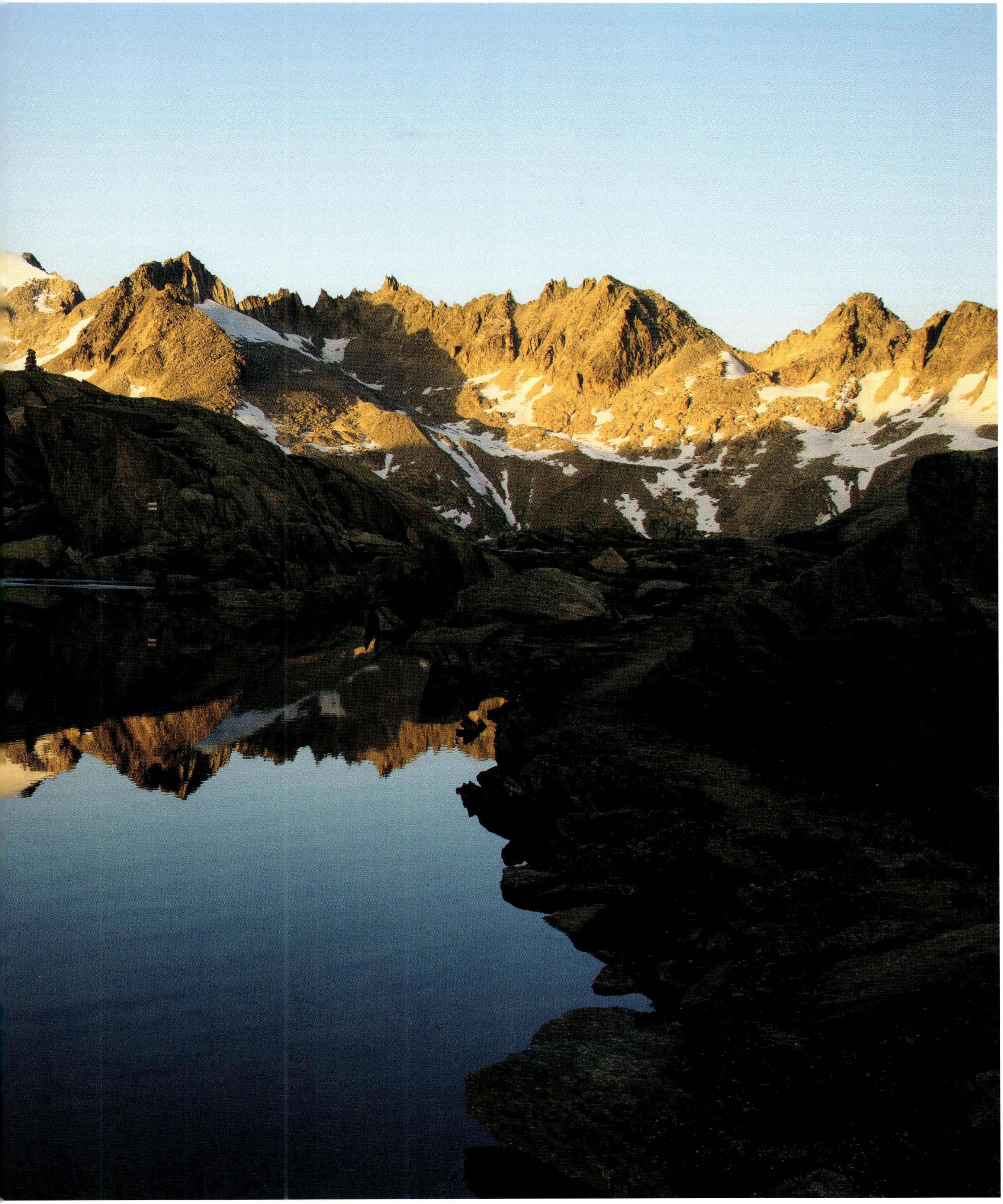

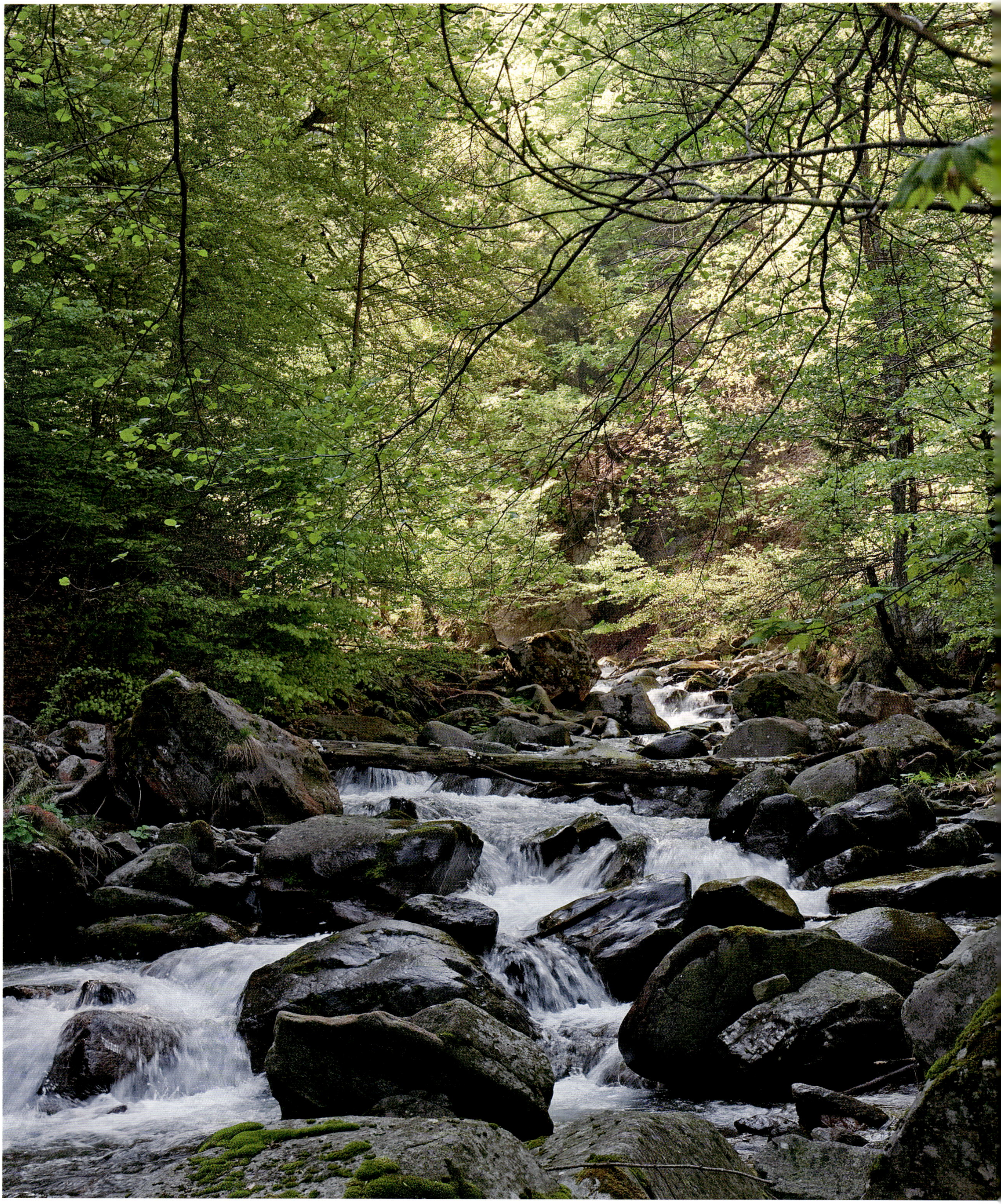

Ins Valle Morobbia
Buchenwald und Eisenberge hoch über Bellinzona

Das Tessin ist das Land der abgelegenen, einsamen Täler. Eines Tages überlegte ich mir, welches davon am einfachsten und schnellsten aus der Deutschschweiz erreichbar ist, suchte also ein Ziel nach dem Motto «Kurze Reise, aber möglichst weit weg von allem». Die Lösung war recht schnell gefunden. Am schnellsten im Tessin ist man bei der ersten Haltestelle des schnellsten Zuges – Bellinzona. Und weg von allem ist man in einem entlegenen Tal, das von hier gerade noch mit dem Postauto erreichbar ist. Ecco: das Valle Morobbia.

Ich sitze an einem kleinen Tisch in einer kleinen Osteria in Carena. Wir sind nur drei Gäste. Und trotzdem geht es lebhaft zu und her. Hinter dem Tresen kocht die Nanni eine Polenta mit Agnello, ihre Tochter bedient uns Gäste, und am Tisch vor mir sitzt noch ihre ganze Familie und feiert den Geburtstag eines der Kinder. Es ist, als sässe ich in der Familienküche. Wunderschön. Weg von allem, und doch angekommen, wie zu Hause.

Das Valle Morobbia ist heute vor allem dies: Wald. Das war aber nicht immer so. Ab dem 15. Jahrhundert wurde hier Eisenerz gefördert und verhüttet, anfänglich unter der Federführung der Familie Muggiasca aus Como, später von anderen Familien und Industriellen. Das Zentrum der Anlagen lag etwas hinter Carena, unten am Fluss. Viele Hundert Jahre wurde hier gefördert, geschmolzen und geschmiedet, bis ein Brand 1831 die Anlagen zerstörte und der Betrieb aufgegeben wurde.

Ganz hinten im Tal lese ich auf einem Schild «Al Maglio». Hammer bedeutet das, und damit ist die ehemalige Schmiede gemeint. Ich steige hinab und über den wilden Bergbach, den Torrente Morobbia. Die Ruinen sind aufwendig freigelegt worden, das

«Es gibt viele Arten zu meditieren. Einige von uns gehen in die Berge, einige an einen Fluss, einige auf einen Hügel. Es gibt viele Orte, um einfach mit dir selbst zu sein, weg vom Lärm der Welt. Probier es einfach mal aus.» Horace Axtell, Stammesältester der Nez Percé, USA

Gelände ist sauber gepflegt, auf Tafeln sind die Gebäude erklärt – der kleine Hochofen, in dem das Erz geschmolzen wurde, die Schmiede, in dem das Wasser des Baches den riesigen Hammer wieder und wieder niedersausen liess, daneben Schlafräume für die Arbeiter. Industriegeschichte, Eisengewinnung, alles in diesem unbekannten Tal. Das ist unerwartet in diesem Tal, das auf den ersten Blick nichts als unberührte Natur zeigt.

Eine Stunde weiter, ich steige langsam durch den Buchenwald hoch. Es hat alte, dicke, knorrige Bäume, aber es ist offensichtlich, dass dies kein wirklich alter Wald ist. Die Mehrzahl der Buchen ist recht jung und von etwa gleichem Alter. Hier wurde damals das Holz für den Hochofen geschlagen. Holzkohle ist jedoch leichter, und damit leichter zu transportieren; so wurde früher gleich hier im Wald an zahlreichen Orten die Holzkohle in Kohlemeilern hergestellt und auf dem Rücken von Tieren zum Hochofen gebracht. Noch heute ist sichtbar, wo diese Kohlemeiler standen. Ein gutes Auge braucht es allerdings schon, denn es ist meist nur noch ein ebenes Plätzchen im steilen Wald sichtbar, allenfalls gesäumt von einem Steinmäuerchen.

Es ist schon nach Mittag, als ich die Alpe di Giumello erreiche. Ich bin hungrig, die Beine sind bereits etwas zittrig, höchste Zeit für eine Pause. Aber der Aussichtspunkt zehn Minuten oberhalb der Alp muss noch sein. Ein perfektes Plätzchen. Es ist Frühsommer, Schneefelder liegen noch auf den Weiden, und dazwischen recken Tausende von Krokussen ihre weissen und lilafarbenen Blüten aus dem braunen Gras. Ich setze mich hin und geniesse die Aussicht über die Magadino-Ebene bis zum Lago Maggiore, über die leuchtend grünen Buchenwälder drüben um die Alpe Pisciarotto und hinein ins völlig unberührt wirkende Tälchen La Valletta. Viel Schnee liegt noch auf dem langen Bergkranz mit all den schwierigen und noch nie gehörten Namen, dem Scrigno di Poltrinone, dem Mottone di Giumello und der Cima di Cugn. Ich fühle mich wohl hier, weg von allem, wie zu Hause.

Ausgangspunkt: Zug nach Bellinzona und Postauto nach Carena.
Route: Von Carena östlich Richtung Al Maglio. Weiter auf der Strasse und dann durch den Wald hoch zur Alpe di Giumello und zum Aussichtspunkt bei P. 1654. In einem grossen Bogen via Giggio und Alla Serra wieder zurück nach Carena.
Kennzahlen: Länge 14,7 km, je 850 m Auf- und Abstieg, 5 Std., Schwierigkeit T2
Einkehren und Übernachten: Alpe di Giumello, einige kalte Speisen, Telefon 091 816 62 01, kleine Alberghi in den meisten Dörfern des Tales.
Entdecken und Erleben: Nach knapp 2 km sind die Ruinen des Eisenwerks unten im Tal sichtbar, der Hinweg dauert nur einige Minuten.
Karten: Landeskarte 1:25 000, 1314 Passo San Jorio; 1:50 000, 277/277T Roveredo
Informationen: Bellinzona Turismo, Telefon 091 825 21 31, www.bellinzonaevalli.ch

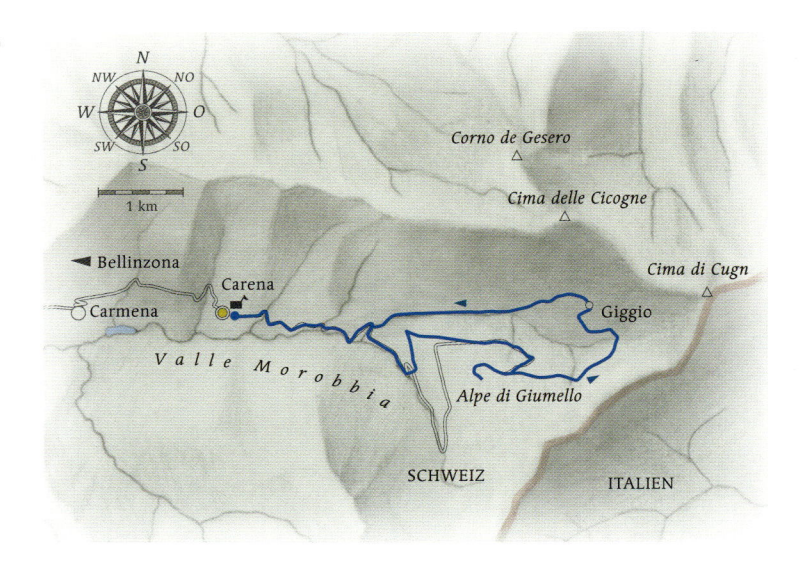

Bild Seite 92
Symphonie im Buchenwald.
Bei Al Maglio.

Altes Baumwesen.
Buche bei Carena.

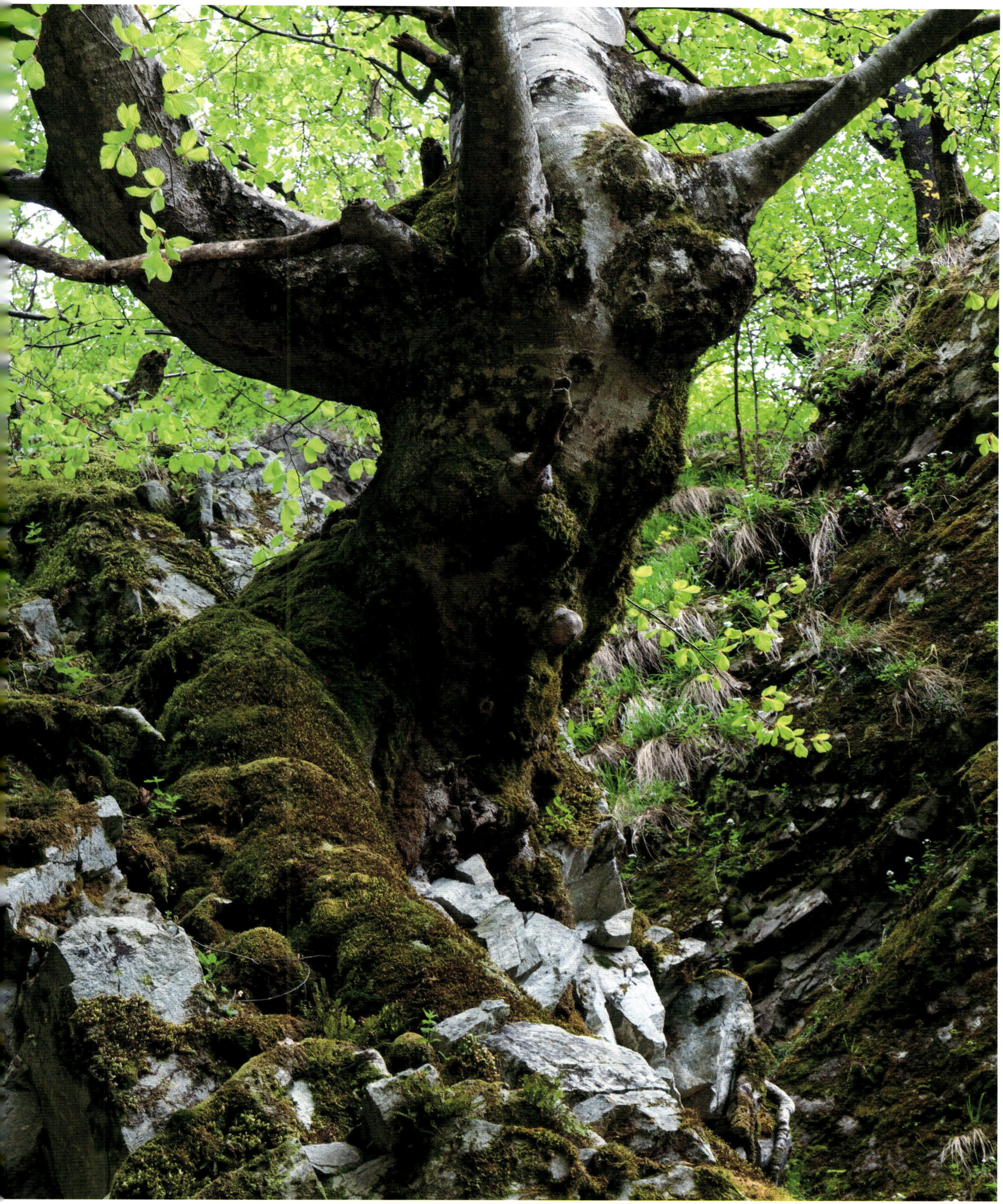

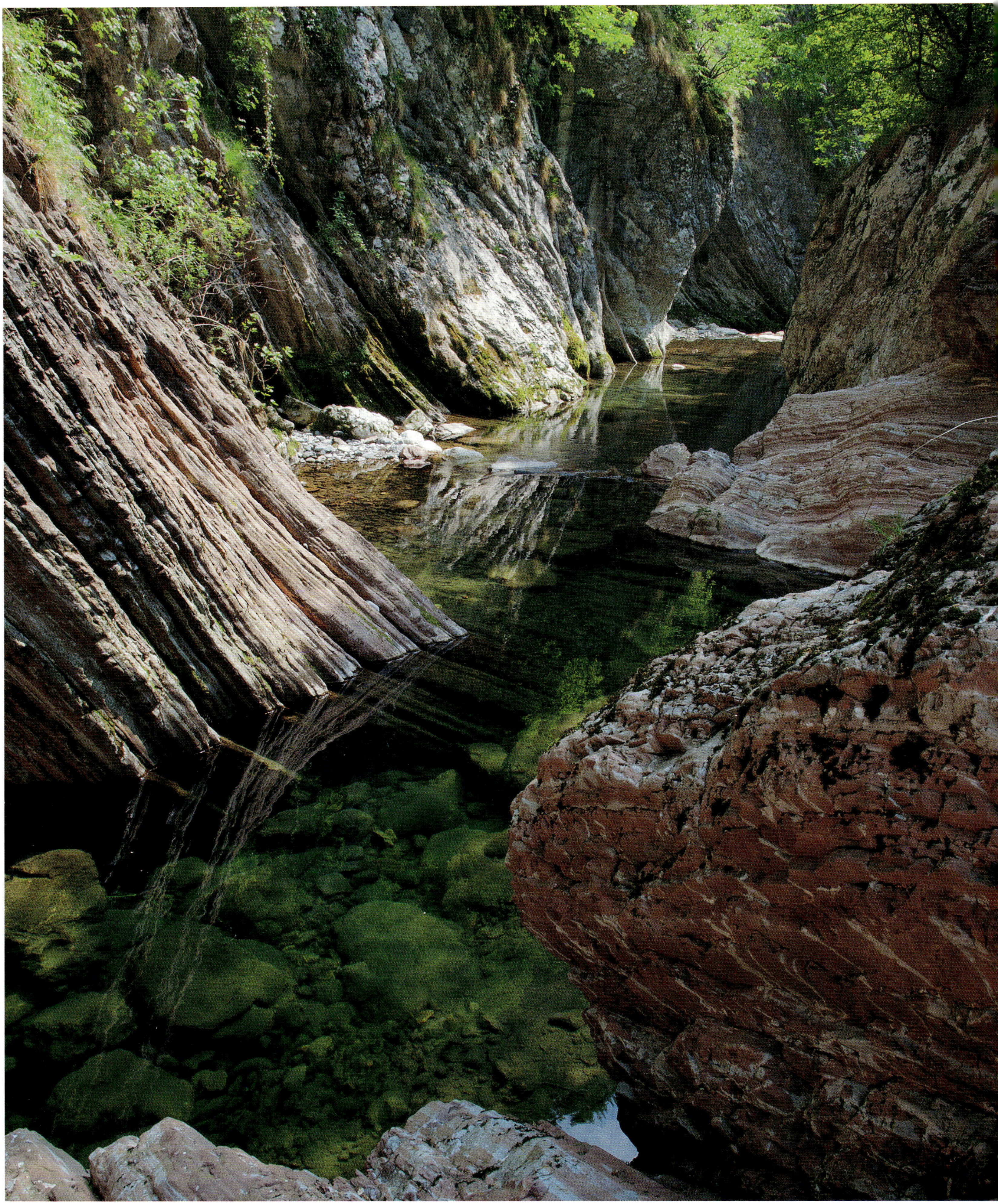

Gole della Breggia
Felsen, Fische, Fossilien – eine kleine Oase am Rande der Stadt

Manchmal sind die kleinen Oasen der Natur gut versteckt. Manchmal fahren alle achtlos daran vorbei. Manchmal liegen sie unmittelbar neben der Geschäftigkeit einer grossen Stadt. Und dann gibt es Orte, auf die alle drei Eigenschaften zugleich zutreffen. Wie bei den Gole della Breggia, der «Mündung des Breggiabaches». Nur wenige Kilometer von der Rastlosigkeit Chiassos, von Zoll, Stau, Tonnagen und Ungeduld entfernt liegt dieses kleine Juwel. Die Breggia fliesst aus dem ursprünglichen und unverfälschten Valle di Muggio, das zugleich das südlichste Tal der Schweiz ist, hinaus ins Mendrisiotto. Kurz vor dem Eintritt in die hektische Welt der Menschen haben sich die Wasser des Flüsschens tief in den Boden des einstigen Urmittelmeeres gefressen. In diesen Gesteinsschichten der unterschiedlichsten Farben finden sich versteinerte Überreste einer Vielzahl von Tieren aus dem Erdmittelalter, einer Epoche vor 65 bis 250 Millionen Jahren – Fische, Belemniten, Foraminiferen und Ammoniten.

Erstaunlich sind aber nicht nur die Schichten, die Fossilien und die Abgründe. Es ist vor allem die Vielfalt an kleinen, beschaulichen Plätzen in der Natur, die zum Schauen und Verweilen einladen. Da gibt es Wege, die sich durch kühle Wälder schlängeln, mit efeuumrankten Bäumen, grossen Büscheln von Hirschzungen und Farnen wie im Bilderbuch ferner Dschungelwelten. Nur wenige Minuten später findet man sich am Fuss einer heissen, ausgetrockneten Felswand, wo Schlangen, Eidechsen und anderes wärmeliebendes Getier raschelnd im schützenden Unterholz verschwindet. Nur wenige Schritte weiter steht man unter einem «Hängenden Garten» mit mächtigen Moospolstern und kühlt sich Stirne, Hände und Arme an den unzähligen glitzernden Wasserschnüren, die daraus hervorperlen.

«Und dieses unser Leben … findet Worte in den Bäumen, Bücher im Bachlauf, Weisheiten in Steinen, und Gutes in Allem.» William Shakespeare

Die Gole della Breggia sind aber nicht nur Natur pur. Im unteren Teil war der Mensch schon lange Zeit ansässig und arbeitete mit dem Wasser. Heute erinnern die Überreste einer Mühle, einer Brauerei und eines grossen Zementwerks an diese vergangenen Zeiten.

Dieses kleine, versteckte Paradies ganz im Süden der Schweiz präsentiert sich nicht mit Fahnen und Fanfaren. Es ist eine Oase für Menschen, die offen sind, das Kleine zu schätzen, und die sich vom Nebeneinander von Natur und Stadt nicht entmutigen lassen. Es ist auch ein Ort, an dem man nicht viele Wanderkilometer absolviert, sondern bedächtig und beschaulich vorwärtsgeht. Und sich immer wieder mal hinsetzt oder stehen bleibt vor den kleinen Überraschungen und Entdeckungen am Wegrand.

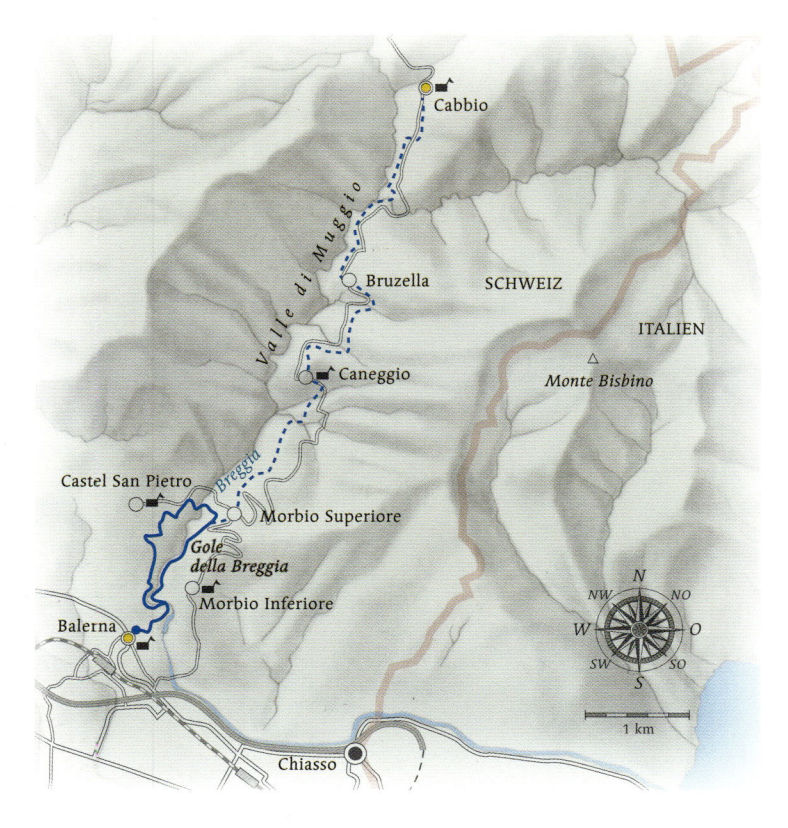

Ausgangspunkt: Zug nach Mendrisio oder Chiasso, Bus nach Balerna, Croce Bianca. Je nach Verbindung evtl. auch Start beim Bahnhof Balerna (10 Min. zusätzlich).
Route und Kennzahlen: Bei der Bushaltestelle östlich an der Kirche vorbei und in die Gole della Breggia. Im Park gibt es ein dichtes Wegnetz und immer wieder Übersichtstafeln; man kann sich also einen eigenen Weg zusammenstellen. Eine Wanderung bis ans obere Ende des Parks und zurück ist etwa 5 km lang und dauert ohne Pausen knapp 2 Std., Schwierigkeit T2.
Einkehren und Übernachten: Hotels und Restaurants in Balerna und den umliegenden Dörfern.

Entdecken und Erleben: Wer die Schlucht sehen, aber noch mehr wandern möchte: Am oberen Ende der Schlucht nach Morbio Inferiore aufsteigen und weiter via Caneggio nach Cabbio. Länge 10 km, 640 m Aufstieg, 300 m Abstieg, 3¼ Std., Schwierigkeit T2.
Karten: Landeskarte 1:25 000, 1373 Mendrisio; 1:50 000, 296 Chiasso oder 286T Malcantone
Informationen: Mendrisiotto Turismo, Telefon 091 641 30 50, www.mendrisiottoturismo.ch.
Zum Park: www.parcobreggia.ch, Karte des Parks per Suchbegriff «cartina» zu finden

Bild Seite 96
Wie aus einer Märchenwelt: die Breggia bei Balerna.

Üppiges Leben: Wanderweg und «Hängende Gärten» an der Breggia.

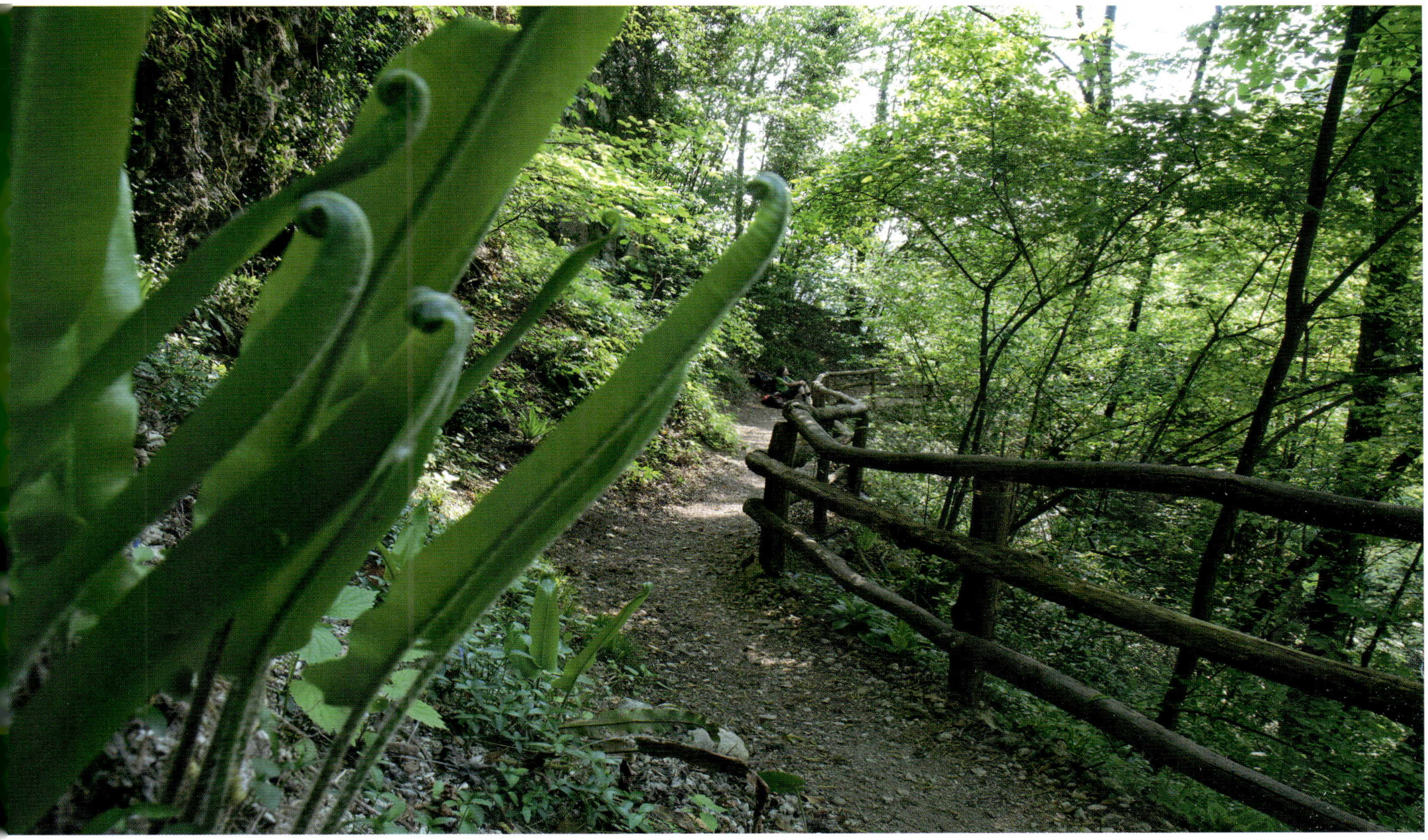

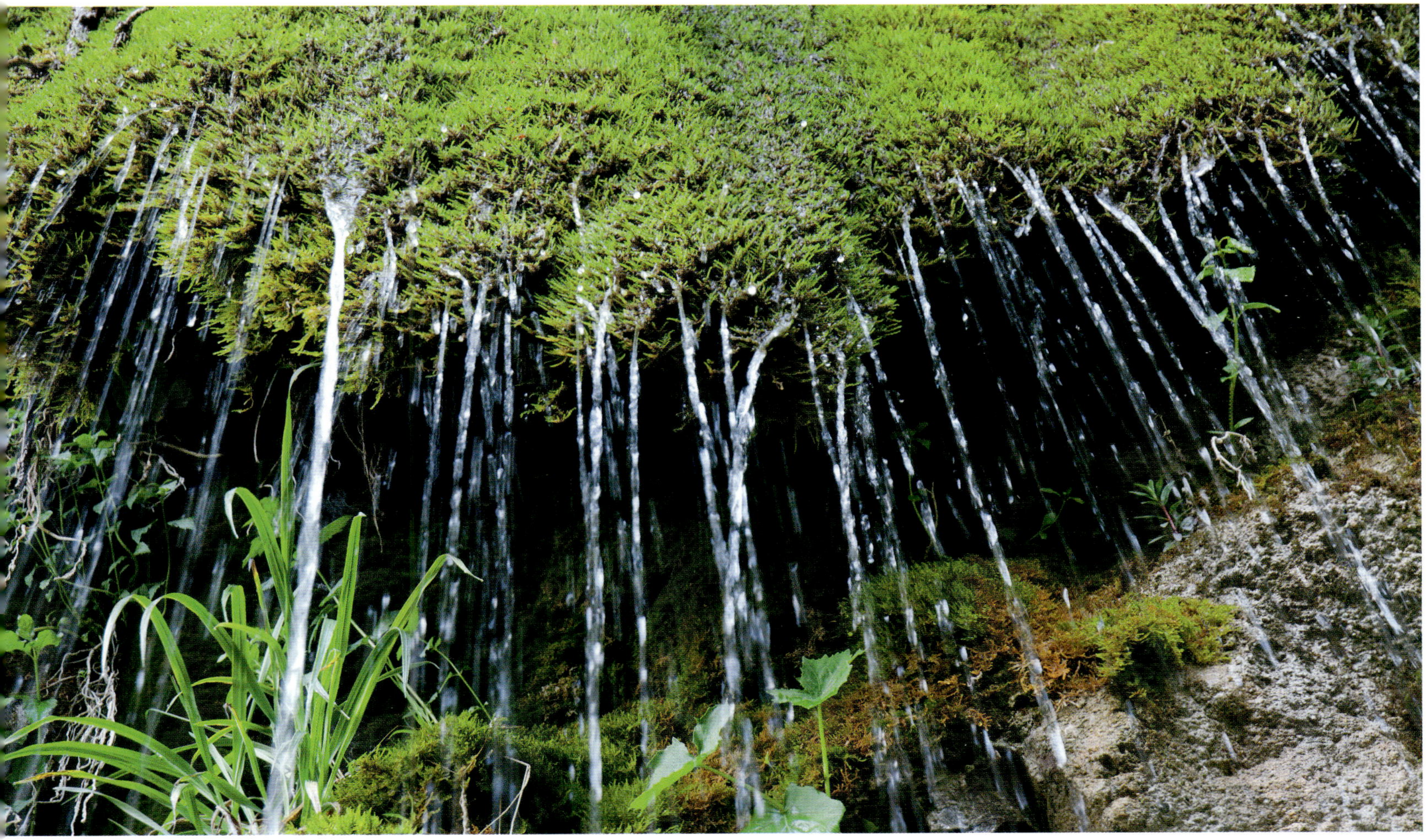

Weg vom Grübeln!

Sie kennen es bestimmt auch: Wir sind in den Bergen unterwegs, und ohne es zu bemerken, verlieren wir uns in Gedanken an etwas, das uns belastet. Vielleicht ist es ein Konflikt mit jemandem, der noch immer nachwirkt. Oder es ist ein Projekt, das wir schon lange vor uns herschieben und in das wir den Einstieg einfach nicht schaffen. Oder es wartet eine unangenehme Entscheidung, zu der wir uns nicht durchringen können.

Nach dem vollgepackten Alltag haben wir auf Wanderungen plötzlich Zeit. Viel Zeit, uns mit unseren Sorgen und Problemen zu beschäftigen. Wir drehen und wenden sie endlos im Kopf und suchen nach Lösungen. Bis wir bemerken, dass wir die längste Zeit weit weg waren, weggetragen von unserer Denkmaschine in eine Parallelwelt in unserem Kopf. Und plötzlich realisieren wir, dass wir ja in dieser Welt sind, dass wir am Wandern sind, die schönste Bergwelt um uns haben und vor uns ein Schwarm Schneefinken lautstark über die Heidelbeersträucher saust. Es ist, als würde eine Binde von Augen und Ohren entfernt, als bekämen wir wieder einen Körper und hätten wieder einen Atem.

Tipps: Das Grübeln stoppen

- Fragen Sie sich, ob Ihnen das Grübeln eigentlich hilft. Hat es Ihnen jemals die erhoffte Lösung gebracht, die Spannungen in Kopf oder Herz zum Verschwinden gebracht? Oder hat es die Sache sogar schlimmer gemacht?
- Die wichtigste Fähigkeit besteht darin, überhaupt zu bemerken, dass man grübelt oder sich Sorgen macht. Nur wer feststellt, dass er grübelt, kann es auch stoppen. Sobald Sie es bemerken, sagen Sie sich einfach: «Aha, ertappt, jetzt war ich gerade am Grübeln!»
- Machen Sie sich keine Vorwürfe, wenn Sie immer wieder ins Grübeln geraten. Es ist menschlich, in uns angelegt. Sie können sich sogar sagen: «Danke, Gehirn, dass du so eifrig versuchst, mich vor Gefahren zu schützen.»
- Entschliessen Sie sich, wirklich zurückzukommen in diese Welt. Es ist hilfreich, sich dies deutlich zu sagen: «Stopp! Fertig mit Grübeln! Jetzt komme ich ins Hier und Jetzt zurück!» Am besten gelingt das, wenn Sie sich mit dem eigenen Körper verbinden. Versuchen Sie Ihre Beine und Füsse zu spüren, die Sie über den ganzen Weg tragen. Verbinden Sie sich mit dem Atem. Oder lassen Sie sich bewusst auf die Sinneseindrücke ein.
- Denken Sie daran, dass es ganz normal ist, wieder ins Nachdenken und Grübeln zurückzufallen.

Probieren Sie selbst aus, was für Sie am besten funktioniert. Hier einige weiter Anregungen, die Ihnen helfen können:

- Vielleicht hilft es Ihnen, bewusst eine «Grübeleinheit» oder eine «Sorgeneinheit» mit sich zu vereinbaren. In dieser Zeitspanne, seien dies zwei oder zehn Minuten, lassen Sie das Grübeln zu. Nach Ablauf dieser Zeit ist aber Schluss damit. Und falls Sie dabei zu einer wichtigen Erkenntnis gekommen sind, können Sie diese aufschreiben und den Zettel versorgen. Auf jeden Fall ist dann die Sache erledigt.
- Probieren Sie, ob eine kreative Pause hilft, sich von der Denkarbeit zu lösen. Sie könnten für eine Viertelstunde mithilfe eines Naturführers einige Blumen bestimmen, ein kurzes Gedicht schreiben, das die Gefühle, die Sie an diesem Ort empfinden, einfängt, oder eine Zeichnung dazu machen.
- Um festzustellen, dass man grübelt und sich Sorgen macht, braucht es einen «inneren Beobachter», der fähig ist wahrzunehmen, was in uns vorgeht, welche Gedanken wir haben, wie wir uns fühlen. Diesen inneren Beobachter kann man trainieren. Eine Methode dazu ist die Meditation. Um verschiedene Meditationsformen kennenzulernen, bietet sich das MBSR-Programm an (Mindfulness-Based Stress Reduction, also Stressreduktion durch Achtsamkeit), das weltweit schon unzähligen Menschen geholfen hat.

Dass wir ins Grübeln kommen, ist im Menschen von Natur aus angelegt, es ist sogar eine Art Schutzmechanismus des Gehirns. Unsere Vorfahren lebten noch in einer Welt voller Gefahren, mit gefährlichen Tieren, giftigen Schlangen oder feindseligen Horden anderer Stämme. Um zu überleben, mussten die Menschen ständig auf der Hut sein. Ist das dunkle Ding dort vorne im Gras ein Bär oder doch nur ein Stein? Könnte das Rascheln hinter jenem Baum von einer Raubkatze stammen? Es ist evolutionär in uns angelegt, das Bedrohliche, das Gefährliche, das Negative zu sehen. Das Positive haken wir ab, im Negativen verhaken wir uns. Heute aber haben wir die meisten dieser Gefahren nicht mehr zu befürchten – weder Säbelzahntiger im Wald vor der Stadt noch Würgeschlangen an der Bushaltestelle. Doch das Such- und Warnprogramm in unserem Hirn läuft noch immer und trägt uns in diese Parallelwelt des Grübelns und Sich-Sorgens.

Doch es gibt gute Gegenmittel, der Grübelmaschine den Stecker herauszuziehen, um sich wieder ganz auf das Schöne am Wandern zu besinnen. Einige erprobte Techniken helfen dabei.

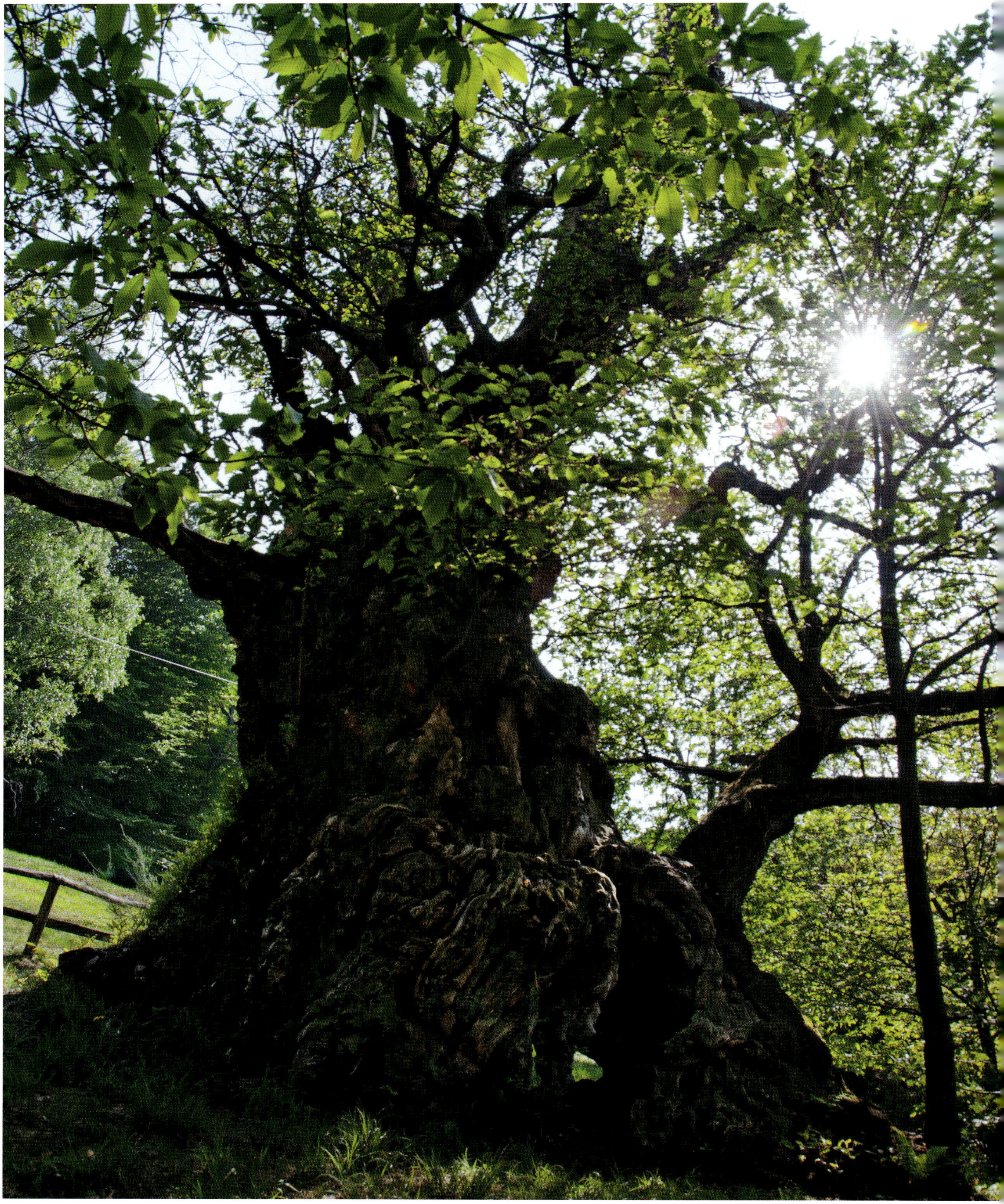

Auf den Monte San Giorgio
Zu den Kastanienbaumriesen von Brusino

Nach dem Winter mit seinen langen Nächten, den dunklen Himmeln und kalten Nebeln geht es uns doch allen so: Wir sehnen uns nach Licht, Sonne und Wärme, nach Natur und nach dem Wandern. Wo kommt der Frühling zuerst in die Schweiz? Im Tessin natürlich, ganz unten, bei Lugano. Nichts wie los!

Der Monte San Giorgio ist ein wunderbares Ziel, um den Frühling, das Spriessen und das Grün zu spüren und zu erleben. Unter den Hausbergen Luganos hat er zwar nicht den Namen eines Monte Brè, eines San Salvatore oder eines Monte Generoso, die allesamt mit Bahnen und Restaurants erschlossen sind. Der Trumpf des Monte San Giorgio ist, dass er all das – nicht hat! Etwas verlassen liegt er zwischen den zwei südlichsten Zipfeln des Lago di Lugano, ist mit dichten Wäldern bedeckt, erreichbar nur auf drei schmalen Pfaden, und oben gibt es nichts als – Aussicht! Weit im Norden und ausser Hörweite liegt das geschäftige Lugano, die drei anderen Hausberge thronen links und rechts davon, im Süden liegt ein dunstiges Blauweiss über der Lombardei, und im Westen leuchten die Viertausender des Wallis.

Bei der Besteigung des Monte San Giorgio ist man meistens im Buchenwald unterwegs. Die prächtigsten und knorrigsten Buchen stehen weit oben am Berg, bei Forello und kurz vor dem höchsten Punkt. Auf keinen Fall sollte man nach dem Picknick auf dem kürzesten Weg wieder absteigen. Zwei der eindrücklichsten Edelkastanienbäume, die es in der Schweiz gibt, stehen nämlich unten auf der Alpe di Brusino. Es sind zwei mächtige Bäume, über 700 Jahre alt und mit einem Basisumfang von etwa 15 Metern. Sie stehen wohlgeschützt hinter einem Zaun, und das ist gut so für ihr weiteres Leben. Auf der Alpe di Brusino bleibt man aber

«Ein alter Baum ist ein Stückchen Leben. Er beruhigt. Er erinnert. Er setzt das sinnlos heraufgeschraubte Tempo herab, mit dem man unter großem Geklapper am Ort bleibt.»
Kurt Tucholsky

auch ohne Prachtsbäume hängen, denn diese stehen quasi im Garten eines typisch tessinerischen Grottos. Hier sitzt man dann im Schatten eines der beiden Bäume an einem schweren Holztisch und geniesst eine echte Tessiner Polenta oder einen Teller Formaggini mit Bresaola.

Etwas darf beim Monte San Giorgio auch nicht unerwähnt bleiben: die Schätze in seinen Gesteinen. Der Berg gilt als die bedeutendste Fundstätte für Fossilien aus der Mitteltrias – einer Zeit vor etwa 240 Millionen Jahren – und ist als Unesco-Weltnaturerbe geschützt. Zu den bekanntesten Saurierarten des Monte San Giorgio gehört der Mixosaurus, der einem lang gestreckten Delphin glich und etwa einen Meter Länge erreichte. Daneben wurden in der Region auch Fossilien von etwa 30 Reptilien- und 80 Fischarten ausgegraben. Selber zu hämmern und zu suchen ist allerdings nicht erlaubt – und wäre ohnehin aussichtslos, denn die Fundstellen liegen verstreut im Gebiet und sind gut abgesichert. Das ist doch nur gut für uns: So haben wir alle Zeit und Musse für den Frühling, den Weg, die Bäume und das Hier und Jetzt.

Ausgangspunkt: Zug bis Mendrisio und Postauto nach Meride, Posta.
Route: Von Meride auf den Monte San Giorgio (1097 m). Absteigen zur Alpe di Brusino und an Serpiano vorbei zurück nach Meride.
Kennzahlen: Länge 10,5 km, je 590 m Auf- und Abstieg, 3½ Std., Schwierigkeit T2
Einkehren und Übernachten:
In Meride: Locanda San Silvestro, Telefon 091 646 10 10, www.locandasilvestro.ch; Restaurant Antico mit Grotto Fossati, Telefon 091 646 56 06, www.grottogossati.ch; Grotto Alpe di Brusino, Telefon 079 214 66 94. Hotel Serpiano, grosses Wellnesshotel, Telefon 091 986 20 00, www.serpiano.ch.
Entdecken und Erleben: Wenn Sie uralte Kastanienbäume im Tessin aufsuchen und ihre Kraft spüren möchten: Es gibt ein Inventar von Riesenkastanien im Tessin; suchen Sie nach «Riesenkastanien» auf www.wsl.ch.
Karten: Landeskarte 1 : 25 000, 1353 Lugano und 1373 Mendrisio; 1 : 50 000, 286/286T Malcantone und evtl. 296 Chiasso
Informationen: Mendrisiotto Turismo, Telefon 091 641 30 50, www.mendrisiottoturismo.ch

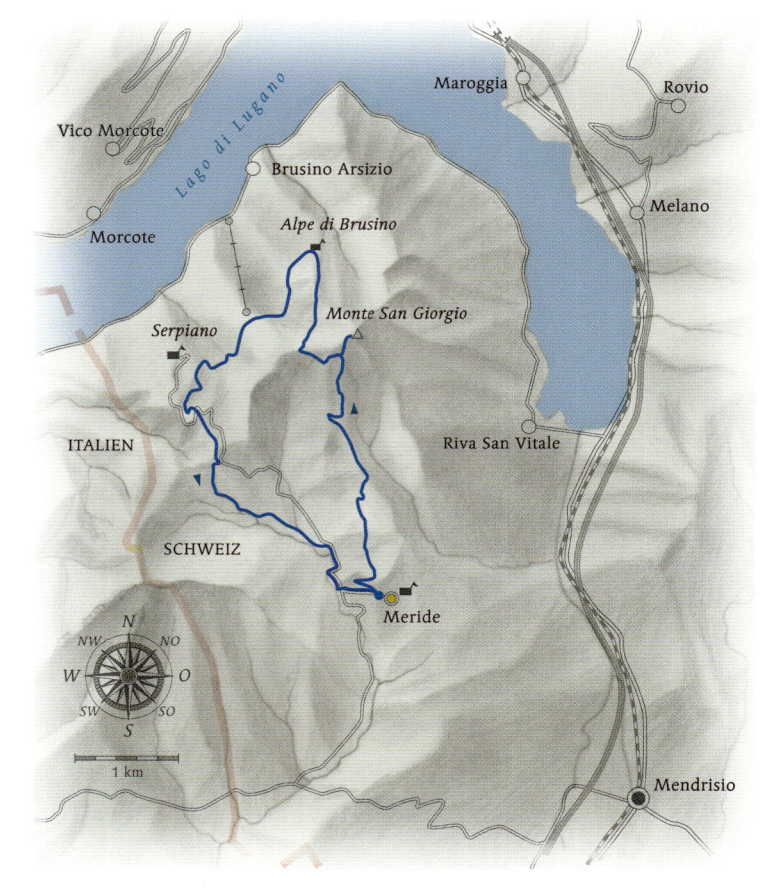

Bild Seite 102
Die Weisheit von siebenhundert Jahren.
Edelkastanie auf der Alpe di Brusino.

Lesepause am Kraftort.
Buche auf dem Monte San Giorgio.

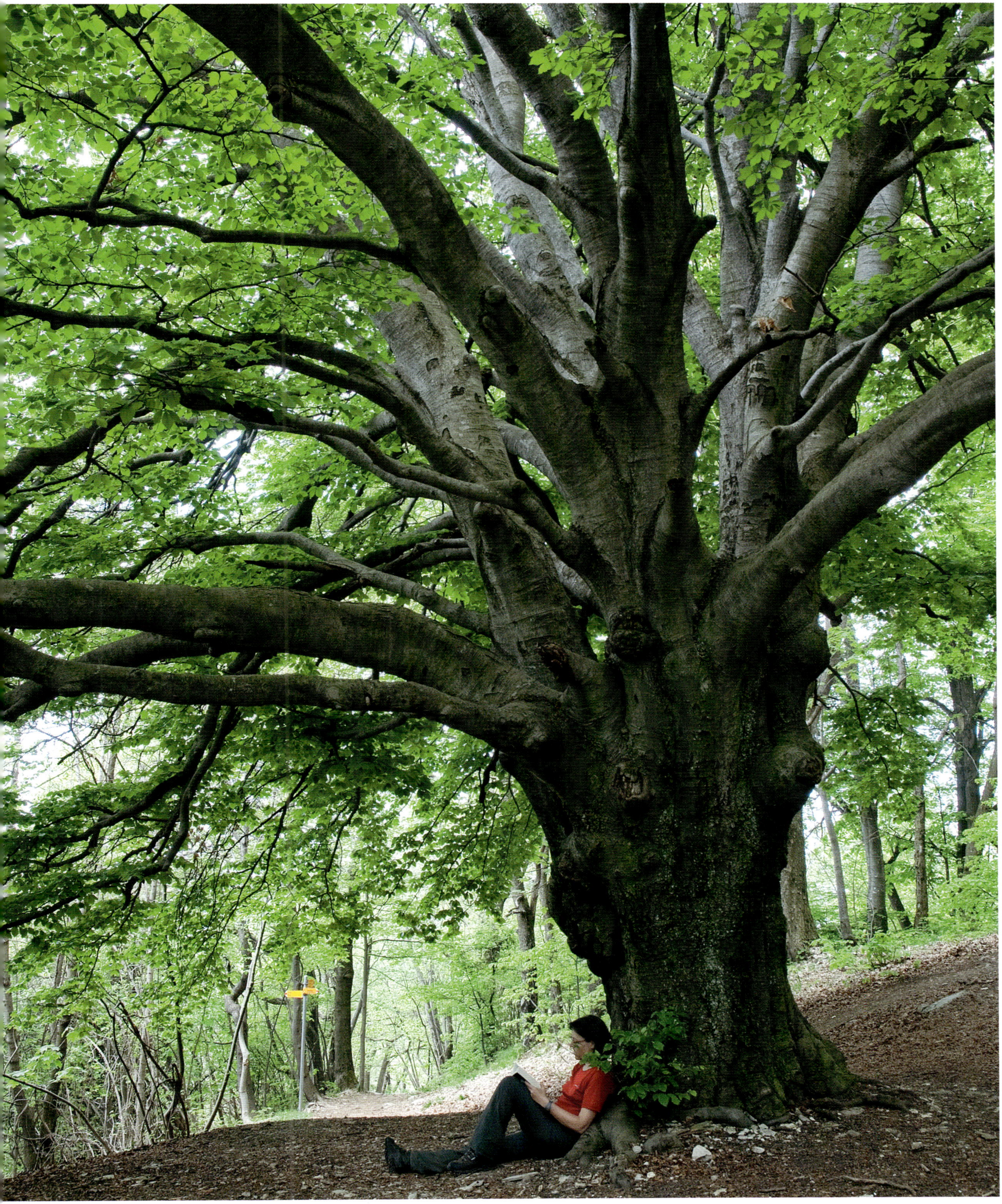

Im Valle Onsernone
Wildes Tal, weite Wälder, stille Wege

Keine zehn Kilometer von Locarno, von Piazza Grande, Pedalos und Prosecco entfernt, liegt eine Welt, die anders nicht sein könnte. Eine Welt mit viel ungezähmter Natur, mit Bergflanken, die rau und steil aus dem dichten Grün aufsteigen, Bächen, die über Felssimse stürzen, tosenden Wassern tief unten in engen, dunklen Schluchten. Ganze Talschaften sind von dichtem Wald bedeckt, und nur vereinzelt ist ein Gehöft in einer kleinen Lichtung auszumachen.

Bei Intragna, am westlichen Ende der Pedemonte-Ebene, liegt die Eingangspforte ins Valle Onsernone, eines der Täler in dieser grünen, wilden Bergwelt. Es ist lediglich etwa zwölf Kilometer lang, und doch würde es Tage dauern und erhebliche Gefahren mit sich bringen, auf eigenen Wegen von seiner Mündung bis in seine hintersten Winkel an der italienischen Grenze vorzudringen. In weiten Bereichen gibt es weder Dörfer noch Strassen, nicht einmal Wanderwege.

Heute wohnen etwa 800 Menschen im Tal, noch vor 140 Jahren aber war es voller Leben, war Heimat und Arbeitsort für fast 3500 Menschen. Sie ernährten sich von dem, was sie dem Land abringen konnten, oder von Roggen und Mais aus der Ebene um Locarno, den sie etwa gegen selbst gefertigte Strohhüte einhandelten.

An einem schönen Oktobertag bin ich unterwegs auf dem Weg zum Passo della Garina oberhalb von Loco. Der Aufstieg dorthin beträgt nur 400 Meter, das gibt mir viel Zeit zum gemächlichen Wandern, um abzuschalten und Ruhe zu finden. Bei der Pfarrkirche San Remigio beginne ich die Wanderung, und auf einem breiten Saumweg geht es ganz allmählich ansteigend durch den Wald. Nach etwa einer halben Stunde erreiche ich die neu renovierte Kapelle Oratorio del Sassello; mit ihrer Lage auf einem Podest, mitten im Wald und fernab vom Dorf, wirkt sie geheimnisvoll entrückt – und steht doch am einzig richtigen Ort. Danach geht es etwas steiler aufwärts zum Weiler Ighelon und schliesslich durch weite Wiesen und Weiden zum Passo della Garina.

Eine grosse Ruhe liegt über dieser Landschaft an diesem Herbsttag – das Vieh ist bereits im Tal, und auch die Menschen werden erst im nächsten Frühling wieder heraufkommen. Unvermittelt steigen in mir Bilder hoch, vom emsigen Leben, das hier früher herrschte, von den Menschen, die hier lebten und arbeiteten, liebten und spielten. Und ich meine es fast zu hören, das Hämmern und Werken, die spielenden Kinder, das Gebell der Hunde und die Mütter, die zum Essen rufen.

Die Rundwanderung ist mit zweieinhalb Stunden nicht allzu lang und zeigt doch viele Facetten dieses an Natur und Geschichte so reichen Tals: zwei Dörfer, einige höher gelegene Siedlungen, Kirchen und Kapellen, ein Pass mit schönem Weitblick und viel, viel Wald.

Die Kirche San Antonio Abate in Auressio.

Bild Seite 108/109
Bei Ighelon.

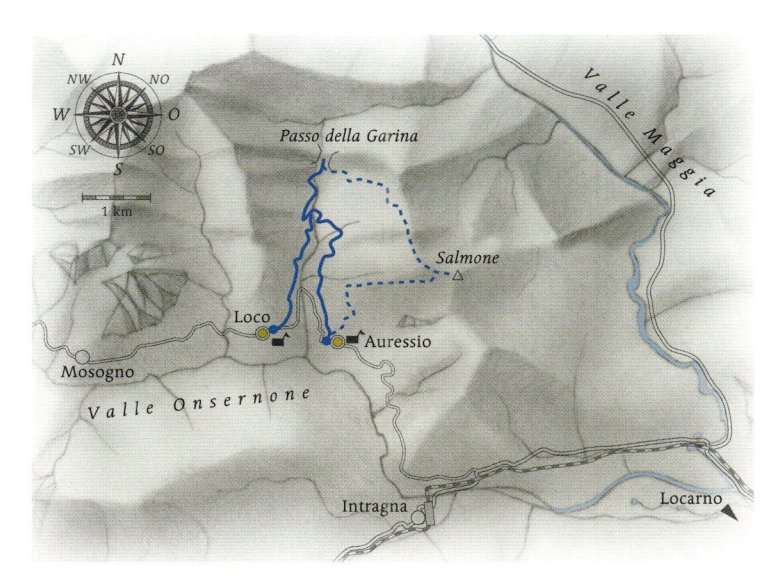

Ausgangspunkt: Zug bis Locarno und Postauto bis Loco, Chiesa.
Route: Gleich bei der Haltestelle hoch, an der Kirche vorbei und auf einem Karrenweg und auf Wanderwegen hinauf zum Passo della Garina (1076 m). Etwa 1 km zurück, dann östlich weg und meist durch Wald nach Auressio (Postautohaltestelle).
Kennzahlen: Länge 7,2 km, 440 m Aufstieg, 500 m Abstieg, 2½ Std., Schwierigkeit T2
Variante Salmone: Eine eher strenge Tour auf einen tollen Aussichtsberg. Vom Passo della Garina bis zum Gipfelkreuz auf dem Salmone (1560 m), etwa 300 m zurück und südlich absteigen nach Auressio. Ganze Tour 9,2 km, 900 m Aufstieg, 950 m Abstieg, 4½ Std., Schwierigkeit T2. Stets gut auf Markierungen achten, streckenweise nicht einfach auszumachen.

Einkehren und Übernachten: Restaurants in Loco und Auressio: Wild Valley Hostel Casa Schira in Loco, Ostello, Telefon 091 797 10 00, www.wildvalley.ch; Villa Edera in Auressio, Gruppenhaus, aber bei Verfügbarkeit auch für Einzelpersonen, Telefon 091 797 10 00, www.hostelworld.com; Ristorante La Pergola, Telefon 091 780 60 23.
Entdecken und Erleben: Sehr empfehlenswert ist ein Besuch des Museo Onsernonese in Loco (Telefon 091 797 10 70) und der Mulino di Loco (alte Mühle, April bis Oktober geöffnet).
Karten: Landeskarte 1:25 000, 1312 Locarno; 1:50 000, 276/276T Val Verzasca
Informationen: Onsernone Turismo, Telefon 091 797 10 00, www.onsernone.ch, www.valle-onsernone.info

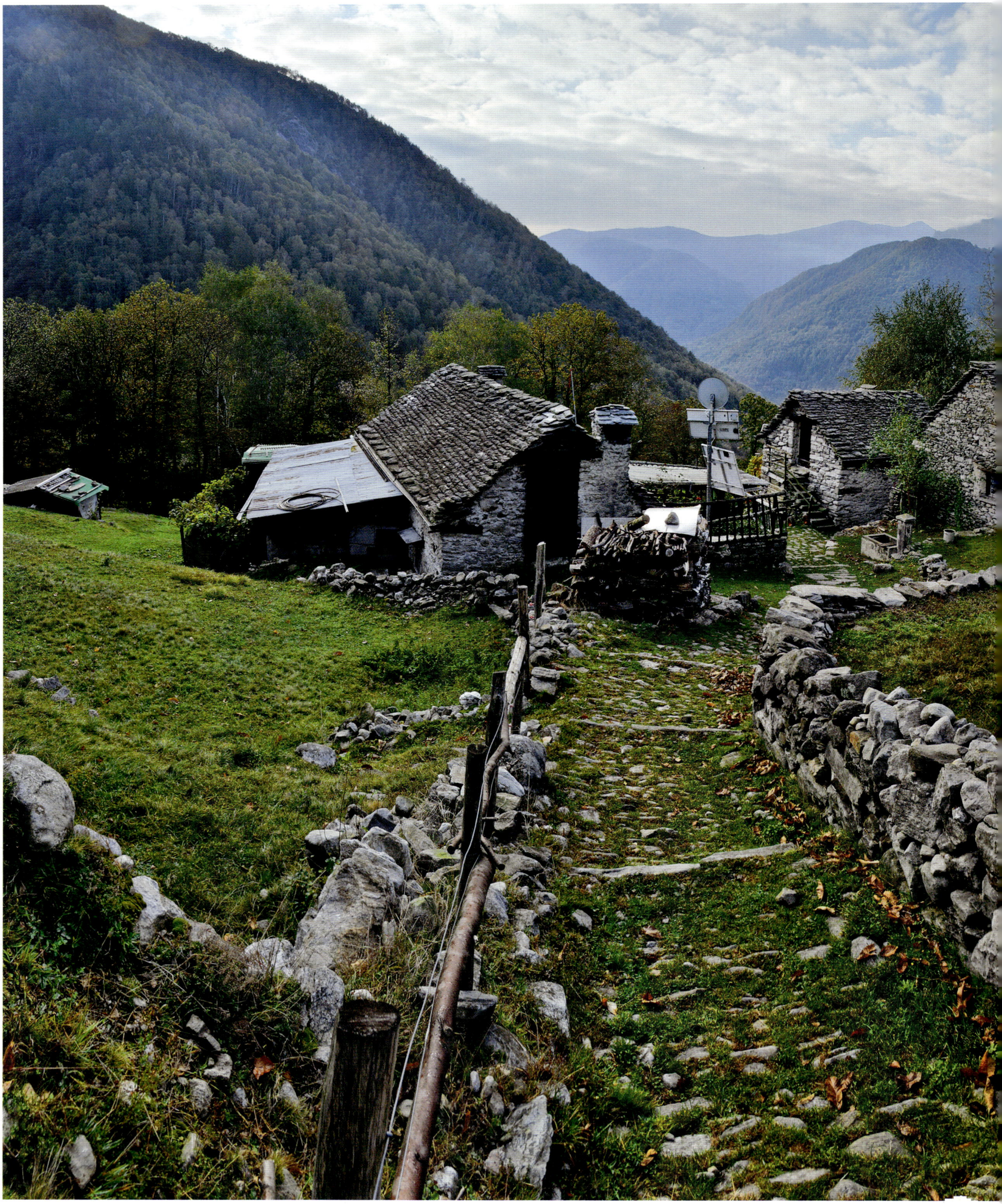

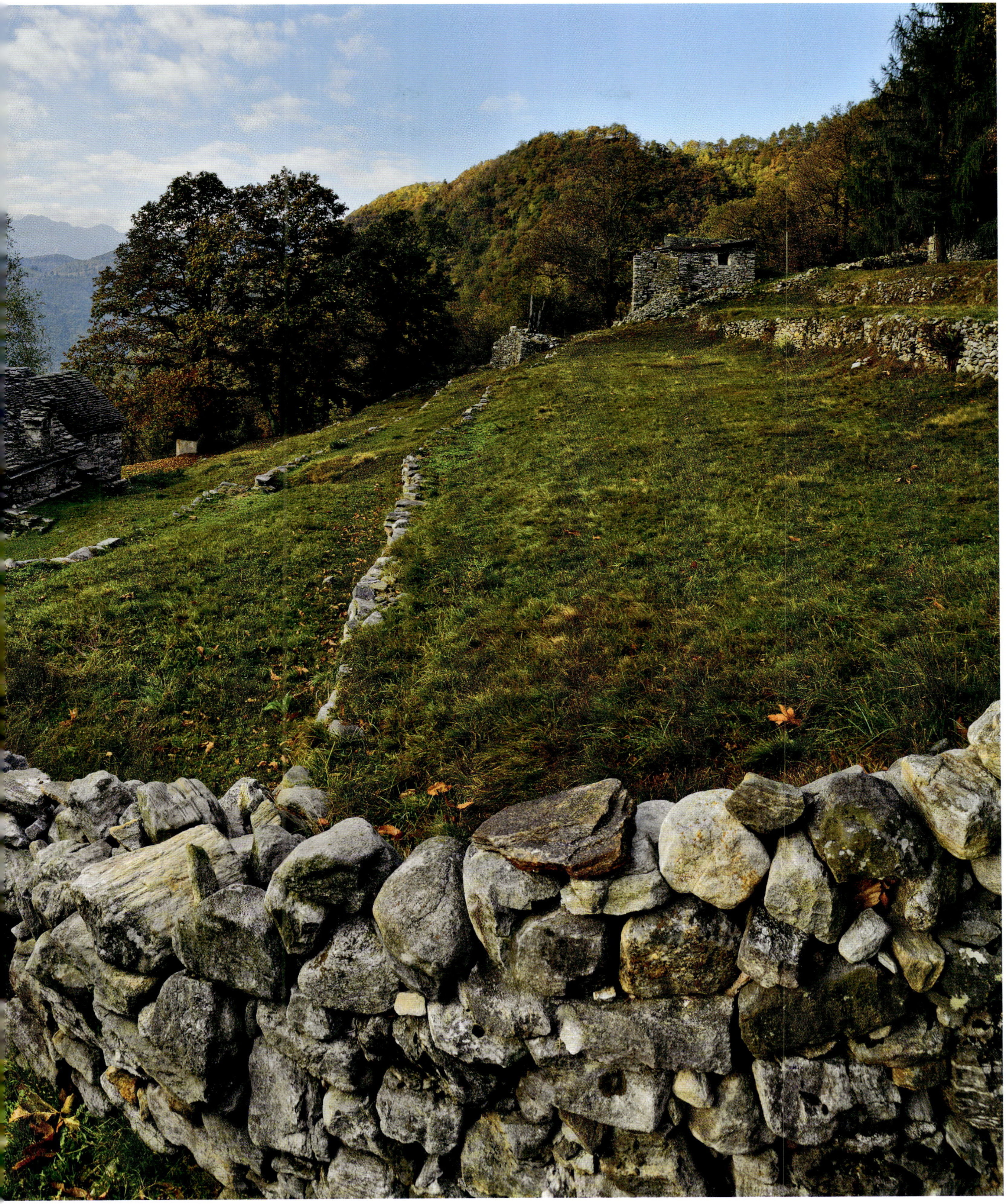

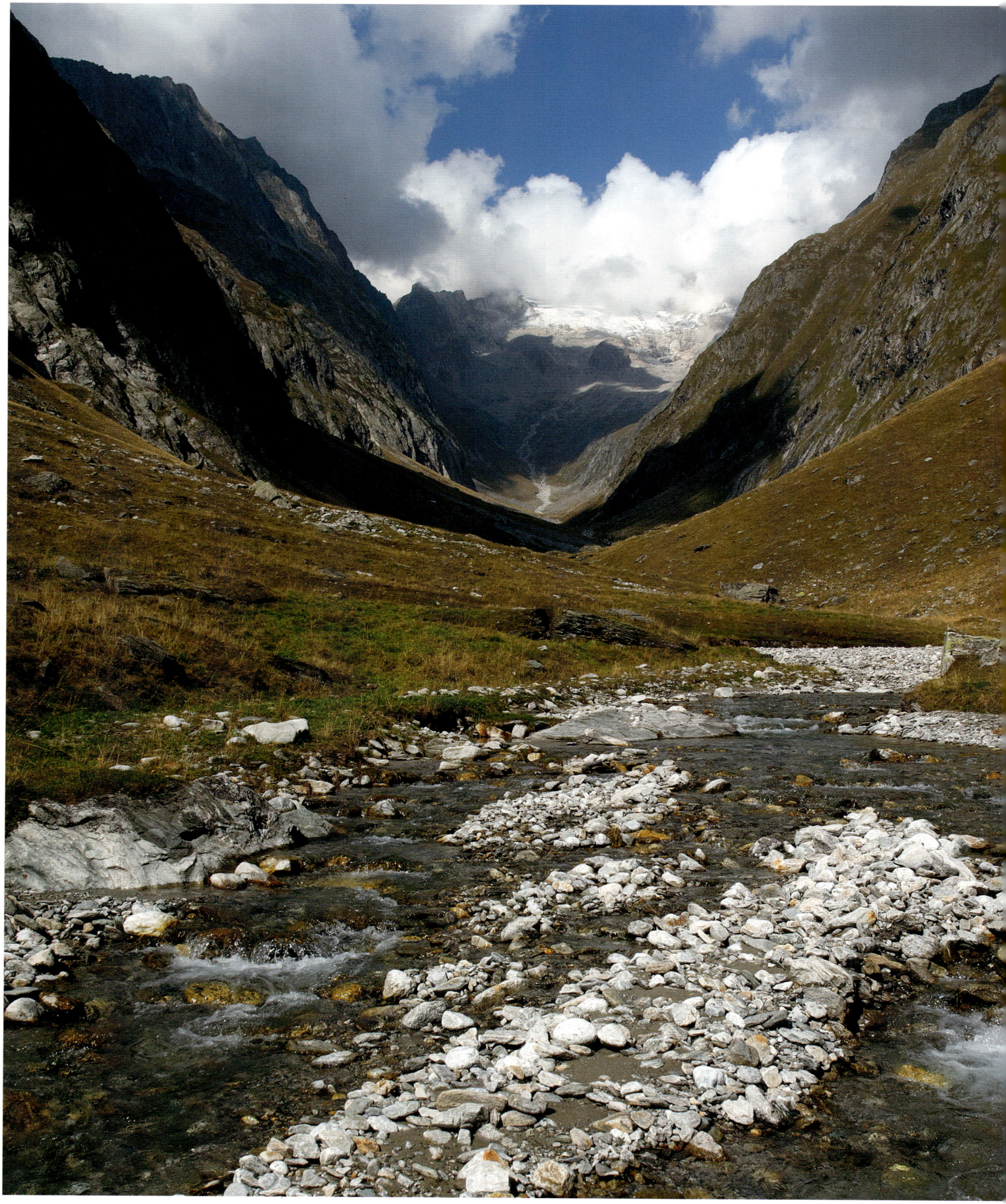

Ins Gredetschtal

Die Himmelsleiter von Mund

Sehnen wir uns nicht alle manchmal danach, einfach dem Alltag entfliehen zu können? Alles hinter uns zu lassen, die Sorgen und Nöte zu vergessen und uns einfach frei und leicht zu fühlen? Dem Alltag zu entschweben, Schritt für Schritt, uns selbst wieder besser zu spüren und unsere innere Kraft wiederzufinden? Wie auf einer Himmelsleiter, auf der wir, Sprosse für Sprosse, in die Höhe steigen?

Eine solche Himmelsleiter könnte der Pfad durch das Gredetschtal bei Visp sein. Es ist eines von einer ganzen Reihe kaum berührter Täler zwischen dem Lötschental und Brig. Was es bereits auf der Karte wie eine Leiter aussehen lässt: In fast gerader Linie, wie eine Leiter eben, steigt es hoch, mehr als 3000 Meter von ganz unten an der Rhone bis hinauf zum fast 4000 Meter hohen Nesthorn. Auf dem Wanderweg gibt es kein Hin und Her und Auf und Ab, nein, ebenmässig aufwärts geht es, immer nordwärts und stets näher zu den Gipfeln.

Das Gredetschtal ist auch in einem übertragenen Sinne ein geradliniges Tal: Es ist einfach, kernig und ungezähmt. Viel mehr als ein paar Alphütten und einen Karrenweg gibt es hier nicht, dafür umso mehr unverbrauchte, kraftstrotzende Natur. Die Flanken zu beiden Seiten sind so steil und ruppig, dass kein Gämsjäger und auch kein Bergsteiger sich hier hineinwagen. Nur wenige Wanderer steigen höher als bis zur Alp Strick – dahinter liegt eine schroffe und unwegsame Welt aus Geröll und Fels.

Wer schwindelfrei ist, sollte es sich nicht entgehen lassen, der Wyssa-Suone zu folgen. Suonen sind die alten Kanäle im Wallis, in denen Wasser aus Bächen zu oft weit entfernten Wiesen

«Wahrhaft weise ist, wer die Kraft zur Höhe in den Muskeln hat und in seiner Einsicht den Aufstieg ablehnt. Mit seinem Blick besitzt er alle Berge, mit seiner Position alle Täler.» Fernando Pessoa

und Äckern geleitet wurde. Auch heute noch sind viele Suonen wichtige Wasserlieferanten. Die Wyssa-Suone oberhalb von Mund ist möglicherweise die älteste Suone im Wallis. Pfarrer Seematter von Mund schrieb vor knapp hundert Jahren, dass er die in eine Felswand eingemeisselte Jahreszahl 930 entdeckt habe. Wer heute vorsichtig auf den schmalen Stegen wandert, manchenorts in senkrechten Felswänden, oder auf allen Vieren durch enge Tunnel kriecht, das Wasser unter den Holzplanken gurgelnd, oder das regelmässige Schlagen einer Klappe aus einer überhängenden Felswand vernimmt, kann mit eigenen Sinnen erfahren und erahnen, mit welchem Aufwand und unter welchen Gefahren die Männer der Dörfer vor langer Zeit die Suonen für das lebenswichtige Wasser, das «heilige Wasser», bauten und unterhielten.

Das wertvolle Nass bewässerte aber nicht nur Kartoffel- und Gerstenäcker, es brachte auch Leben in die Wiesen mit Abertausenden von Safranpflanzen (Crocus sativus). Aus ihren roten Stempelfäden wurde in aufwendiger Handarbeit Safran, das «rote Gold», gewonnen. Heute ist Mund der letzte Ort in der Schweiz, der diese Tradition noch pflegt.

Ausgangspunkt: Zug bis Brig und Postauto bis Mund, Dorf.
Route: Auf der Dorfstrasse hoch und nach knapp 1 km, bei P. 1270, rechts weg und der Stigwasser-Suone entlang ins Gredetschtal. In diesem aufwärts bis zur Alp Strick (1655 m). Auf demselben Weg zurück, nach etwa 1½ km aber rechts halten und der Wyssa-Suone entlang. Gut 100 m nach dem Südportal des neuen Wasserleitungstunnels gegen links hinab nach Mund.
Kennzahlen: Länge 11,5 km, je 490 m Auf- und Abstieg, 3½ bis 4 Std., Schwierigkeit T3. Rückweg mit exponierten, schmalen Pfaden und Brettersteigen in senkrechten Felswänden, Handlauf meist vorhanden. Wer nicht schwindelfrei ist, nimmt besser die Aufstiegsroute für den Abstieg.

Einkehren und Übernachten: Restaurant Safran, Telefon 027 923 13 76, www.rest-safran-mund.ch; Chalet Mund, B&B, Telefon 079 871 17 37, www.chalet-mund.com
Entdecken und Erleben: Safranmuseum in Mund, geöffnet Oktober Mittwoch, Samstag und Sonntag 10.30 bis 12.00 Uhr und 14.30 bis 16.30 Uhr (Sonntag bis 16.00), Freitag 14.00 bis 16.30 Uhr. Safranlehrpfad am unteren Dorfende, weitere Informationen auf www.mund.ch und www.prosafrandorf.ch.
Karten: Landeskarte 1:25 000, 1289 Brig; 1:50 000, 274/274T Visp
Informationen: Belalp Tourismus, Telefon 027 921 65 10, www.belalp.ch

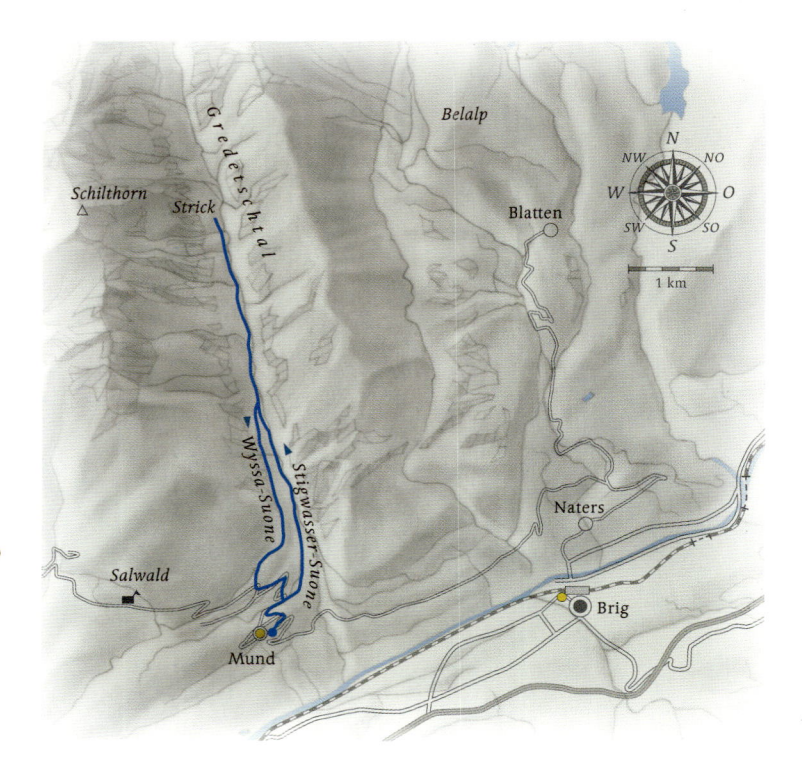

Bild Seite 110
Unbekannte Schönheit:
das Gredetschtal.

Kühne Baukunst:
die Wyssa-Suone.

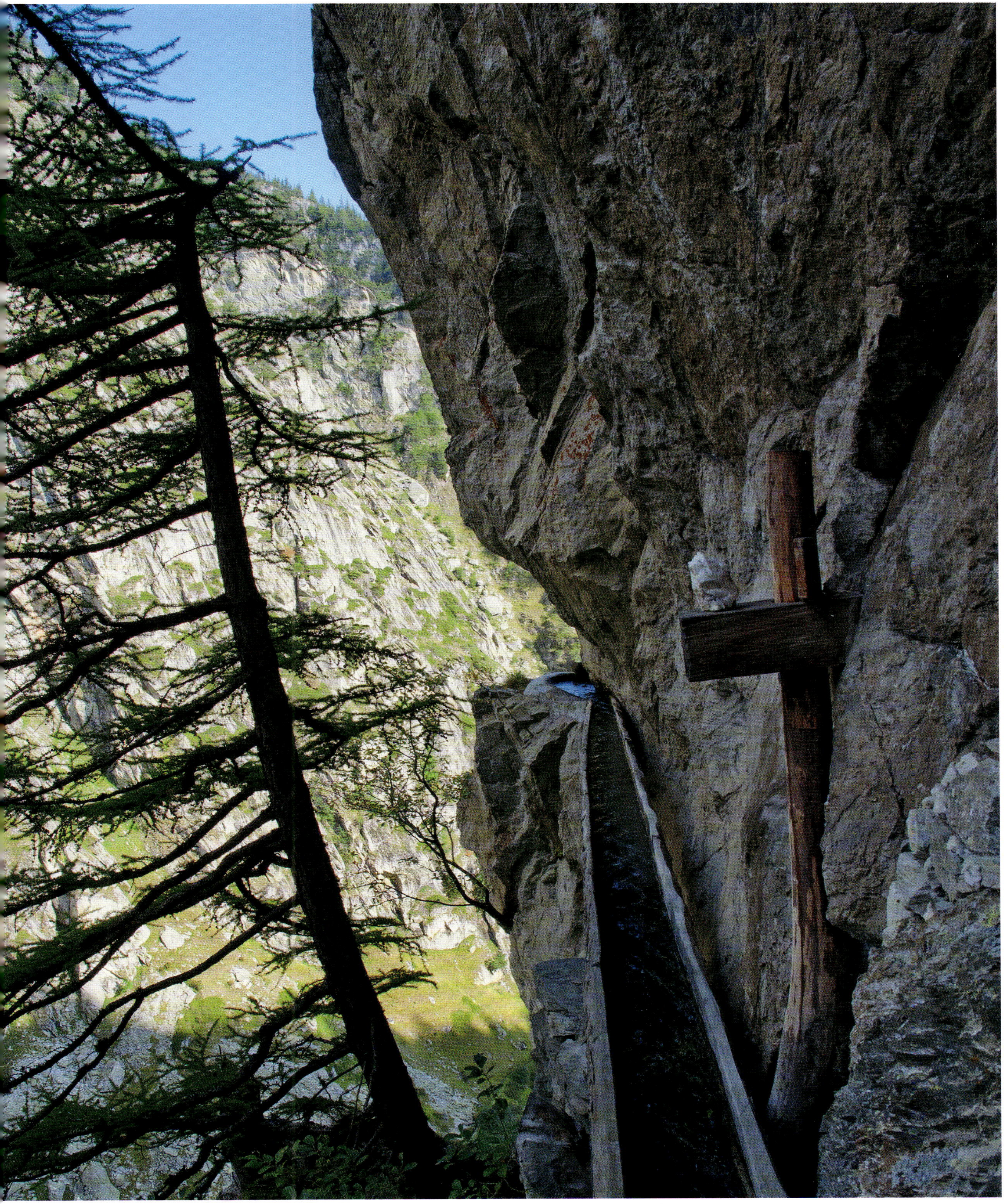

Die Gehmeditation

Gehen ist die natürlichste Bewegung des Menschen, und langsames, bewusstes Gehen ist eines der einfachsten Mittel, um zu entschleunigen und zu entspannen. Langsames Gehen beruhigt den Körper, und wenn wir es achtsam machen, beruhigt es auch den Geist. Das ist Gehmeditation.

Meditation ist nichts Kompliziertes. Im Gegenteil – wir machen eine Sache, und dieser Sache geben wir unsere volle, aber entspannte Aufmerksamkeit. Das ist alles. Regelmässig ausgeübt, kann Meditation zu einer Quelle der Entspannung, der inneren Stille und Stärke werden. Meditieren kann man im Schneidersitz auf dem Boden, auf einem Stuhl sitzend, auf dem Boden liegend oder auch beim Gehen. Die Gehmeditation ist ein guter Einstieg für Menschen, für die die Meditation im Sitzen einschüchternd oder anstrengend wirkt. Gehmeditation können wir immer und überall üben, an einem einsamen Ort in der Natur, aber auch beim Warten auf die S-Bahn oder zu Hause im Wohnzimmer.

Am einfachsten und am schönsten ist es, die Gehmeditation an einem stillen Platz in der Natur zu üben, zum Beispiel auf unserem Lieblings-Spaziergang im Wald vor der Stadt. Wichtig ist, nicht

Tipps: Gehmeditation einfach gemacht

- **Worum es geht:** Bei der Gehmeditation geht es nicht darum, etwas zu erreichen. Es ist vielmehr etwas, das Sie sich gönnen, eine Zeit nur für sich allein, eine Zeit, in der Sie üben, nur bei sich und Ihrem Gehen zu sein.

- **Der geeignete Ort:** Suchen Sie sich ein stilles Wegstück in der Natur, wo Sie nicht gestört werden und wo Sie sich wohlfühlen. Der Weg sollte hindernisfrei und nicht zu steil sein, sodass Sie locker und entspannt gehen können. Legen Sie den Rucksack beiseite und schalten Sie das Handy aus. Nehmen Sie sich für die Gehmeditation eine bestimmte Zeitdauer vor: am Anfang vielleicht fünf Minuten. Mit der Zeit können Sie diese Dauer beliebig steigern, ohne sich unter Leistungsdruck zu setzen.

- **Das Gehen:** Gehen Sie langsam und achtsam. Machen Sie jeden Schritt bewusst, spüren Sie, wie Sie das Bein nach vorne führen, den Fuss auf die Erde aufsetzen, das Gewicht darauf verlagern und langsam abrollen. Nehmen Sie wahr, wie Sie nun das andere Bein langsam nach vorne bewegen und behutsam auf die Erde aufsetzen, wie Sie das Körpergewicht sachte auf dieses Bein verlagern und wie sich der andere Fuss und das andere Bein langsam entlasten. Machen Sie so jeden Schritt mit Aufmerksamkeit, aber nicht angespannt, sondern mit einer leichten, beobachtenden Präsenz.

- **Den Atem dazunehmen:** Nehmen Sie den Atem dazu, sodass Schritte und Atemzüge Hand in Hand gehen. Das kann zum Beispiel heissen, auf einen Schritt einzuatmen und auf zwei Schritte auszuatmen: ein – aus aus. Alternativ können Sie auch die Schritte zählen: eins – zwei drei. Variieren Sie die Geschwindigkeit des Gehens und die Länge des Ein- und Ausatmens, bis es sich für Sie richtig und entspannt anfühlt.

- **Das Herz dazunehmen:** Versuchen Sie, diese Übung nicht «mechanisch» zu machen. Geniessen Sie es, ganz entspannt und friedlich zu gehen, diesen wunderbaren Körper zu haben, der auf unserer Erde schreitet. Machen Sie jeden Schritt achtsam, Schritt für Schritt, Atemzug für Atemzug, Moment für Moment.

- **Die Gehmeditation abschliessen:** Wenn die Zeit abgelaufen ist, kommen Sie langsam zum Stehen. Verweilen Sie noch eine Weile in der Wahrnehmung Ihres Atems und Ihres Körpers und verbinden Sie sich dann langsam wieder mit der Umgebung. Gehen Sie sanft zur nächsten Tätigkeit über. Schön ist es auch, sich einen Moment der Dankbarkeit zu gönnen für die Zeit der Gehmeditation.

einfach für ein paar Minuten die Schritte zu verlangsamen. Machen Sie bewusst eine Pause und nehmen Sie sich vor, eine gewisse Zeit langsam und achtsam zu gehen, sich ganz bewusst auf diese Übung einzulassen.

Der vietnamesische Mönch Thich Nhat Hanh, der die Gehmeditation schon vielen Menschen im Westen nähergebracht hat, verwendet in einem seiner Bücher eine eindrückliche Metapher: Stellen Sie sich vor, Sie wären Astronaut und auf dem Mond stationiert. Kurz vor dem geplanten Heimflug stellt sich heraus, dass der Hauptantrieb defekt ist und nicht mehr repariert werden kann. Sie wissen, dass die Vorräte nur noch für wenige Tage reichen und Sie dann sterben werden. Sie wünschen sich nichts sehnlicher, als wieder auf der grünen Erde zu sein, auf ihrem festen Boden gehen zu können, die Luft, die vertrauten Geräusche, die Blumen und die Bäume wahrnehmen zu können. Wenn wir die Gehmeditation mit dieser Achtsamkeit und Dankbarkeit ausüben, wird sie zu einem wunderbar entspannenden Geschenk: In jedem Schritt können wir etwas vom Wunder unserer Lebendigkeit und vom Wunder dieser Erde verspüren.

Ins Laggintal
Verborgenes Tal und magische Ruinen

Eine ganze Woche lang schönstes Herbstwetter ist angesagt! Freudig pocht das Herz und leuchten die Augen des Wanderers und Fotografen. Blauer Himmel, satte Farben, klare Sicht – Kalenderbilder! Perfekte Touren!

Es kommt alles anders. In Simplon Dorf füllt dichter Dunst das Tal, und ausgedehntes Gewölk umgibt die Gipfel. Nur schemenhaft zeichnen sie sich ab, wenn überhaupt, und die Sonne schafft es knapp, als blasse, weisse Scheibe durch die feuchte Luft zu scheinen.

Früher hätte mich das genervt. Wirklich genervt. Es gab doch diese Prognosen, also soll es bitte auch so sein. Leicht bis mittelschwer gereizt wäre ich losgezogen, schweigend, innerlich ringend, mit harter Miene. Heute nehme ich es lockerer. Ich bin beileibe nicht immun gegen solche Gefühlswallungen, wenn etwas nicht nach Plan verläuft. Aber ich schaffe es doch, häufiger als früher, die Sache mit den Versprechen und Erwartungen auch mal zu vergessen. Einfach zu nehmen, was da ist. Und was ist da? Ein ungewöhnlicher Herbsttag am Simplon mit viel feuchter Luft. Punkt. Und wenn man es positiv sieht: Sonne und Wolken tauchen die ganze Szenerie in ein märchenhaftes Licht und zaubern eine Stimmung wie aus einem Fantasy-Roman herbei.

Das Laggintal ist ein kurzes Seitental auf der Südseite des Simplonpasses und zieht sich vom Talgrund hinauf bis zu den Schultern der um die 4000 Meter hohen Berge Weissmies, Laggin- und Fletschhorn. Ein schönes Ziel ist das Lagginbiwak auf gut 2400 Meter über Meer; es ist dies keine der legendären «Biwakschachteln» auf einem mannsbreiten Vorsprung in der lotrechten Felswand. Eine Biwakschachtel ist es zwar schon, aber leicht erreichbar und auf einer ebenen Alpwiese mit tollen Ausblicken gelegen. Bis hierher und zurück sind es knapp fünf Stunden und je 900 Meter Auf- und Abstieg, also eine mittellange Wanderung. Wer weniger wandern und mehr Zeit zum Sein haben möchte, kann auch nur bis zu den Alpterrassen bei Färicha wandern. Das verkürzt die Wanderzeit um etwa eine Stunde.

Bild oben
Wachsam und neugierig zugleich: der Steinbock.

Bild unten
Die Anlage von Färicha.

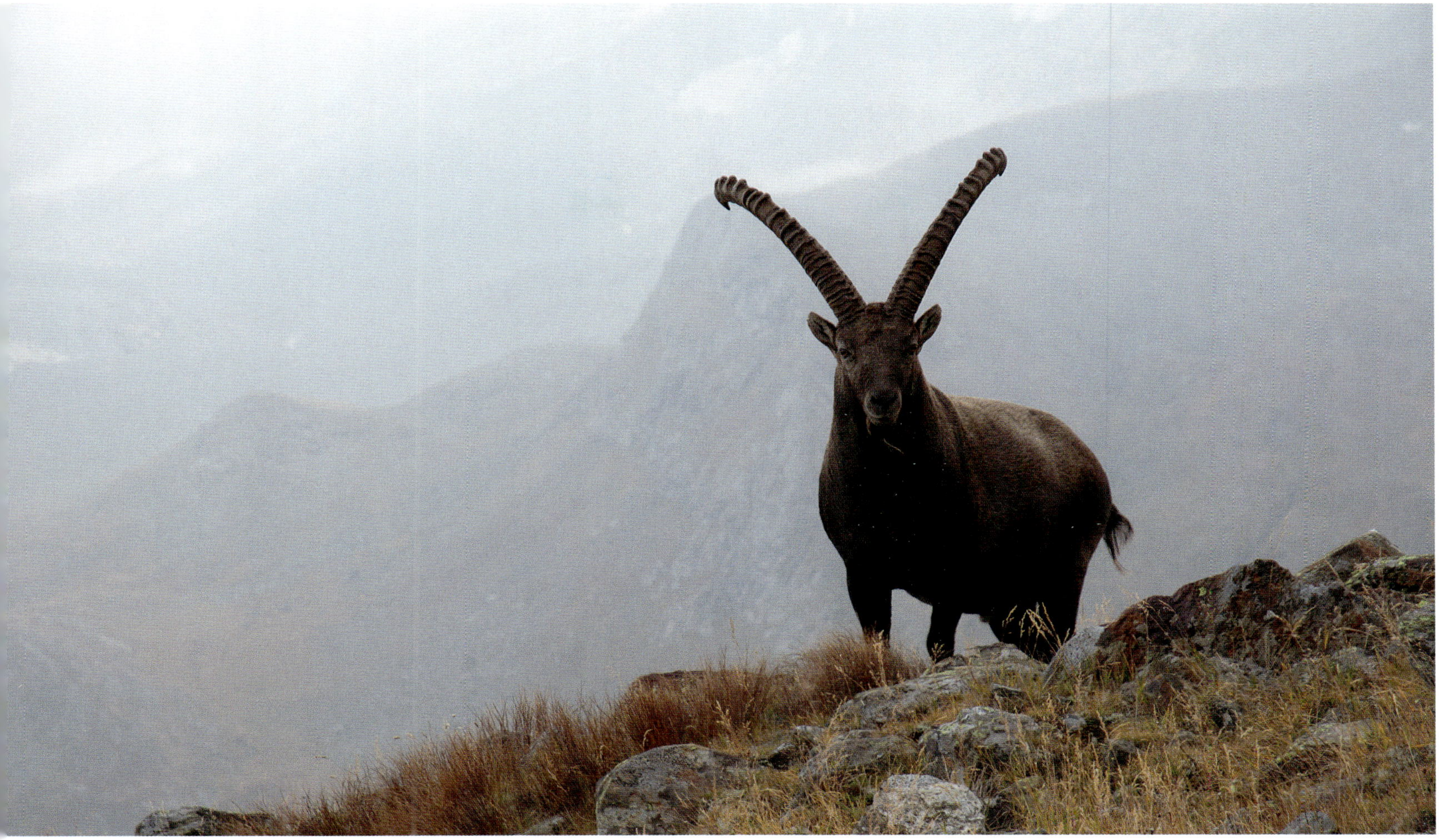

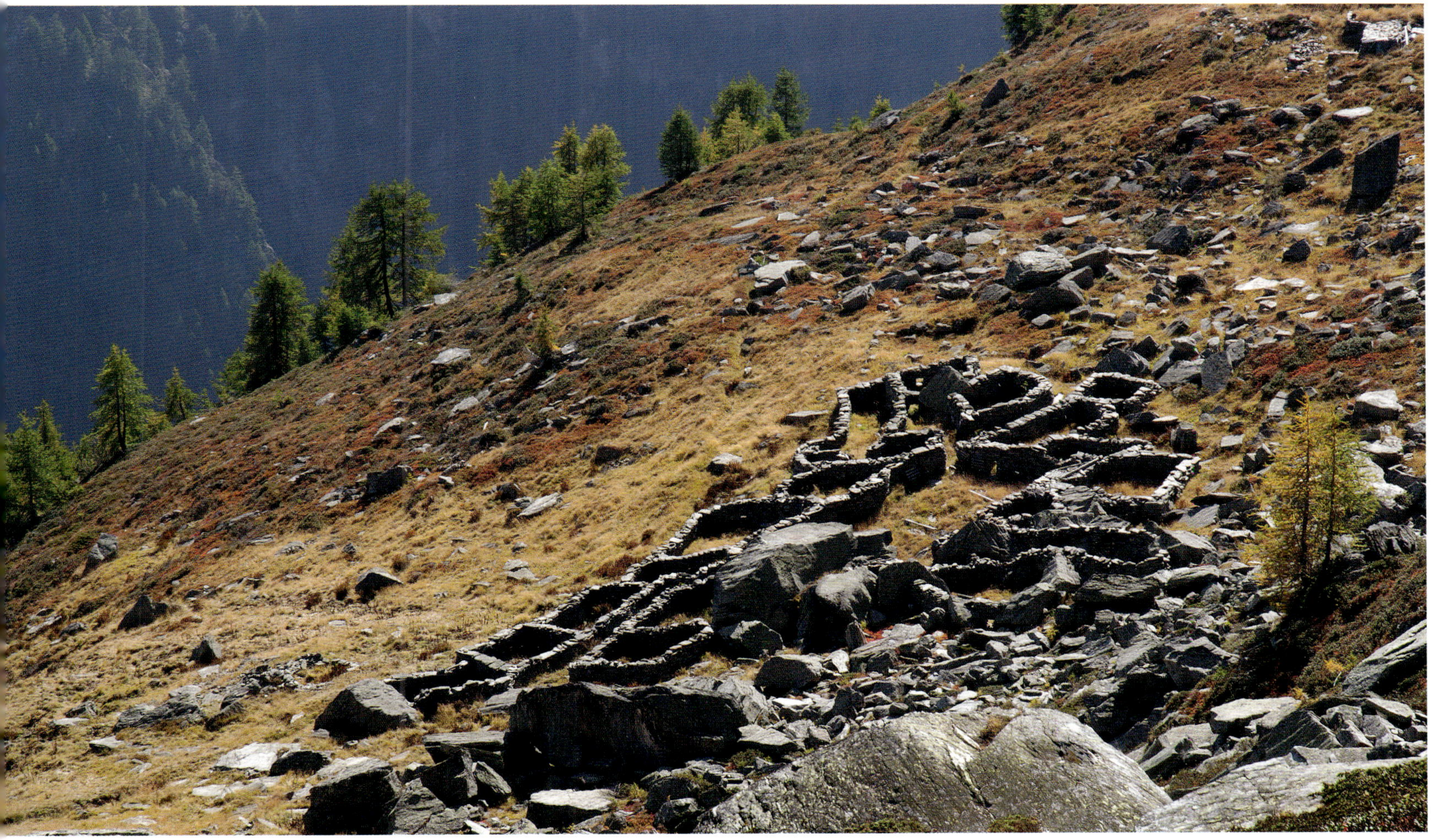

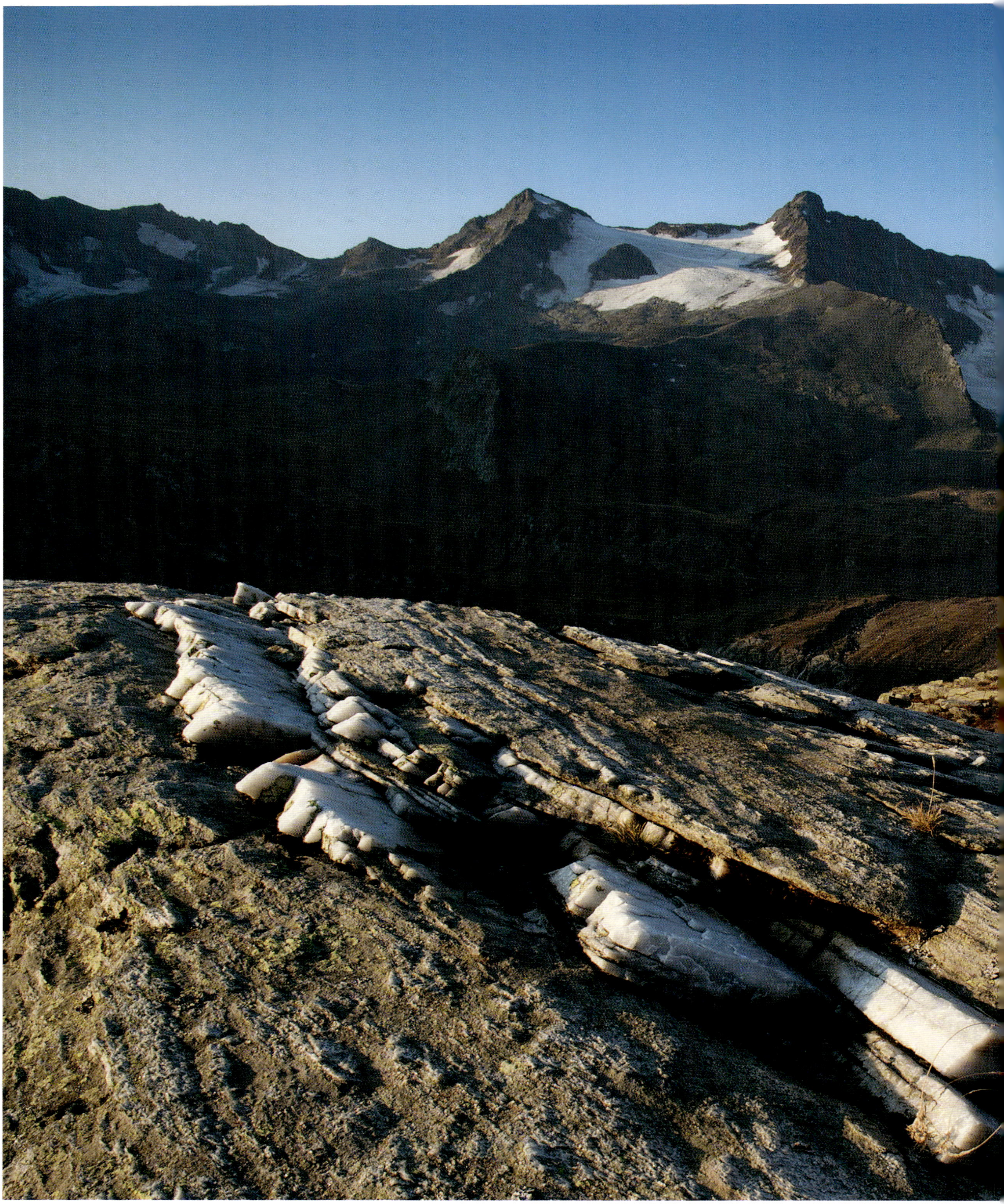

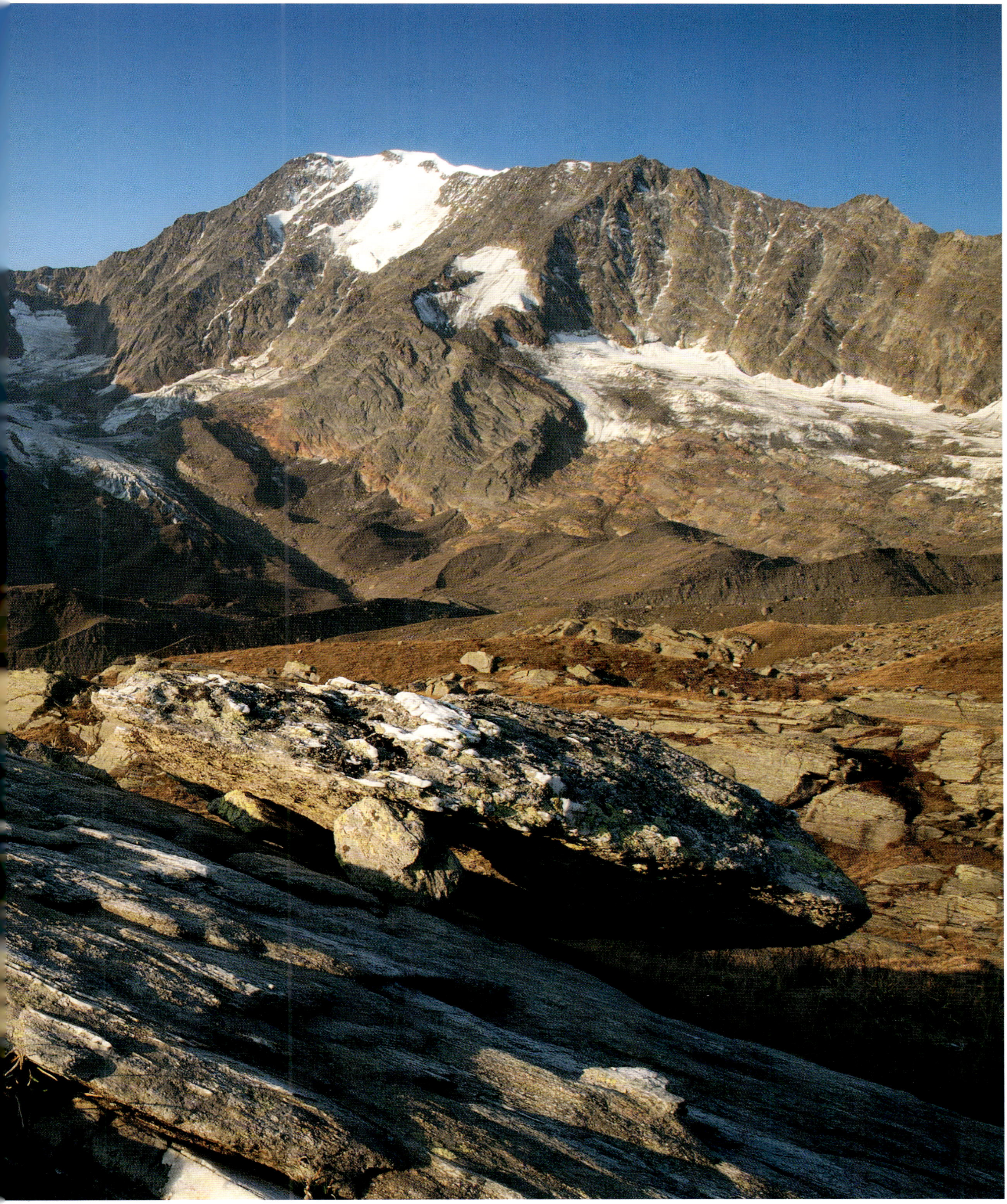

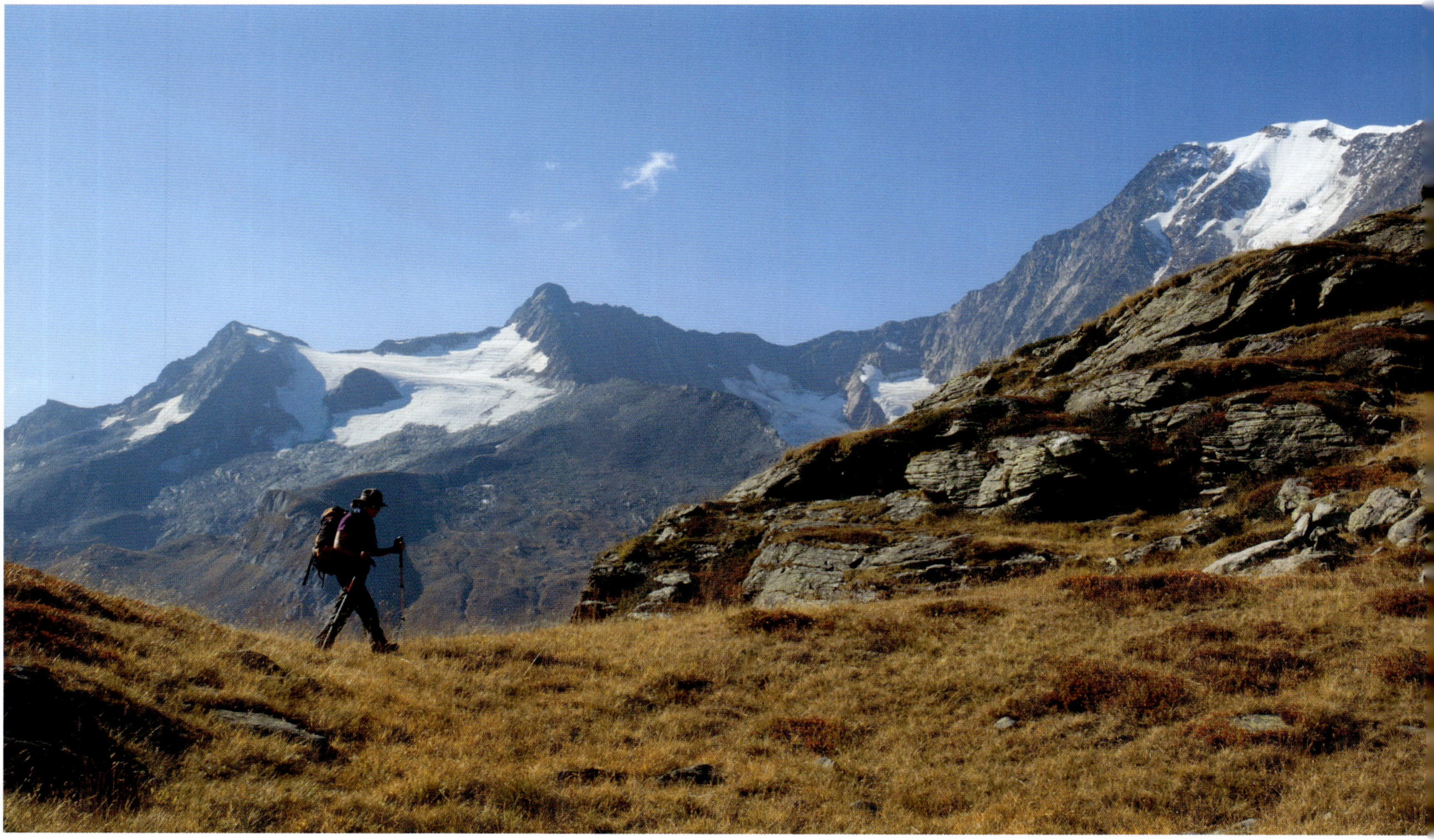

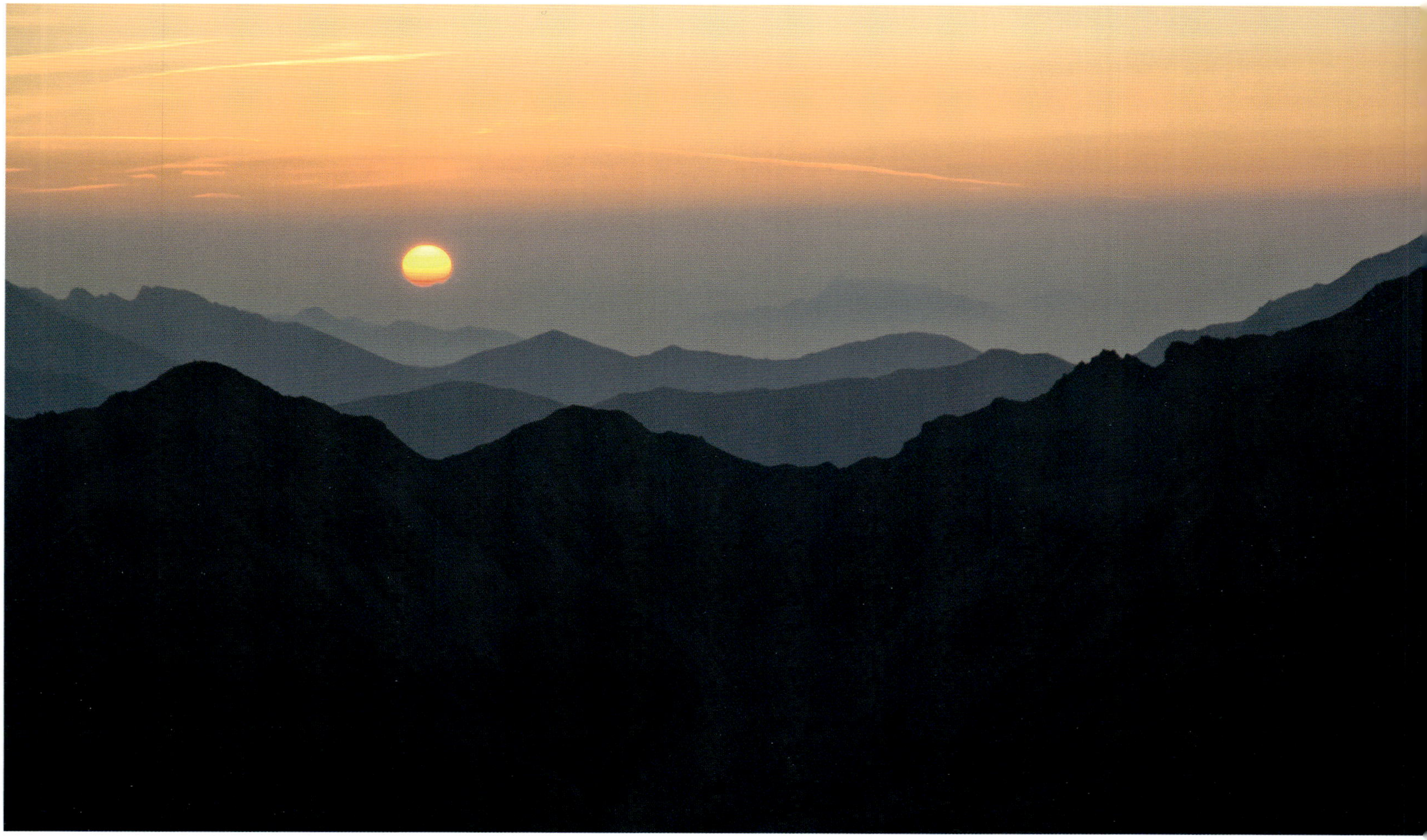

Historisch bietet dieses Färicha gar noch mehr als das höher gelegene Biwak. Natürlich ist der Vergleich etwas weit hergeholt, und doch fiel mir «kleines Machu Picchu» als Erstes ein, als ich die Anlage mit den zahlreichen Steinmauern auf dem einsamen Berg erblickte. Denn die Ansammlung verlassener und vergessener Ruinen hoch oben auf einer Terrasse in den Bergen hatte eine ähnlich magische Wirkung auf mich. Dabei sind es nicht eigentliche Ruinen – das Wort Färicha hat seinen Ursprung in «Pferch». Seit Urzeiten werden hier am Ende des Bergsommers die Schafe zusammengetrieben und dann den Besitzerfamilien entsprechend auf die Abteile verteilt. Die Anlage Färicha im Laggintal ist schätzungsweise 650 bis 700 Jahre alt.

Die Nacht habe ich im Lagginbiwak verbracht. Der folgende Tag bringt dann doch noch das «perfekte Herbstwetter». Ich bin glücklich, komme zu meinen erhofften Bildern. Doch merkwürdig ist, und es bringt mich zum Schmunzeln und zum Nachdenken: Nach einem langen Tag voller Kalenderbild-Fotografie erscheinen mir die unklaren, von Gewölk erfüllten Bilder vom Vortag seltsam stark – atmosphärischer und ausdrucksstärker als die heutigen Bilder. Jeder Tag ist vollkommen, so wie er ist. Oder wie es der Dalai Lama gesagt hat: «Nichts ist entspannender, als das anzunehmen, was kommt.»

Ausgangspunkt: Zug bis Visp und Postauto nach Simplon Dorf, Post.
Route: Von der Haltestelle durch eine Passerelle in den Häusern und zum Dorfrand, dann auf gutem Weg und meistens im Wald aufwärts zum Bildstock St. Antonius. Weiter durch eine steilere Grashalde und schliesslich durch Alpweiden und über einige Felsabsätze hoch zum Lagginbiwak auf 2428 m.
Kennzahlen: Hin und zurück 11,1 km, je 950 m Auf- und Abstieg, 4 Std., Schwierigkeit T2
Kürzere Variante Färicha: Auf einer Höhe von knapp 2200 m zweigt ein Pfad links weg. Nach etwa 500 m erreicht man die Anlage von Färicha. Hin und zurück 9,1 km, je 760 m Auf- und Abstieg, 3¾ Std., Schwierigkeit T2.
Einkehren und Übernachten: Keine Restaurants am Weg. Lagginbiwak SAC, unbewartetes Biwak für 10 Personen, keine Reservationen möglich, Telefon 027 946 63 41, www.section-monte-rosa.ch. Hotels und Restaurants in Simplon Dorf.
Entdecken und Erleben: Einen lebendigen Einblick in die Pass- und Kulturgeschichte zwischen Brig und Gondo erhält man im Ecomuseum; der Outdoor-Teil besteht aus Wanderrouten auf historischen Wegen; eigentliche Ausstellungen gibt es im Stockalperschloss in Brig und im Alten Gasthof in Simplon Dorf, Telefon 027 979 10 10, www.ecomuseum.ch.
Karten: Landeskarte 1:25 000, 1309 Simplon; 1:50 000, 274/274T Visp
Informationen: Simplon Tourismus, Telefon 027 979 10 10, www.simplon.ch

Bild Seite 118/119
Unvergesslich: Sonnenaufgang beim Lagginbiwak. Rechts der Weissmies.

Bild oben
Unterwegs im stillen Laggintal.

Bild unten
Sonnenuntergang beim Lagginbiwak.

Auf den Ofentalpass
Die ruhige Ecke des Saastals – mit Blick auf acht Viertausender

Ich gebe es zu – zu Saas-Fee und zum Saastal habe ich ein zwiespältiges Verhältnis. Einerseits verbinde ich mit dem Dorf und seinen Bergen einige der schönsten Kindheitserinnerungen. Hier verbrachte ich mit meiner Familie mehrere Sommer die Bergferien, und hier machte ich in einem Klassenlager auch meine ersten Skitourenerfahrungen. Nur schon der Klang des Wortes «Mischabel» weckt in mir lebendige Kinderfantasien von unendlich hohen und auch gefährlichen Bergen und von verwegenen Bergsteigern, die von einer Tour zurückkommen, mit braun gebrannten und müden Gesichtern und schwer beladen mit allerlei Gerät und farbigen Seilen; Bergsteiger, die ich so sehr bewunderte, wie sie in diesen Welten aus steilen Felswänden und zerschrundenen Gletschern überhaupt unterwegs sein konnten. Es gibt aber auch eine andere Seite, und diese schmerzte mich schon als Kind: Bahnen hier und Masten dort, Wunden von Pistenplanierungen und klobige Gebäude auf markanten Bergen.

Doch eine stille Wanderung zu einem einsamen, starken Ort wollte ich einfach finden in dieser Region, für dieses Buch. Und nach längerem Recherchieren habe ich mich für das Ofental entschieden. Es liegt ganz hinten im Saastal und zweigt etwa in der Mitte des Stausees Mattmark nach Osten ab.

Das Ofental birgt einige Überraschungen. Überraschungen, die das Bild, das manch einer vom Saastal hat, verändern könnten. Denn es ist alles andere als ein enges Tal; es ist weit und licht, und ausser dem Wanderweg und einer kleinen Schäferhütte gibt es hier nichts als Natur. Vergleichsweise wenige Wanderer «verirren» sich hierher. Der Grossteil des Talbodens ist von schönen Alprasen bedeckt, wer es aber bis auf den Ofentalpass schafft, findet sich alsbald in einer ungewöhnlich steinigen Landschaft wieder.

Die grösste Überraschung war für mich aber die Aussicht von ganz oben, vom Ofentalpass. Anfänglich vermutete ich nämlich, dass vom Ofental aus die grossen Berge mit den berühmten Namen um Saas-Fee nicht oder nur mit ihren Spitzen sichtbar seien. Weit gefehlt! Sämtliche Viertausender der Region präsentieren sich in tadelloser Manier: das Strahlhorn, das Rimpfischhorn, das Allalinhorn, der Alphubel, das Täschhorn, der Dom, die Lenzspitze und das Nadelhorn. Ein Anblick, den man sogar in Saas-Fee selbst vergeblich sucht.

Bild Seite rechts
Nichtstun für die Seele. Im Ofental, mit dem Strahlhorn.

Bild Seite 124/125
Panorama der Viertausender. Frühmorgens auf dem Ofentalpass.

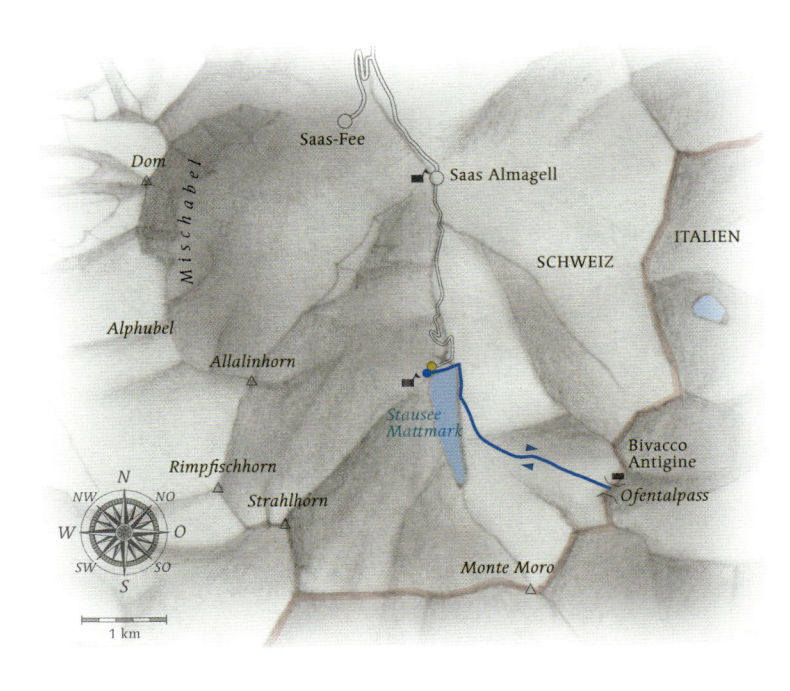

Ausgangspunkt: Zug bis Visp und Postauto bis nach Mattmark.

Route: Über den Staudamm, dann etwa 1 km südlich den See entlang und nun links (östlich) hoch ins Ofental. Durch Wiesen und Weiden und gegen den Schluss durch Schutt und Geröll hinauf zum Ofentalpass (2835 m). Auf demselben Weg zurück.

Kennzahlen: Hin und zurück 13,6 km, je 690 m Auf- und Abstieg, 4½ Std., Schwierigkeit T2

Variante mit anderem Rückweg: Auf dem Rückweg im Ofental bei P. 2505 links (südlich) halten Richtung Monte-Moro-Pass, beim Tälli aber wieder nördlich und auf der Westseite des Stausees zurück zum Ausgangspunkt. Rundweg 18,8 km, je 760 m Auf- und Abstieg, 5½ Std., Schwierigkeit T2

Einkehren und Übernachten: Restaurant Mattmark am Stausee, geöffnet Juni bis Mitte Oktober, Telefon 027 957 29 06; Bivacco Antigine, auf dem Ofentalpass auf der italienischen Seite, einfache, unbewartete Biwakhütte, 12 Schlafplätze, Wolldecken vorhanden, Küchenutensilien mitbringen, keine Reservation möglich, Auskunft Telefon 0039 324 575 245, www.cai.it/sezione/villadossola.

Entdecken und Erleben: Sich ins warme, duftende Gras legen, dem Gurgeln des Baches auschen und sich vom langsamen Dahintreiben der Wolken forttragen lassen – besonders schöne Plätzchen dafür gibt es im Ofental, wo sich der Bach in einer kleinen Ebene verästelt.

Karten: Landeskarte 1:25 000, 1329 Saas und 1349 Monte Moro; 1:50 000, 284/284T Mischabel

Informationen: Tourismusbüro Saas-Almagell, Telefon 027 958 18 88, www.saas-fee.ch

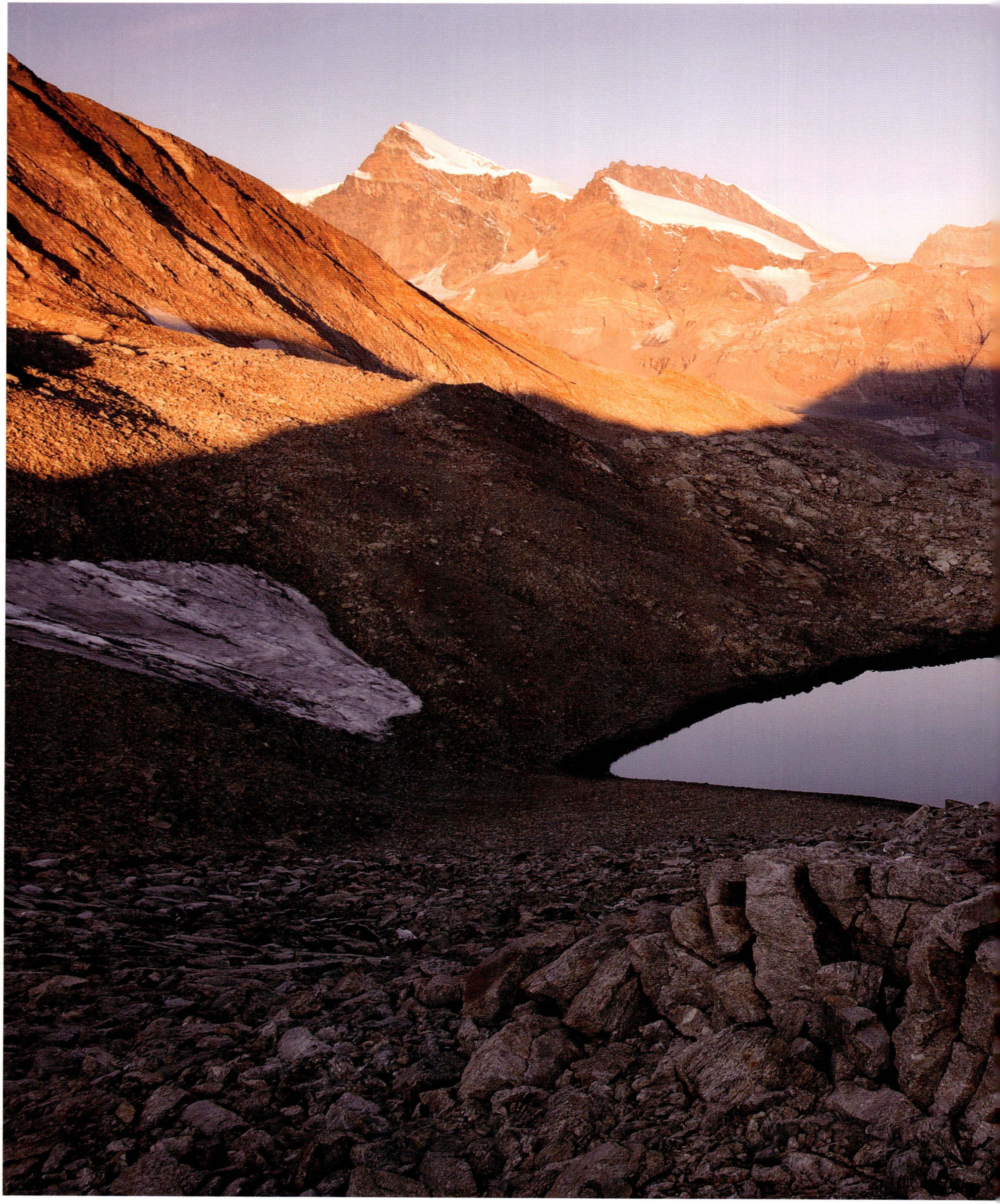

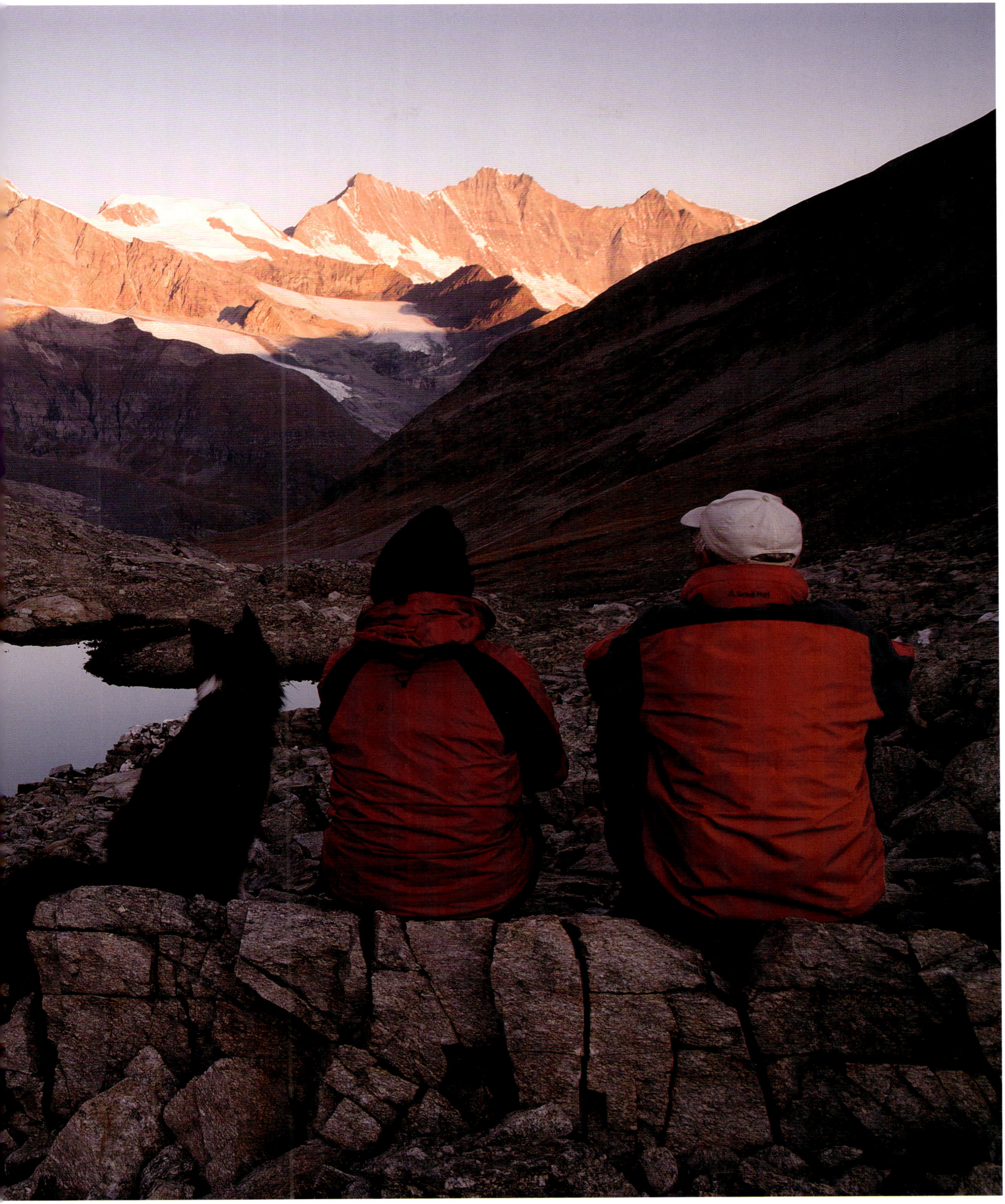

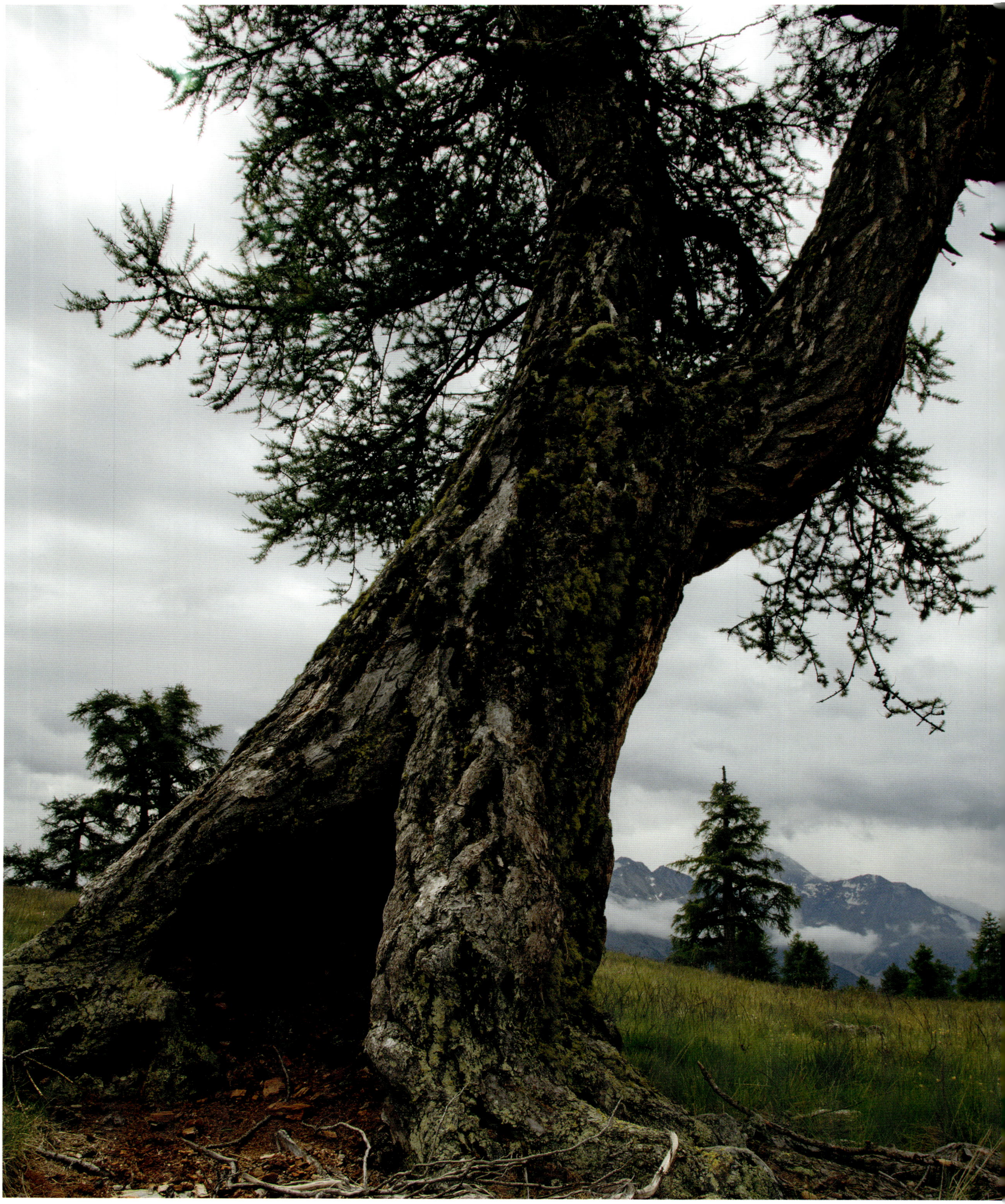

Auf die Moosalp
Zu den alten Lärchen hoch über Bürchen

Die Lärche ist nicht ein Baum wie jeder andere. Das wird im Herbst am augenfälligsten, wenn sich die Lärche ein goldenes Kleid anzieht, hell leuchtende Tupfer in den dunkelgrünen Tannenwald bringt oder gar ganze Bergflanken goldgelb färbt.

Die Lärche galt seit Urzeiten als heiliger Baum. Sie schützte vor bösen Geistern und Ungemach, und manchenorts band man den Kindern ein Stück Lärchenrinde um den Hals, um sie vor bösen Blicken zu schützen. Auch glaubte man, dass Blitze nie in Lärchen einschlügen, und von einer besonders alten Lärche im Tirol wurde berichtet, dass sie wiederholt im Feuer gestanden sei, ohne zu verbrennen. Und im Oberengadin verehrte man lange Zeit eine alte, allein stehende Lärche – bis der Pfarrer diesem Heidenglaube ein Ende setzen wollte und sie fällen liess.

Unter dem Geäst der Lärche sollen die guten Waldfeen daheim sein. Sie seien den Menschen gut gesinnt, weisen dem verirrten Wanderer den richtigen Weg und reichen den vorbeiziehenden Armen Geldbeutel, die immerdar gefüllt sind, und Brote und Käse, die stets nachwachsen.

In der Schweiz stehen viele der ältesten Lärchen im Wallis, bei Kippel etwa, beim Dörfchen Simplon oder bei Blitzingen. Einige besonders schöne, frei stehende Lärchen stehen auf der Moosalp oberhalb von Bürchen. Es sind nicht nur ausdrucksstarke Baumwesen, mit dicken und doch spitz zulaufenden Stämmen und kräftigen Armen; was bei ihnen aussergewöhnlich ist:

«Hast Du gewusst dass Bäume sprechen können? Ja, das können sie. Sie sprechen untereinander, und sie sprechen zu dir, falls du zuhörst. ... Ich habe viel von den Bäumen gelernt: manchmal über das Wetter, manchmal über Tiere, manchmal über den Grossen Geist.» Tatanga Mani (Laufender Büffel), Stamm der Stoney, Kanada

Sie stehen einzeln auf einer flachen, grasigen Kuppe mit weitem Rundblick, und es wirkt fast, als hätten sich das Bietschhorn, das Weissmies, der Balfrin und das Augstbordhorn ehrerbietend im Kreis um diese Bäume versammelt.

Die Wanderung von Bürchen auf die Moosalp ist nicht anstrengend, und die ganze Rundtour dauert nur etwa drei Stunden. So hat man genügend Zeit, an schönen Orten zu verweilen. Davon gibt es mehr als «nur» die Lärchen ganz oben. Mein Lieblingsplätzchen auf der Route ist die Breitmatte; es ist eine grosse, ebene Lichtung mit einer romantischen Alphütte wie aus Heidis Welt, daneben ein plätschernder Brunnen und Aussicht auf zahlreiche Berg- und Eisriesen. Einen ausgedehnten Halt sollte man auch bei einem der zwei Seen einplanen, beim Breitmattensee oder etwas höher beim stark verlandenden Bonigersee. Und wer etwa gegen fünf Uhr auf der Moosalp eintrifft, erlebt mit, wie der Älpler seine schwarzen Ehringerrinder mit ihrem lauten Glockengebimmel von der Weide zurück in den Stall treibt. Die Lärchen aber, sie bleiben, wo sie immer waren, seit Jahrhunderten, für die Nacht, den ganzen Sommer und auch den ganzen Winter, für ungezählte Jahreszeiten, die noch kommen.

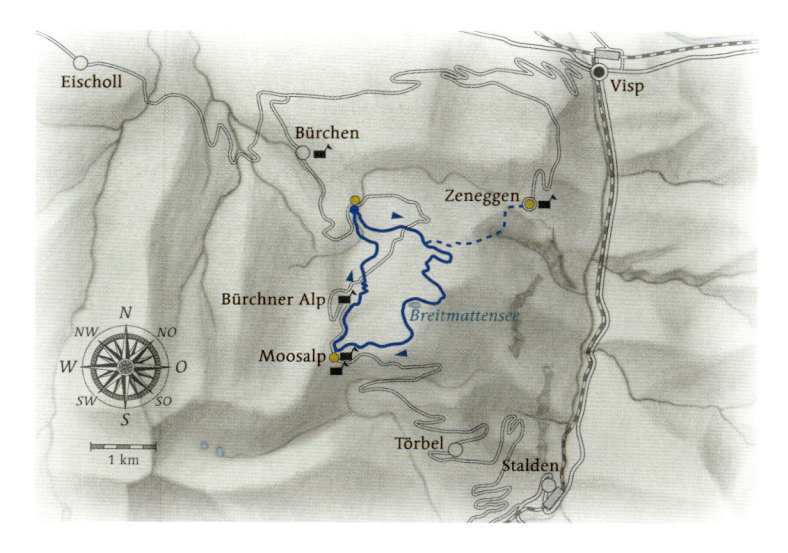

Ausgangspunkt: Zug nach Visp und Postauto bis Bürchen, Egga.
Route: Nur wenige Schritte nach der Haltestelle rechts in den Wald, hoch zur Breitmatte und via Breitmattensee und Bonigersee nach Chalte Brunne / Moosalp. Hinab zur Bürchner Alp und via Tieffi Matte zurück zum Ausgangspunkt.
Kennzahlen: Länge 8,5 km, je 470 m Auf- und Abstieg, knapp 3 Std., Schwierigkeit T2
Einkehren und Übernachten: Auf der Moosalp: Restaurant Moosalp, Telefon 027 952 14 95, www.moosalp.ch; Bergrestaurant Dorbia, Telefon 027 952 15 53, www.dorbia.ch; Restaurant Panorama auf der Bürchner Alp, Telefon 027 934 13 81, www.restaurant-panorama.ch. Restaurants und Hotels in Bürchen und Zeneggen.
Entdecken und Erleben: Eine alternative Aufstiegsroute führt von Zeneggen auf die Moosalp – hier ist man auf dem «Weg des Wassers» unterwegs. Infos auf www.vs.ch, Broschüre in den Restaurants.
Karten: Landeskarte 1:25 000, 1288 Raron; 1:50 000, 274/274T Visp
Informationen: Bürchen-Unterbäch Tourismus, Telefon 027 934 17 16, www.moosalpregion.ch

Bild Seite 126
Stark und verwurzelt:
Lärche auf der Moosalp.

Im Hier und Jetzt liegt das Glück:
Gewöhnliche Berg-Hauswurz (oben),
Brunnen bei der Breitmatte.

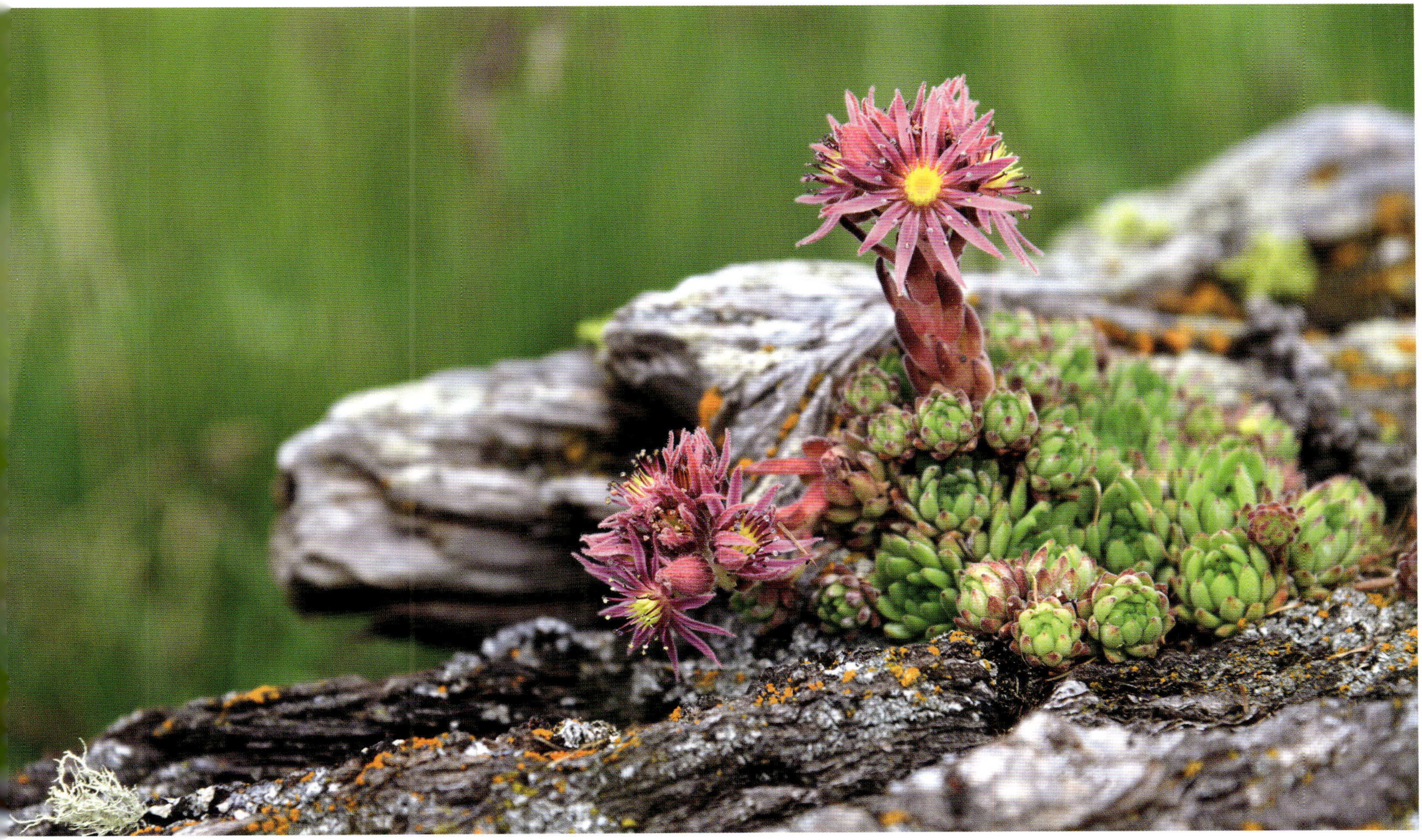

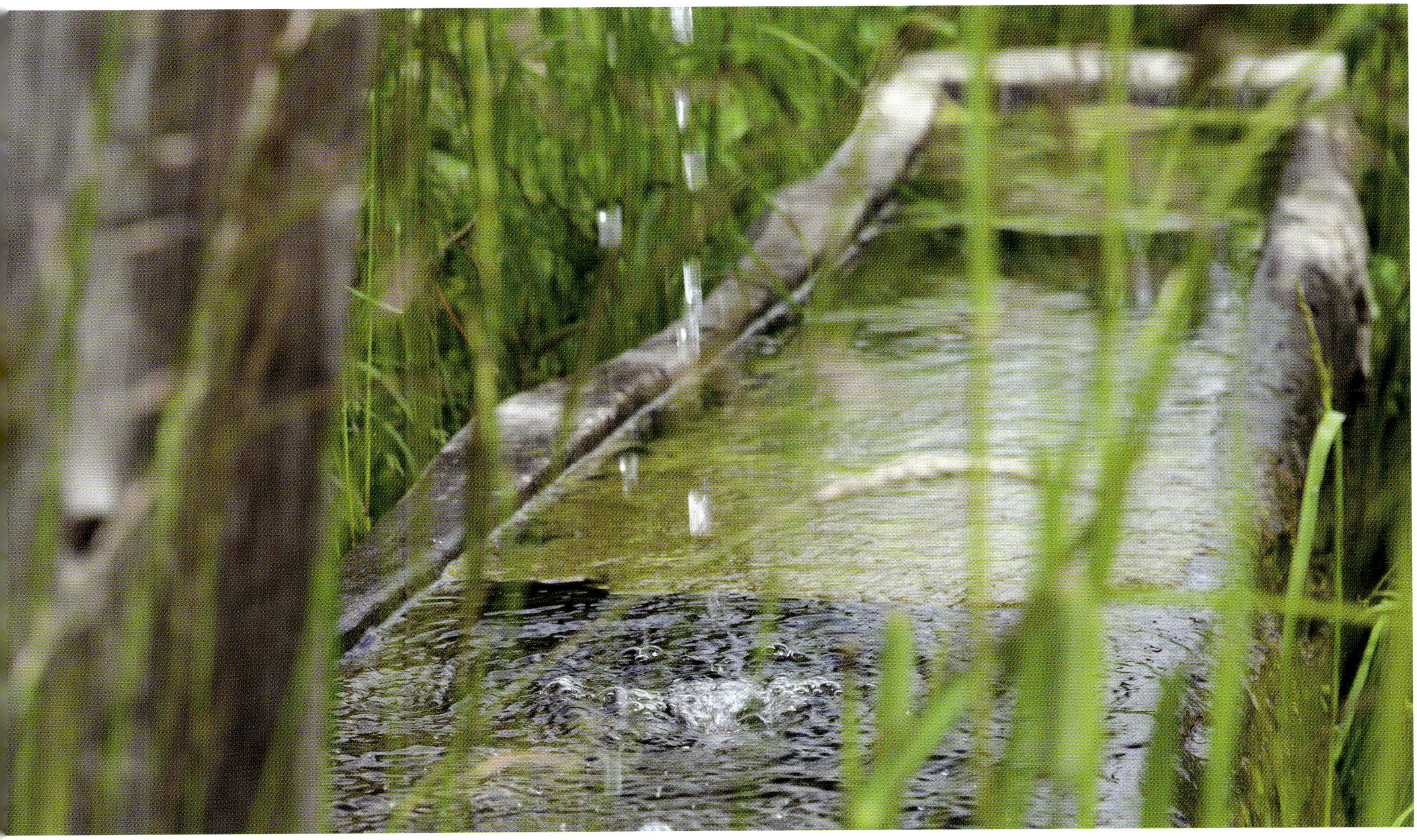

Heilmittel selbst gemacht

Thymiantee bei Bauchweh und Husten

Thymian hat seit der Zeit der Ägypter und Griechen einen besonderen Stellenwert unter den Heilpflanzen. Es gibt weltweit mehrere Hundert Thymian-Arten. Der Garten-Thymian (Thymus vulgaris) wächst wild in Süd- und Südosteuropa; in der Schweiz trifft man ihn praktisch nur angebaut in Gärten an. Am häufigsten kommt in den Schweizer Alpen der Gebirgs-Thymian (Thymus praecox ssp. polytrichus), der auf Geröll, Felsen und Weiden wächst, und der Arznei-Thymian (Thymus pulegioides ssp. pulegioides), der auf mageren Wiesen und Weiden gedeiht. Man kann alle Thymian-Arten verwenden.

Wofür er gut ist: Thymian enthält unter anderem Thymol und Carvacrol. Er wirkt antibiotisch, entzündungshemmend und hustenreizstillend. Den Tee kann man bei Husten, Bronchitis und bei Entzündungen in Mund und Rachen einsetzen, aufgrund seiner krampflösenden Wirkung aber auch bei Schmerzen im Magen-Darm-Trakt (Bauchweh).

So wird Thymiantee gemacht: Thymian kann man das ganze Jahr sammeln. Zupfen Sie die Blätter und, falls vorhanden, die Blüten ab (oder sammeln Sie gleich ganze Zweiglein). Zu Hause trocknen Sie das Pflanzenmaterial unverzüglich an einem schattigen Ort. Übergiessen Sie 1 bis 2 Teelöffel getrocknetes Thymiankraut mit 1,5 Deziliter kochendem Wasser, lassen Sie es 10 Minuten zugedeckt ziehen und sieben Sie dann die Blätter ab. Einen solchen frisch zubereiteten Tee mehrmals täglich trinken. Für Säuglinge, Kleinkinder und Schwangere ist dieser Tee nicht geeignet.

Wegerichtee bei Husten und Pusteln

In der Schweiz gibt es etwa ein Dutzend Wegerich-Arten. In den Bergen kommen am häufigsten der Spitz-Wegerich, der Mittlere, der Breit-, der Alpen- und der Berg-Wegerich vor. Man erkennt sie gut an ihren langen, schmalen Blättern und den Blütenähren. Als Heilpflanze am bekanntesten ist der Spitz-Wegerich (Plantago lanceolata). Man kann aber auch die anderen Arten verwenden.

Wofür er gut ist: Der Spitz-Wegerich enthält unter anderem Aucubin und Catalpol. Er beruhigt gereizte Schleimhäute,

Dieser Vorschlag weicht etwas ab von den anderen Tipps zum Entspannen beim Wandern. Es geht darum, selbst eine Heilpflanze zu suchen, zu sammeln und sich daraus zu Hause ein Heilmittel herzustellen. Mit dem Zupfen der Blättchen, dem Sitzen auf dem Boden und der Arbeit zu Hause ist es in gewisser Weise der handwerklichste und auch erdverbundenste Vorschlag.

Dabei geht nicht in erster Linie um die Gewinnung des Heilmittels selbst. Der Weg dazu kann genauso wirksam und wohltuend sein. Es macht Spass und motiviert, sich vor der Wanderung ein Ziel zu setzen und sich darüber kundig zu machen, wo die ausgewählte Heilpflanze zu finden wäre. Es macht Freude, die Pflanze dann tatsächlich zu finden. Eine halbe Stunde oder eine Stunde damit zu verbringen, genug Pflanzenteile zu sammeln, wirkt entspannend und verbindet uns mit dem Moment und dem Ort. Auf der Heimreise erinnert uns das duftende Säcklein an den Ort, wo wir die Pflanzen gefunden haben, und an das Erlebnis des Sammelns. Und schliesslich kann das Zubereiten des Heilmittels zu Hause zu einem beruhigenden und nährenden Erlebnis werden. Wir greifen nicht zur Pillenschachtel und drücken ein weisses, rundes Ding heraus, das aus einer anonymen Hightech-Maschine gespuckt wurde, sondern wir verbringen bewusst Zeit damit, aus natürlichen und selbst gesammelten Zutaten etwas herzustellen, das uns guttut. All das kann wohltuend und heilsam sein und – neben der eigentlichen Wirkung des Heilmittels – auf einer zweiten Ebene wirken.

wirkt entzündungshemmend und schmerzlindernd. Der Tee wird bei Infektionen im Rachenraum, bei Husten und bei «Kratzen im Hals» angewendet.

So wird Wegerichtee gemacht: Sammeln Sie die Blätter und trocknen Sie sie zu Hause unverzüglich an einem schattigen Ort (sie werden sonst schnell braun). Übergiessen Sie 1 bis 2 Teelöffel der getrockneten Blätter mit 1,5 Deziliter kochendem Wasser, lassen Sie sie 10 Minuten zugedeckt ziehen und sieben Sie dann die Blätter ab. Einen solchen frisch zubereiteten Tee mehrmals täglich trinken.

Tipp: Wegerich-Blätter sind so etwas wie die «Haut-Apotheke für Wanderer». Bei Insektenstichen, Hautschürfungen oder Blasen an den Füssen zerquetscht man einige saubere Blätter und trägt die Masse auf die betroffene Stelle auf.

Brennnesseltee bei Rheuma und Harnwegsinfekten

Die Brennnessel kennt wohl jeder aus der Kindheit, denn das scharfe Jucken, das die Brennhaare auf der Haut auslösen, vergisst man nicht so schnell. Es gibt zwei Arten, die Grosse und die Kleine Brennnessel. Die weiter verbreitete Grosse Brennnessel (Urtica dioica) wächst gerne auf gedüngten Weiden und um Alphütten. Die seltenere Kleine Brennnessel (Urtica urens) wächst gerne auf Schuttplätzen.

Wofür sie gut ist: Die Brennnesselblätter enthalten Flavonoide, Triterpene und Sterole, die Brennhaare Histamin. Der Tee aus den Blättern wirkt harntreibend und hilft dadurch bei Infektionen der Harnwege. Da er auch schmerzstillend und entzündungshemmend wirkt, wird er auch bei Rheuma eingesetzt.

So wird Brennnesseltee gemacht: Die Blätter sollte man erst ernten, wenn die Pflanze etwa 40 Zentimeter Höhe erreicht hat; die Hände dabei vor den Brennhaaren schützen. Die Blätter trocknet man zu Hause unverzüglich an einem dunklen Ort. Für den Tee übergiesst man 3 gehäufte Teelöffel getrocknetes Kraut mit 1 Tasse heissem Wasser, lässt es 10 Minuten ziehen und siebt dann die Blätter ab. Täglich drei bis vier Tassen frisch zubereiteten Tee trinken.

Oben stehend drei einfache Heilmittel aus Pflanzen, die häufig vorkommen, leicht erkennbar sind und die meisten von uns bereits kennen, ohne Verwechslungsgefahr mit ähnlichen Pflanzen, die allenfalls giftig sein könnten. Die Zubereitung des Heilmittels ist einfach: Es braucht lediglich eine Pfanne und heisses Wasser. Und schliesslich sind es Heilmittel, deren Wirkung seit langer Zeit bekannt und erwiesen ist. Wenn Sie einen ersten Tee aus ungetrockneten Blättern oder Pflanzenteilen zubereiten möchten, braucht es etwas mehr Material, da die Blätter ungetrocknet mehr Wasser enthalten und damit schwerer sind. Generell sollten Sie das Sammelgut unverzüglich nach dem Heimkommen zum Trocknen auslegen, um Schimmel zu verhindern.

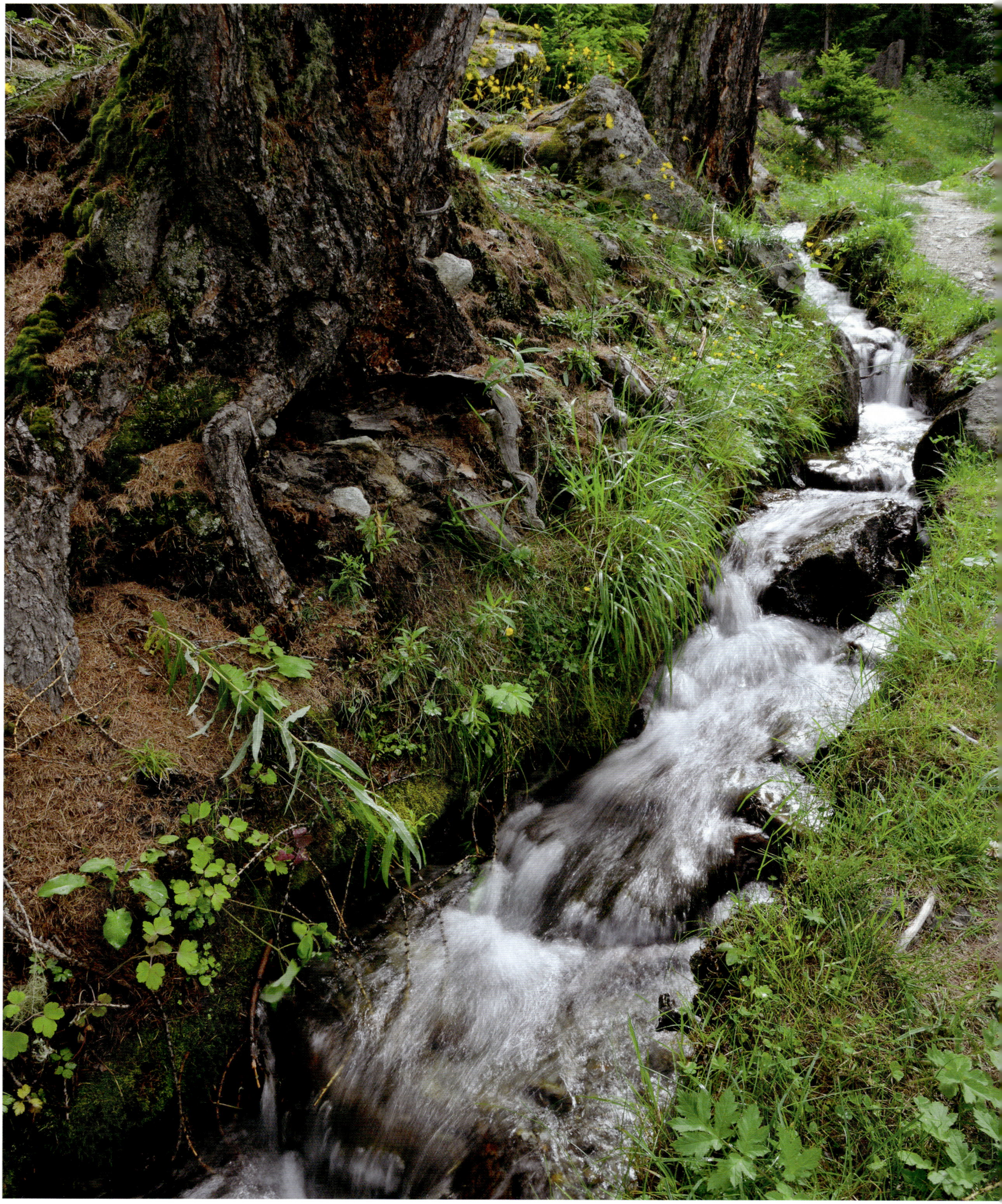

Im Val d'Hérens
Heilige Wasser, heilige Bäume

Nicht weit von Sion, am Eingang zum langen Val d'Hérens, liegen die Dörfer Mase, Suen und St-Martin. Es sind kleine, beschauliche, ruhige Dörfer. Ein Tourismusbüro gibt es nicht, stattdessen geht man einfach in den Dorfladen und fragt die Frau an der Kasse. Es gibt keine Ferienanlage, keinen Hotelblock, keinen Skilift. Man setzt auf sanften Tourismus. Rambazamba will man nicht, dafür Gäste, die wandern, sich für die Kultur interessieren, Erholung suchen statt Events. Sogar der Bundesrat war schon hier, um sich nachhaltigen Tourismus lokal und konkret anzuschauen.

Eine gute Stunde Aufstieg über dem Weiler Trogne liegt die Maiensäss-Siedlung Pravouarbot auf fast 2000 Meter über Meer. Der Wanderweg führt hier auf eine kleine Lichtung; gleich daneben stehen die sonnengebrannten Häuser. Es ist ein Plätzchen, das zum Rasten und zum Verweilen einlädt, ein Plätzchen, das viel Kraft und Ruhe ausstrahlt. Am Rande der Lichtung steht eine uralte Lärche, die «Königin der Lärchen», wie auf einer Tafel zu lesen ist. Massig steht sie auf der Erde, fest verwurzelt, und bereits in Kopfhöhe teilt sie sich in zwei mächtige Äste, jeder selbst so dick wie ein Baumstamm, horizontal abstehend, einer gegen das Tal und einer gegen den Berg. In der Lichtung steht ein bescheidenes Wegkreuz, eine Holzbank lädt ein zum Dasitzen, Nachsinnen und Einkehren. Und gleich in der Nähe befindet sich die Tafel des Lehrpfades Maurice Zermatten, eines Schriftstellers aus St-Martin, mit diesem Text: «Pra Vouarbot, Là-haut, les journées étaient douces. Ô vous, que je n'ai pas assez aimées!» («Pra Vouarbot, Dort oben, wo die Tage so süss waren. Oh ihr, die ich nicht genug geliebt habe!»).

«Nur jemand, der weiß, was Schönheit ist, blickt einen Baum oder die Sterne oder das funkelnde Wasser eines Flusses mit völliger Hingabe an, und wenn wir wirklich sehen, befinden wir uns im Zustand der Liebe.» Krishnamurti

Der Wanderweg steigt noch höher, über die Waldgrenze, wo der Blick frei wird auf die Berge im hinteren Val d'Hérens, mit kaum je gehörten Namen, den Pic d'Artsinol, die Pointe de Vouasson, die Grande Dent de Veisivi. Dann wendet sich der Weg nach Norden, schlängelt sich durch Wiesen und Weiden bis zur Alp La Louère und senkt sich hier wieder hinab Richtung Mase.

Im Wald oberhalb des Dörfchens Mase folgt der Weg über etwa zwei Kilometer der Bisse de Tsa Crêta. Bisse heissen im französischsprachigen Wallis die Bewässerungskanäle, die das Wasser aus den Bergen und von den Gletschern zu den Feldern und Äckern am Dorfrand leiteten. Im deutschsprachigen Wallis werden sie Suonen genannt. Sie wurden mit grossem Aufwand und oft unter grössten Gefahren errichtet, und beim Unterhalt verloren immer wieder Männer aus dem Dorf ihr Leben. Doch sie brachten das lebenswichtige Nass heran, es waren «heilige Wasser». Die Bisse de Tsa Crêta wurde wahrscheinlich im 14. oder 15. Jahrhundert angelegt. In grossen Büchern wurde genauestens festgehalten, welcher Bauer wann wie viel Wasser auf seine Felder leitete. In den 1930er-Jahren musste man die Bisse nach einer schlimmen Trockenheit komplett reparieren und neu abdichten. Dabei verlegte man einen Teil auch unter den Boden. Der grössere Teil der Bisse de Tsa Crêta verläuft aber noch immer in sichtbaren Kanälen, und auch heute noch fliesst hier das kostbare Nass.

Ausgangspunkt: Zug nach Sion und Postauto bis Trogne d'Enhaut.
Route: Via Pravouarbot hoch nach Lovégno, nördlich nach La Louère und hier hinab, der Bisse de Tsa Crêta entlang nach Tsa Crêta und schliesslich nach Mase (Postauto).
Kennzahlen: Länge 11,1 km, 830 m Aufstieg, 970 m Abstieg, 4½ Std., Schwierigkeit T2
Einkehren und Übernachten: B & B Gai Soleil in St-Martin, Telefon 027 281 22 27, www.gaisoleil.ch. Mehrere Hotels in Mase, Restaurants in beiden Orten. Alpwirtschaft auf der Alp bei Lovégno, Telefon 079 449 36 02, www.loveignoz.com und bei La Louère, mit Lager, Telefon 079 541 34 45, www.alpagedemase.ch.
Entdecken und Erleben: Der «Parcours culturel» führt zu vielen interessanten Orten und Gebäuden in Mase, zur Mühle etwa, zu einem Speicher oder einem Haus mit der echten Tatze des möglicherweise letzten im Tal getöteten Bären (um 1830). Broschüre an den Tourismus-Auskunftsstellen.
Karten: Landeskarte 1 : 25 000, 1306 Sion und 1307 Vissoie; 1 : 50 000, 273/273T Montana
Informationen: Val d'Hérens Tourisme, Telefon 027 281 24 74, www.valdherens.ch

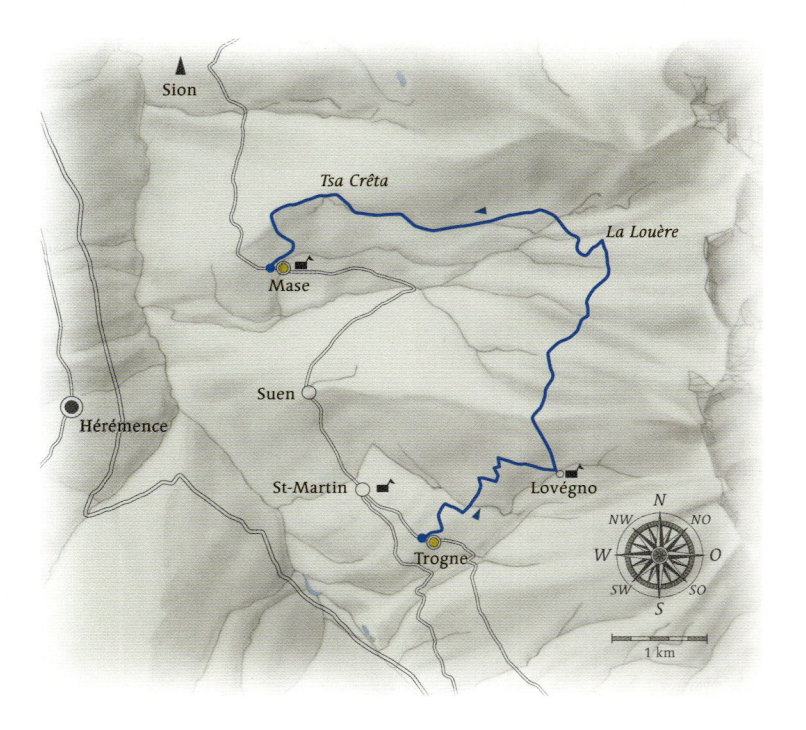

Bild Seite 132
Die Bisse de Tsa Crêta.

Bild oben
Ruhe nach einem stürmischen Tag. Sonnenuntergang über den Diablerets.

Bild unten
Geborgen. Mächtige Lärche bei St-Martin.

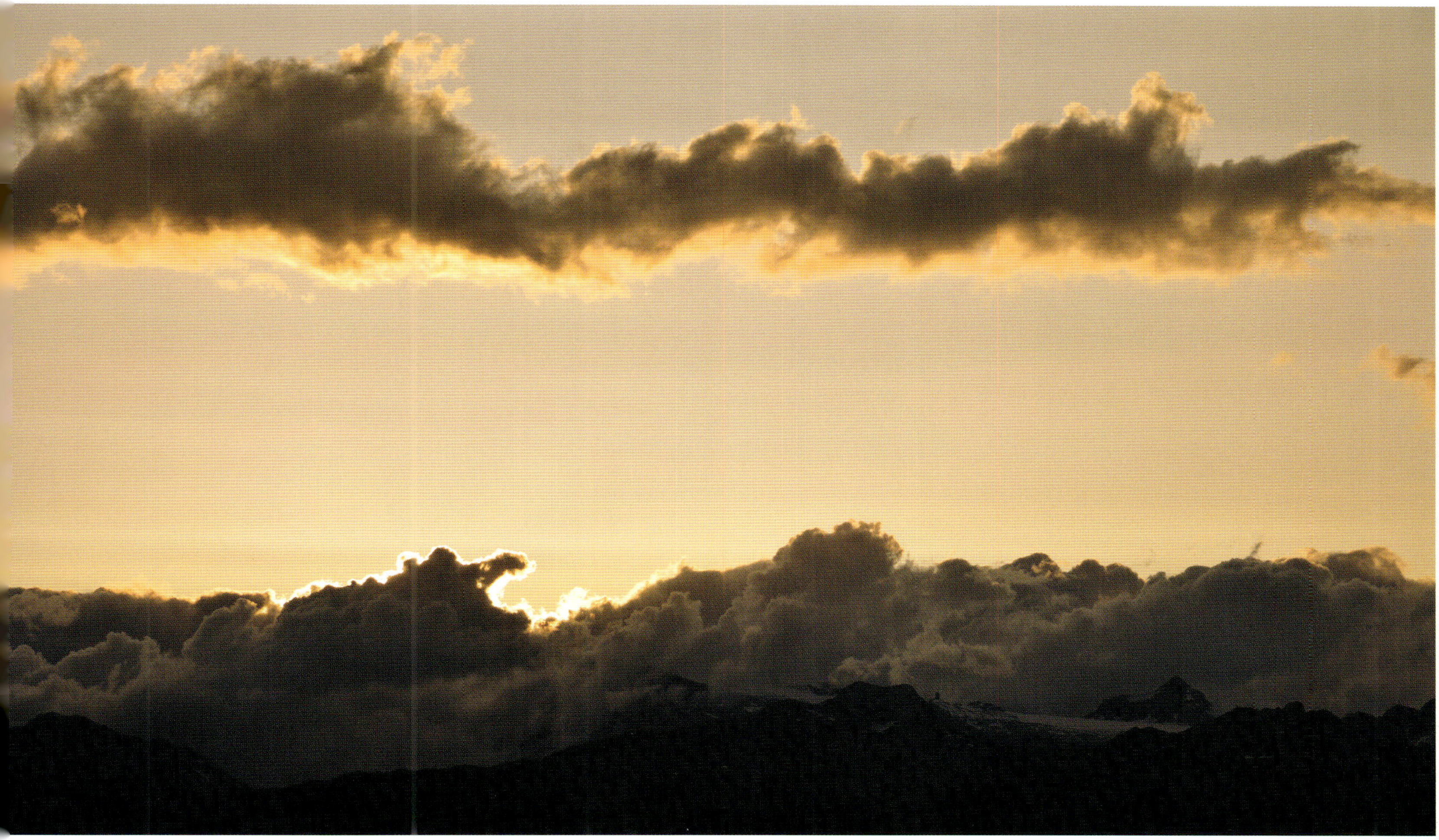

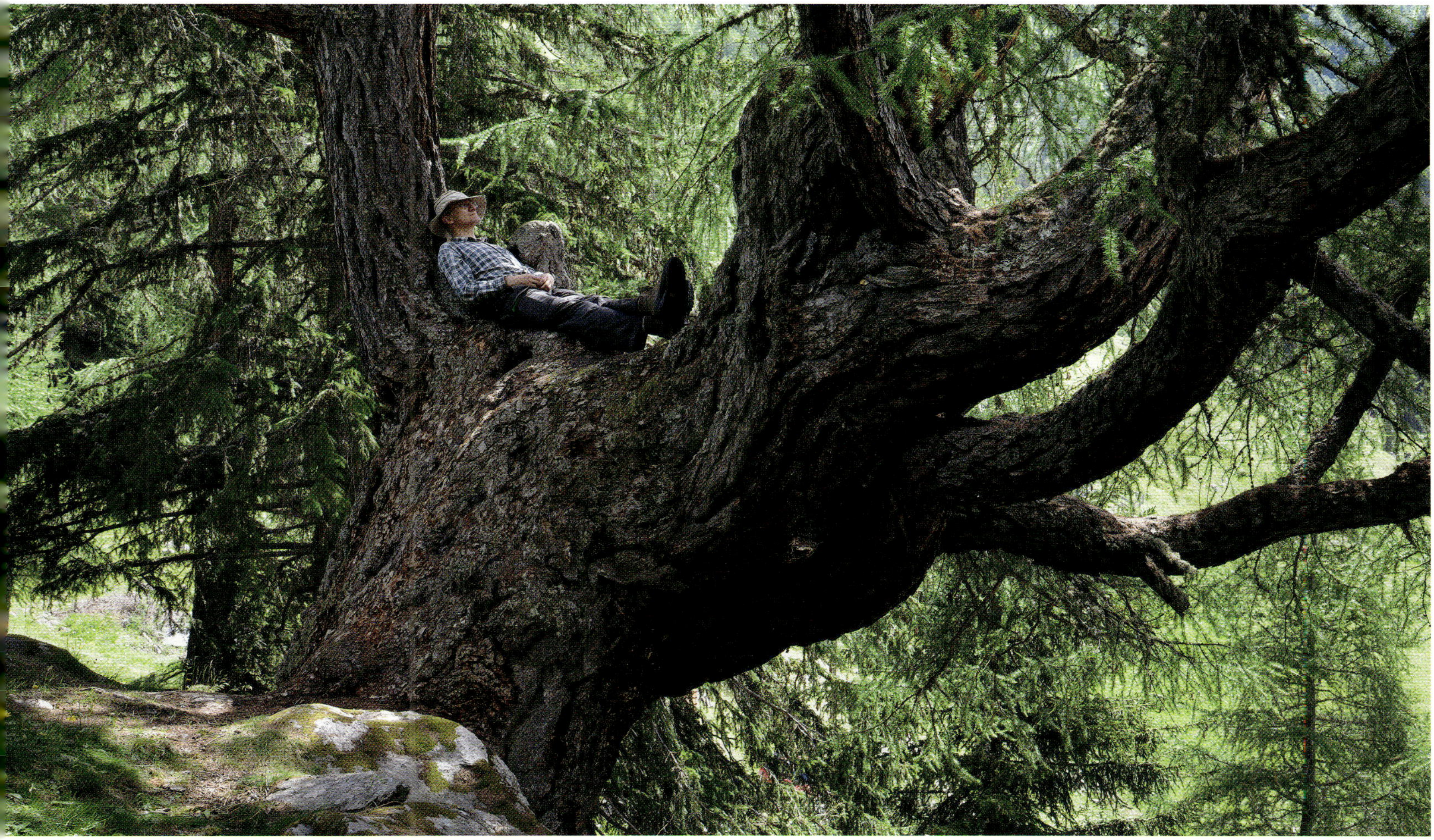

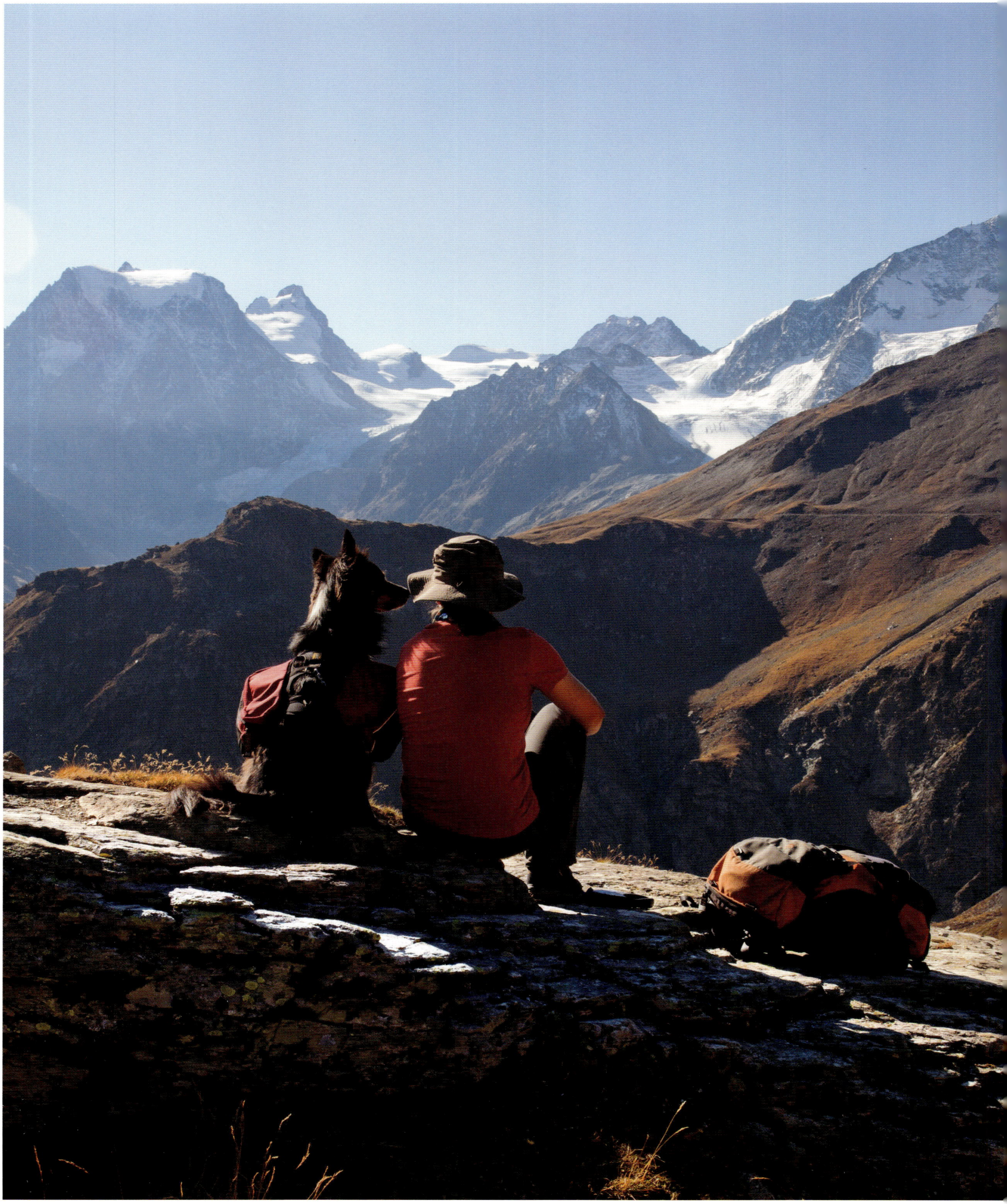

Hoch über Arolla
Walliser Bergriesen – wo es ruhig ist, ist es am schönsten

Arolla – lange kannte ich dieses kleine Dorf im Wallis gar nicht. Ich hatte zwar davon gehört, von einem Freund, der dort einmal eine Woche Winterferien verbracht hatte. Was mir Eindruck machte: Auf über 2000 Meter über Meer liegt der Ort, und nur schon deshalb nistete sich der Name Arolla fest in meiner unbewussten Reisezielliste ein. Erst Jahre später schaute ich mir eine Karte des unteren Wallis genauer an und fand das Dorf, weit hinten in einem Seitental des Val d'Hérens. Was mich besonders faszinierte: Dieses Arolla ist umgeben von jeder Menge Gipfeln, einige mit wohlbekannten Namen wie der Mont Collon oder der Mont Blanc de Cheilon, andere mit noch nie gehörten Namen, alle aber weit über 3000 Meter hoch und umflossen und getrennt von gewaltigen Gletschern. Und diese urige Walliser Bergwelt schien fast unberührt – Skigebiete, Luftseilbahnen und dergleichen waren weit und breit keine auszumachen. Es sollte nicht mehr lange dauern, bis ich zum ersten Mal dieses Arolla besuchte, und seither zieht es mich fast jedes Jahr einmal dorthin.

Eine wunderbare Rundwanderung führt vom Dorf hinauf zur Cabane des Aiguilles Rouges und durch eine überaus abwechslungsreiche Landschaft. Bis zur Tête du Tronc ist man in blumenreichen Alpwiesen und -weiden unterwegs. Speziell malerisch, und auf zahlreichen Kalenderbildern zu sehen, ist die kleine Alp Remointse de Pra Gra. Von hier hat man die schönste Aussicht auf den Mont Collon ganz hinten im Tal. (Ein Tipp für Fotografen: Die Sonne wirft meist erst am späten Nachmittag ein gutes Licht auf den Berg.) Der nächste Wegabschnitt bis wenig nach der Cabane des Aiguilles Rouges schlängelt sich durch ein karges, felsiges Gletschervorfeld. Nach der Hütte fällt der gute Weg wieder durch Alpwiesen ab und erreicht den Lac Bleu, ein beliebtes Picknickziel für Kurzstreckenwanderer, die unten in La Gouille oder Satarma starten. Schliesslich geht es in einem ruppigen Auf und Ab durch Lärchen- und Arvenwald zurück nach Arolla.

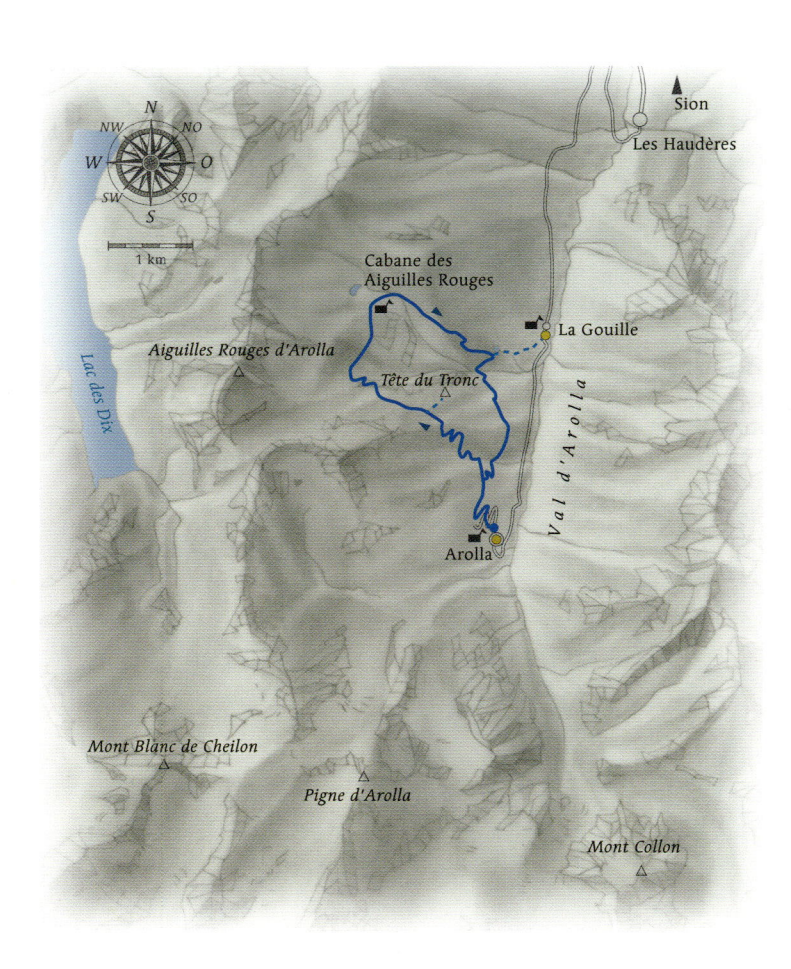

Ausgangspunkt: Zug bis Sion und Postauto nach Arolla, poste.
Route: Von Arolla via Pra Gra zur Cabane des Aiguilles Rouges (2810 m). Eine kurze Stelle mit einem Fixseil. Nun absteigen zum Lac Bleu und von hier südlich, den Hang entlang, zurück zum Ausgangspunkt.
Kennzahlen: Länge 12,9 km, je 940 m Auf- und Abstieg, 5¾ Std., Schwierigkeit T2
Kürzere Variante bis La Gouille: Beim Lac Bleu absteigen nach La Gouille (Postautohaltestelle). Ganze Tour 10,4 km, 820 m Aufstieg, 1000 m Abstieg, 4¼ Std., Schwierigkeit T2.
Einkehren und Übernachten: Cabane des Aiguilles Rouges des CAAG, bewartet Juli bis September, Telefon 027 283 16 49, www.aguillesrouges.ch. Pension du Lac Bleu in La Gouille, Zimmer, Lager, Restaurant, Telefon 027 283 11 66, www.pension-du-lac-bleu.ch. Hotels und Restaurants in Arolla.

Entdecken und Erleben: Ein sehr schöner, kaum besuchter Aussichtsberg liegt nur ein paar Minuten vom Weg: die Tête du Tronc (2554 m). Hier fühlt man sich wie auf einem Thron über dem ganzen Val d'Arolla!
Karten: Landeskarte 1:25 000, 1326 Rosablanche, 1327 Evolène, 1346 Chanrion und 1347 Matterhorn; 1:50 000, 283/283T Arolla
Informationen: Evolène-Région Tourisme, Telefon 027 283 40 00, www.evolene-region.ch

«Versuch, achtsam zu sein, und lass den Dingen
ihren natürlichen Lauf. Dann wird dein Geist ruhig,
wo auch immer du bist – wie ein klarer See im Wald.
Alle möglichen wunderbaren und seltenen Tiere
werden zu diesem See kommen, um zu trinken,
und du wirst die Natur der Dinge ganz klar sehen.
Du wirst viele eigenartige und wunderbare Sachen
kommen und gehen sehen, und du selbst wirst
ganz ruhig sein. Das ist das Glück des Buddha.»
Ajahn Chah

Bild Seite 136
Sitzen, sehen, geniessen.
Links der Mont Collon.

Bild oben
Ein Gemälde: der Lac Bleu mit der
Dent de Perroc.

Bild unten
Auf dem Weg zur Cabane des
Aiguilles Rouges.

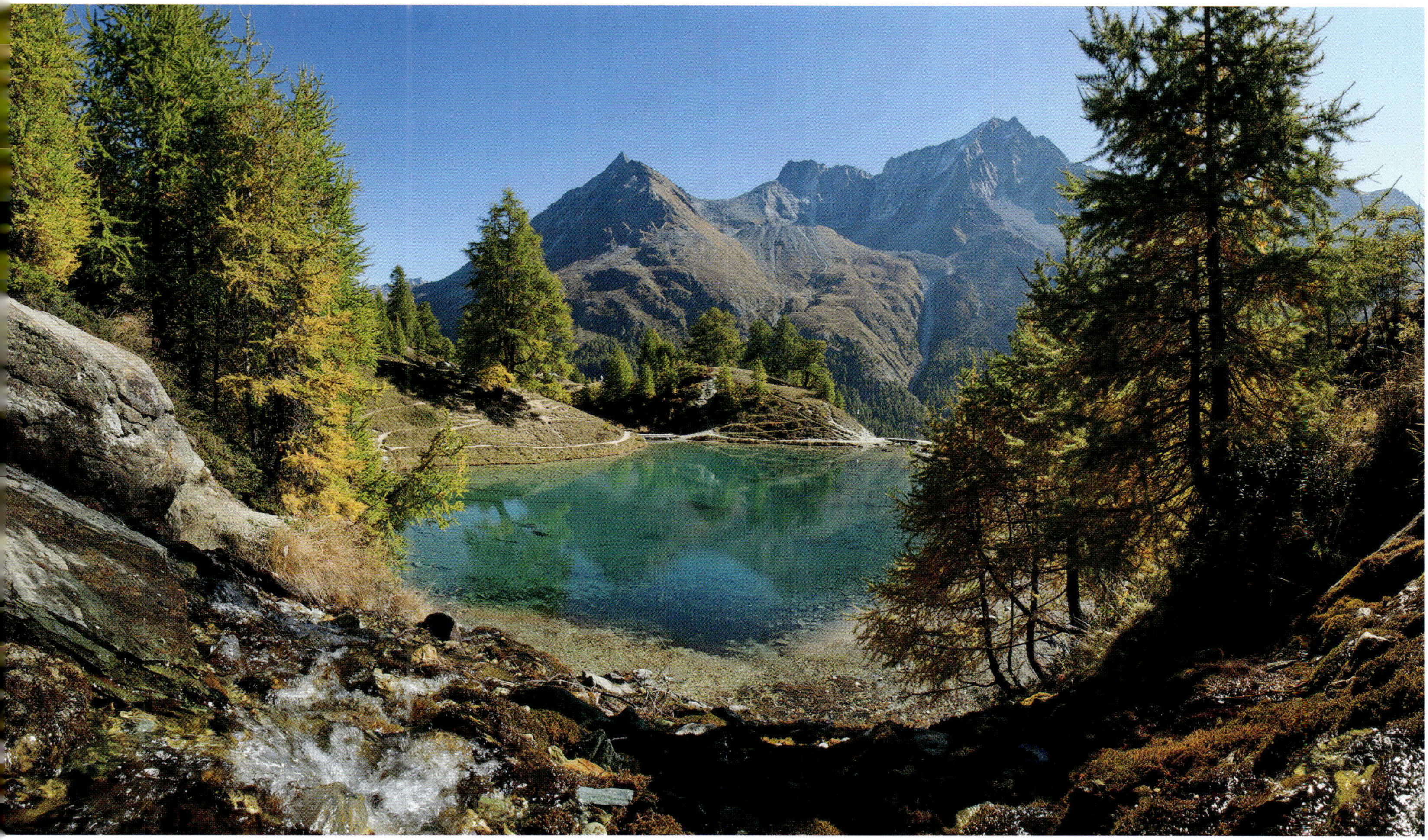

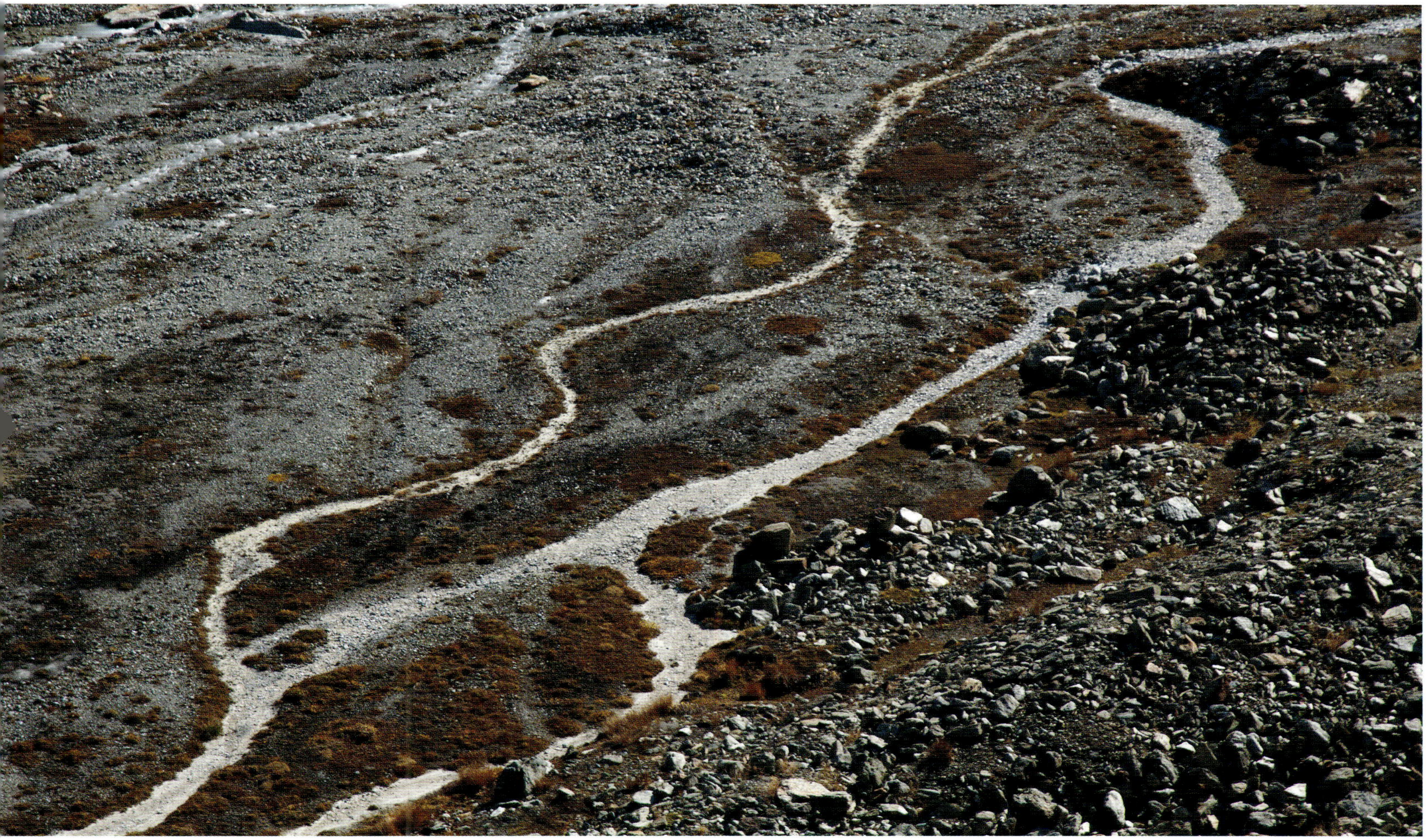

Im hintersten Val Ferret
Auf alten Pfaden durch wilde Bergwelten

Das Val Ferret südlich von Martigny ist eines meiner Lieblingstäler im Wallis. Es ist naturnah und wild. Unberührt ist es nicht – diesen Begriff verwende ich nur vorsichtig. Aber immerhin: Es gibt keine Tourimusresorts hier, dafür kleine Bergdörfer, statt Passstrassen durchziehen uralte Pfade für Mensch und Vieh die Berge, und es gibt auch keine Stauseen, hingegen Bergseen, wie sie die Natur erschaffen hat. Das Val Ferret strahlt für mich die ganze Kraft der Walliser Bergwelt aus – mit schroffen Bergflanken, die zu beiden Seiten des engen Tals weit emporsteigen, in die Welt der Gletscher bis fast auf 4000 Meter über Meer, zu den Schweizer Vorposten des Mont-Blanc-Massivs.

Ganz zuhinterst im Tal liegt der kleine Weiler Ferret bereits auf 1700 Meter über Meer, und hier beginnen zwei Passübergänge gegen Südwesten, der Grand Col Ferret und der Petit Col Ferret. Beide führen hinüber nach Italien ins benachbarte Tal, das ebenfalls Val Ferret heisst. Die beiden Pässe unterscheiden sich beträchtlich in der Art, wie man sie als Wanderer erlebt. Der Grand Col Ferret liegt auf der bekannten und viel begangenen «Tour du Mont Blanc», und bei meiner eigenen Wanderung hier im Sommer tummelten sich auf dem breiten Weg neben Wanderern aus aller Herren Ländern auch zahlreiche Mountainbiker und Jogger. Ganz anders der Petit Col Ferret. Es ist enger im Tal, das zu Füssen der Point d'Allobrogia zu diesem kleinen Pass hinaufführt, wilder und einsamer. Ein schmaler Wanderweg klettert langsam hoch, durch eine felsige Landschaft, und oben liegt der Schnee oft den ganzen Sommer über.

Doch auch wer sich entscheidet, auf den Petit Col Ferret zu wandern, sollte es sich nicht entgehen lassen, die Traverse hinüber zum Grand Col Ferret noch unter die Füsse zu nehmen. Denn erst auf dieser Wegstrecke öffnet sich der Blick auf die eindrücklichen Berge im Westen, den Mont Dolent und die Aiguille de Triolet, und auf die Gletscher in den wilden Talkesseln zu ihren Füssen. Wo man die breite Kuppe vor dem Grand Col Ferret erreicht, ist auch ein wunderbares Plätzchen zum Sitzen, Schauen und Staunen, mit perfekter Sicht und etwas weg vom Trubel des Passverkehrs.

Für den Abstieg ins Tal stehen zwei Routen zur Auswahl: der Abstieg vom Grand Col Ferret auf der fast fahrwegbreiten Route über La Peule, oder die Route zurück via Petit Col Ferret. Welche Route man auch wählt, auf jeden Fall sollte man in nordöstlicher Richtung absteigen, um im «richtigen» Val Ferret zu landen und nicht am Abend vor einem italienischen Rifugio statt einem gelben Postauto zu stehen…

«Hindernisse überwinden ist der Vollgenuss des Daseins!»
Arthur Schopenhauer

Bild rechts
Auf dem Petit Col Ferret.

Bild Seite 142/143
Magischer Moment auf dem
Grand Col Ferret. In der Mitte
die Aiguille de Triolet.

Ausgangspunkt: Zug bis Orsières und Bus bis Ferret.

Route: Über den Bach, zur Cabane Léchère, dann hoch zum Petit Col Ferret (2490 m). Auf der Südseite etwa 70 Höhenmeter absteigen und südöstlich zum Grand Col Ferret (2537 m). Abstieg via La Peule nach Ferret.

Kennzahlen: Länge 14,3 km, je 960 m Auf- und Abstieg, 5 Std., Schwierigkeit T2

Gleicher Weg zurück: Vom Grand Col Ferret wieder zurück zum Petit Col Ferret und auf dem Aufstiegsweg wieder ins Tal. Hin und zurück 13 km, je 1060 m Auf- und Abstieg, 5 Std., Schwierigkeit T2

Einkehren und Übernachten: Gîte de la Léchère, Alpbeizli und Lager, Telefon 079 664 97 21, www.lalechere.ch, geöffnet Juni bis September; Alp La Peule, Alpbeizli und Lager, Telefon 027 783 10 41, www.montourdumontblanc.com; Restaurants und Hotels in La Fouly. Hôtel du Col-de-Fenêtre in Ferret, Zimmer und Lager, geöffnet Juni bis September, Telefon 027 783 11 88, https://hotelducoldefenetre.business.site

Entdecken und Erleben: Wer Zeit und Lust hat auf einen Gipfel ganz für sich: die Tête de Ferret (2714 m) ist vom Grand Col Ferret aus einfach zu besteigen (½ Std.). Eine Alternative ist der lange Rücken zur La Dotse (2492 m). Beide Routen mit Wegspuren.

Karten: Landeskarte 1:25 000, 1365 Gd St-Bernard; 1:50 000, 292 Courmayeur oder 282T Martigny

Informationen: Office du Tourisme de la Fully, Telefon 027 775 23 84, www.lafouly.ch

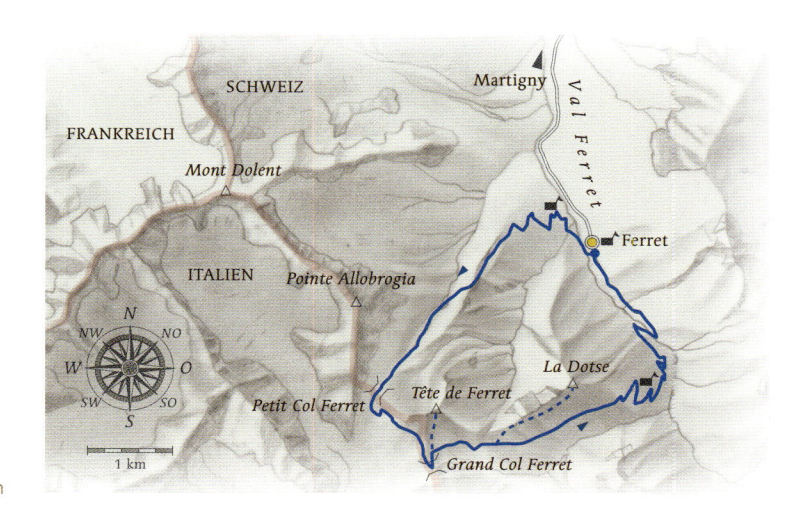

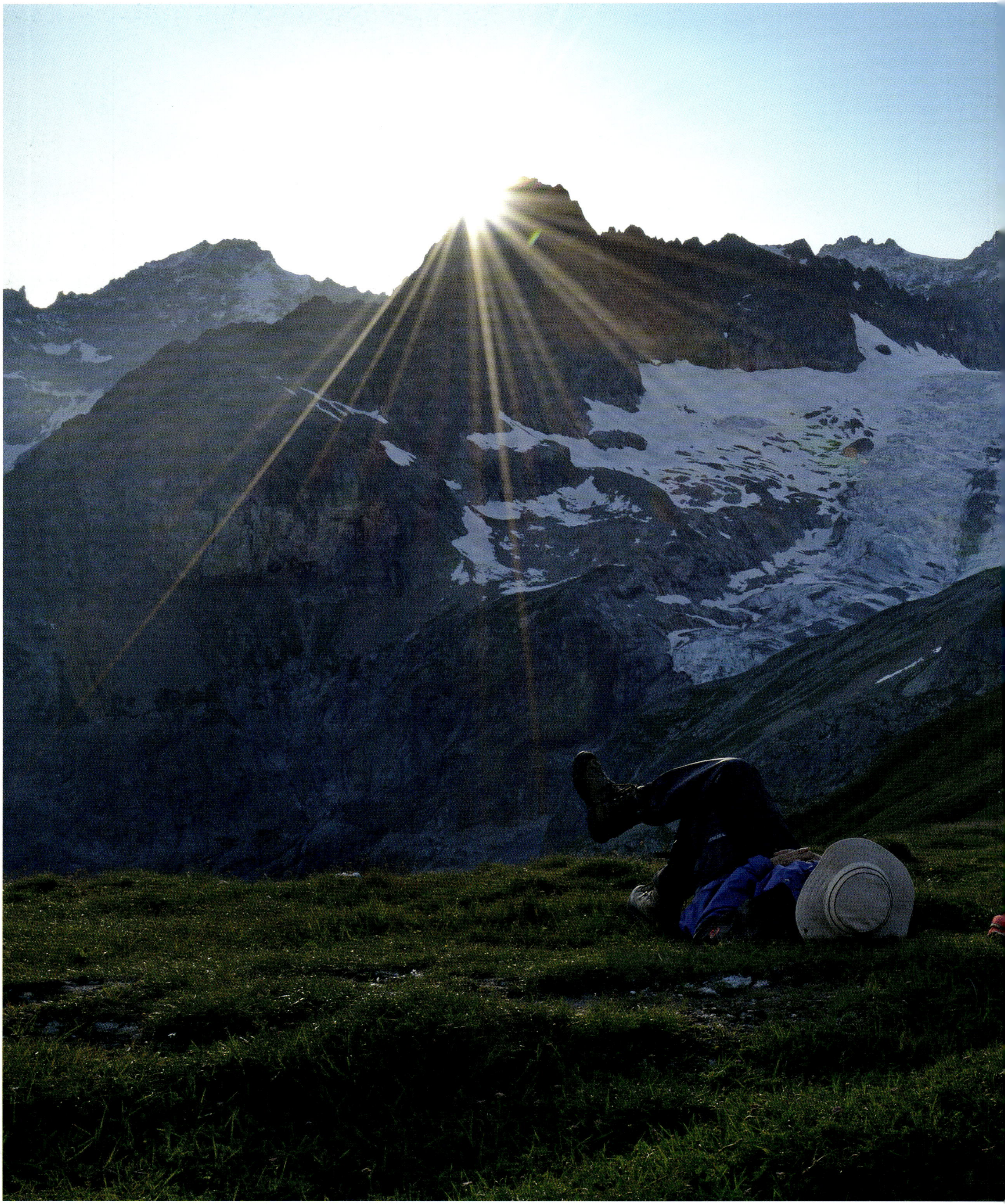

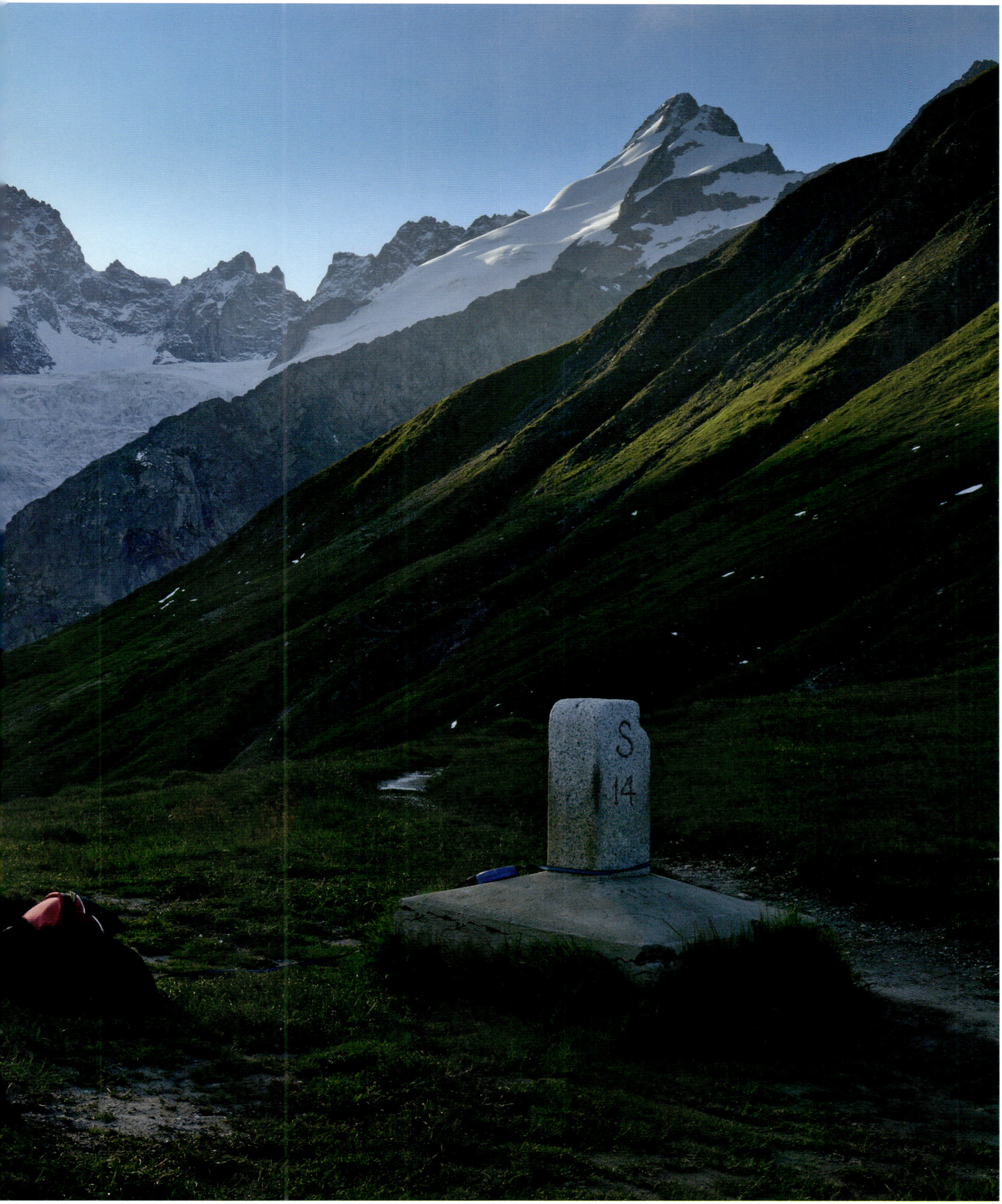
S
14

Den Moment in Worte fassen

Woran erinnern Sie sich, wenn Sie im Geist in die Berge gehen? Bei mir ist es so, dass Orte, an denen ich länger verweilte, am schnellsten und am lebendigsten vor dem inneren Auge entstehen. Auch Momente und Bilder vom Wandern selbst sehe ich manchmal – sie sind aber seltener, meist flüchtiger und mit weniger Tiefe. Orte, an denen ich mich hinsetzte, auf die ich mich einliess, flossen offenbar tiefer in mich ein und verweilen lebendiger in mir. Und wenn ich im Trubel des Alltags oder in der Monotonie des Tages nach einem Erlebnis in meiner Erinnerung suche, dessen Gefühlsqualität ich wieder aktivieren kann, sodass es mich wohlig durchfliesst, so sind es die Momente, in denen ich mich in aller Ruhe tief auf einen Ort einliess, mich hinsetzte und alles entspannt und genüsslich in mich aufnahm.

Solche Pausen auf Wanderungen mache ich heute ganz bewusst, oft und gerne. Wichtig ist, sich genug Zeit dafür zu nehmen. Zeit, zu sehen und wahrzunehmen – die unterschiedlichen Bergformen am Horizont, den Geruch des Grases, die Rauheit und Härte des Steins, auf dem ich mich aufstütze, das leise Säuseln des Windes, das Vorüberziehen der Wolken oder das ferne Gluckern eines Schneehuhns.

Es gibt verschiedene Möglichkeiten, solche Momente noch bewusster zu erleben. Eine ist, das Erleben in einigen Worten festzuhalten. Keine Angst! Es muss kein Gedicht und auch kein Erguss von Weisheit und Einsicht sein. Es geht einfach darum, sich mit dem Ort zu verbinden, in aller Ruhe, mit allen Sinnen, und zu spüren, wie der Ort auf Sie wirkt, was er in Ihnen auslöst. Warten Sie ab, ob Worte in Ihnen entstehen, die zu diesem Moment passen, die eine Facette davon einfangen können. Lassen Sie sich Zeit für Ihre Wahrnehmung, Zeit für das Erleben, Zeit, in sich hineinzuhorchen. Es reicht, wenn Sie nur einen oder zwei Sätze schreiben.

Ich kann mich noch gut erinnern, als ich diese «Übung» zum ersten Mal machte. In der Nähe von Pontresina setzte ich mich oberhalb der Waldgrenze zu einem grossen Stein in den kargen Rasen. Ich gab mir Zeit, zu sehen, zu hören und zu spüren. Nach einigen Minuten begann ich zu horchen, ob ich etwas in mir wahrnahm, Worte, Wortgefühle, Satzfetzen, die diesen Ort und mein Erleben irgendwie spiegeln könnten. Ohne Eile, nichts musste sein. Das war mein erster kurzer Text, der bei meinem Sitzen und Wahrnehmen entstand:

«Stille, sie rauscht durch die Arven,
Herbstluft, kühl auf meiner Haut,
Das Gras zittert,
lila Besenheide weht über das Land.»

Wichtig: Geben Sie sich die volle Freiheit, nach Lust und Laune zu schreiben. Es gibt keine Regeln, kein Versmass, keinen Reim, kein gut oder schlecht. Es gibt nur die Worte, die in Ihnen entstehen, und bei denen Sie vielleicht am Schluss mit einem zufriedenen Lächeln feststellen: Doch, das gefällt mir.

Vielleicht haben Sie trotzdem einmal Lust, sich an einer bestimmten Textform zu versuchen? Literarische Stile und Gattungen gibt es viele. Eine alte, kurze Form, in der man trotz Regeln lustvoll experimentieren kann, ist das Haiku. Es stammt aus Japan, entstand vor mehreren Hundert Jahren und umfasst in der ursprünglichen Form 17 Silben. Daran muss man sich aber nicht halten. Kennzeichnender ist, dass es um eine ganz konkrete Momentaufnahme oder ein Ereignis in der Natur geht. Oft wird mit den gewählten Worten eine Jahreszeit oder ein Gefühl symbolhaft angedeutet. Fallende Blätter etwa stehen für den Herbst, für Melancholie. Das wohl bekannteste Haiku stammt von Matsuo Bashō (1644–1694):

«Der alte Weiher
Ein Frosch springt hinein
Plop.»

*Meist bleiben Fragen stehen. Der Leser vervollständigt den Text selber – oder lässt das Ende offen.
Ein modernes Haiku stammt von Imma von Bodmershof (aus: Sonnenuhr, Stifterbibliothek 1970):*

«Spät im Abendlicht
leuchten fern Bergpfade auf –
andre als mittags.»

Zum Schluss, und vielleicht zum Öffnen eines weiteren Anfangs, ein Gedicht von Rainer Maria Rilke:

Vorfrühling

Härte schwand. Auf einmal legt sich Schonung
an der Wiesen aufgedecktes Grau.
Kleine Wasser ändern die Betonung.
Zärtlichkeiten, ungenau,
greifen nach der Erde aus dem Raum.
Wege gehen weit ins Land und zeigens.
Unvermutet siehst du seines Steigens
Ausdruck in dem leeren Baum.

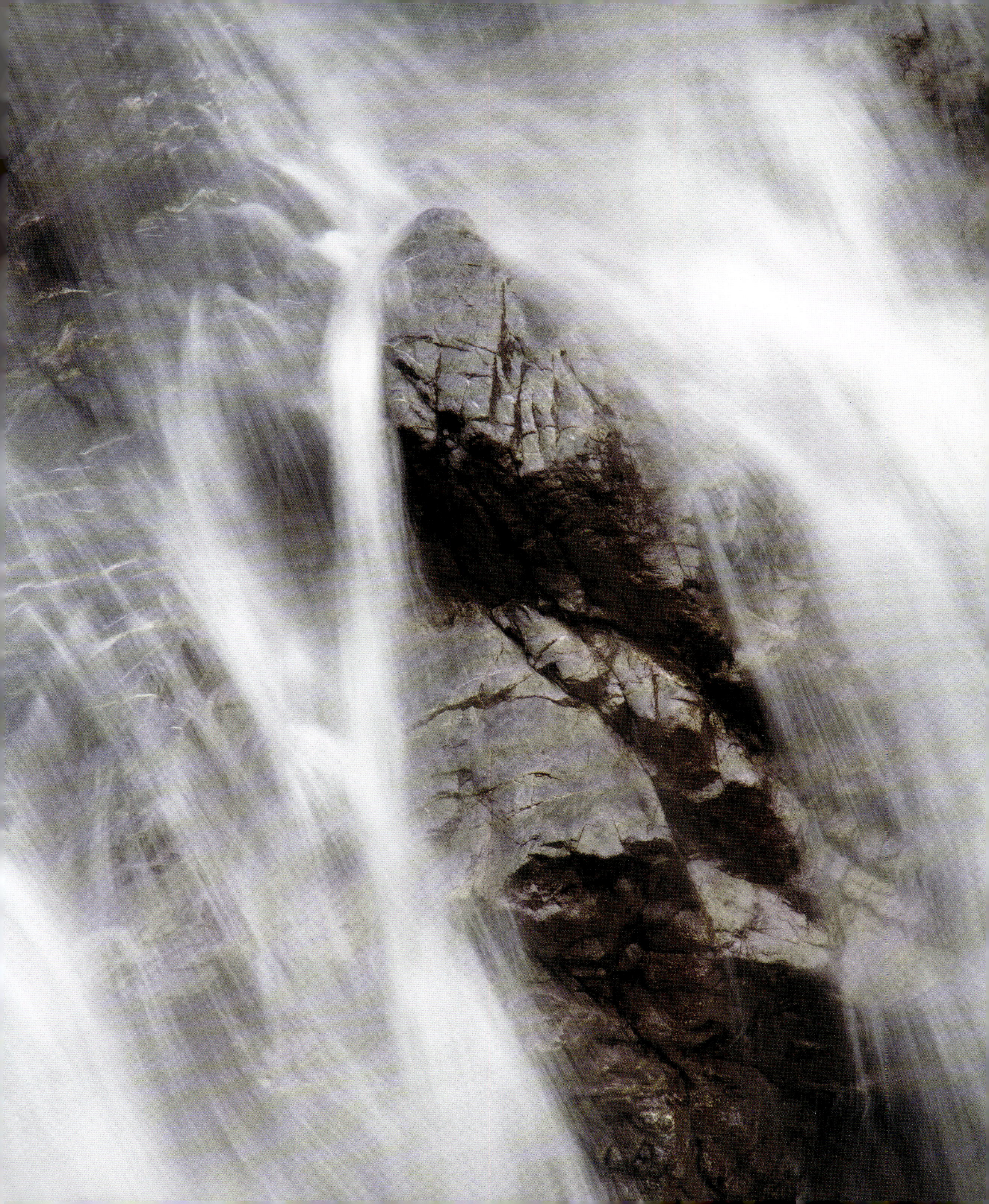

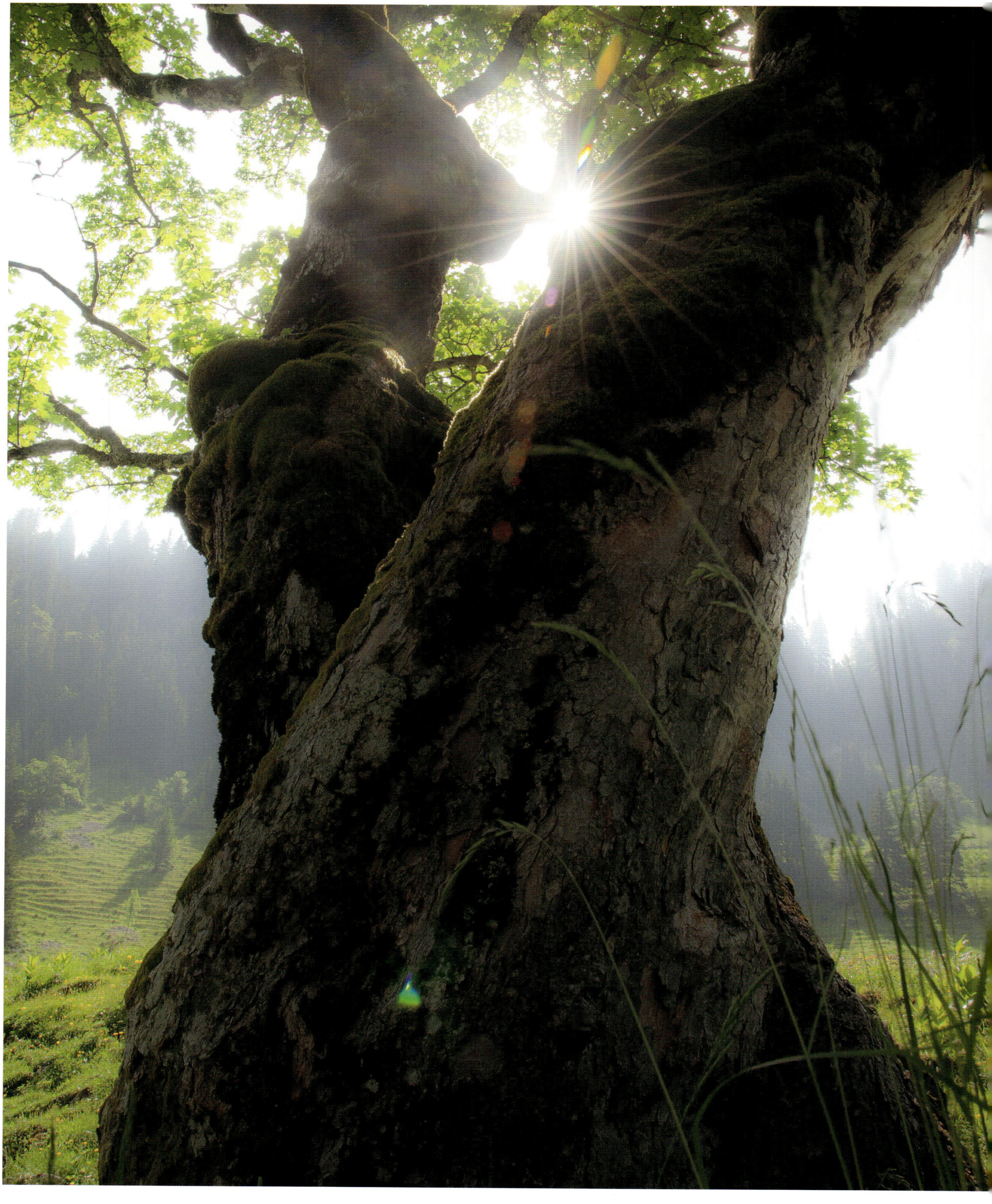

In den Breccaschlund
Mystisches und märchenhaftes Hochtal beim Schwarzsee

Das Tal ist wie eine kleine, abgeschlossene Welt für sich. Vielleicht zwei auf vier Kilometer gross ist das versteckte Hochtal, fast rundherum eingeschlossen, beschützt und bewacht von schroffen Türmen und Zinnen und auch langen Graten. Nur am nordöstlichen Ende öffnet es sich der Aussenwelt hinab zum Schwarzsee.

Der Breccaschlund. Ein Hochtal, vor langer Zeit von Gletschern ausgehobelt. Es ist eine Landschaft, die auf kleinstem Raum so vieles in sich vereinigt. Rundherum Zähne und Pyramiden aus kargem, zerklüftetem Fels wie in den Dolomiten, der Talboden voller Buckel und Wellen, mit alten, knorrigen Wäldern wie im Urwald von Bödmeren, Karstlandschaften wie auf der Schrattenfluh und, lieblich und doch mutig eingestreut, immer wieder eine saftige Weide und eine behäbige, schmucke Alp. Der Breccaschlund – eine mystische Gebirgslandschaft, wenn Nebel- und Wolkenwesen um die Felsen und die Tannen streichen, und märchenhaft, wenn im Frühsommer ein Blumenmeer die Wiesen überzieht und Gämsen sich am satten Grün laben.

In der Brecca, wie das Hochtal im Dialekt heisst, wird das Älplerleben noch unverfälscht gelebt; es raucht aus dem grossen Kamin auf dem geschindelten Dach, gleich neben der Wohnstube ruht sich das Vieh im Stall aus, und draussen neben dem Stalleingang verköstigt die Bäuerin die durstigen und hungrigen Wanderer. Die Brecca ist aber auch ein Naturjuwel, und das feine Ineinander verschiedenster Lebensräume bietet so manchen Tieren und Pflanzen ein Zuhause. Vor einigen Jahren lebte ein Wolf hier und riss eine grössere Anzahl Schafe. Aber es kommt noch illustrer: 2011 wurden Gänsegeier in der Schweiz gesichtet – im Breccaschlund und den angrenzenden Regionen. Die gewaltigen Vögel mit bis zu 2,7 Metern Flügelspannweite stammten wohl von einem Wiederansiedlungsprogramm in Frankreich. Einzelne Tiere werden immer wieder in der Schweiz beobachtet, aber dieses Mal war es eine Gruppe von etwa 25 Vögeln, und die blieben nicht nur einen oder zwei Tage, sondern gleich mehrere Wochen. Der beste Beweis, dass der Breccaschlund nach wie vor eine naturnahe und wilde Berglandschaft ist.

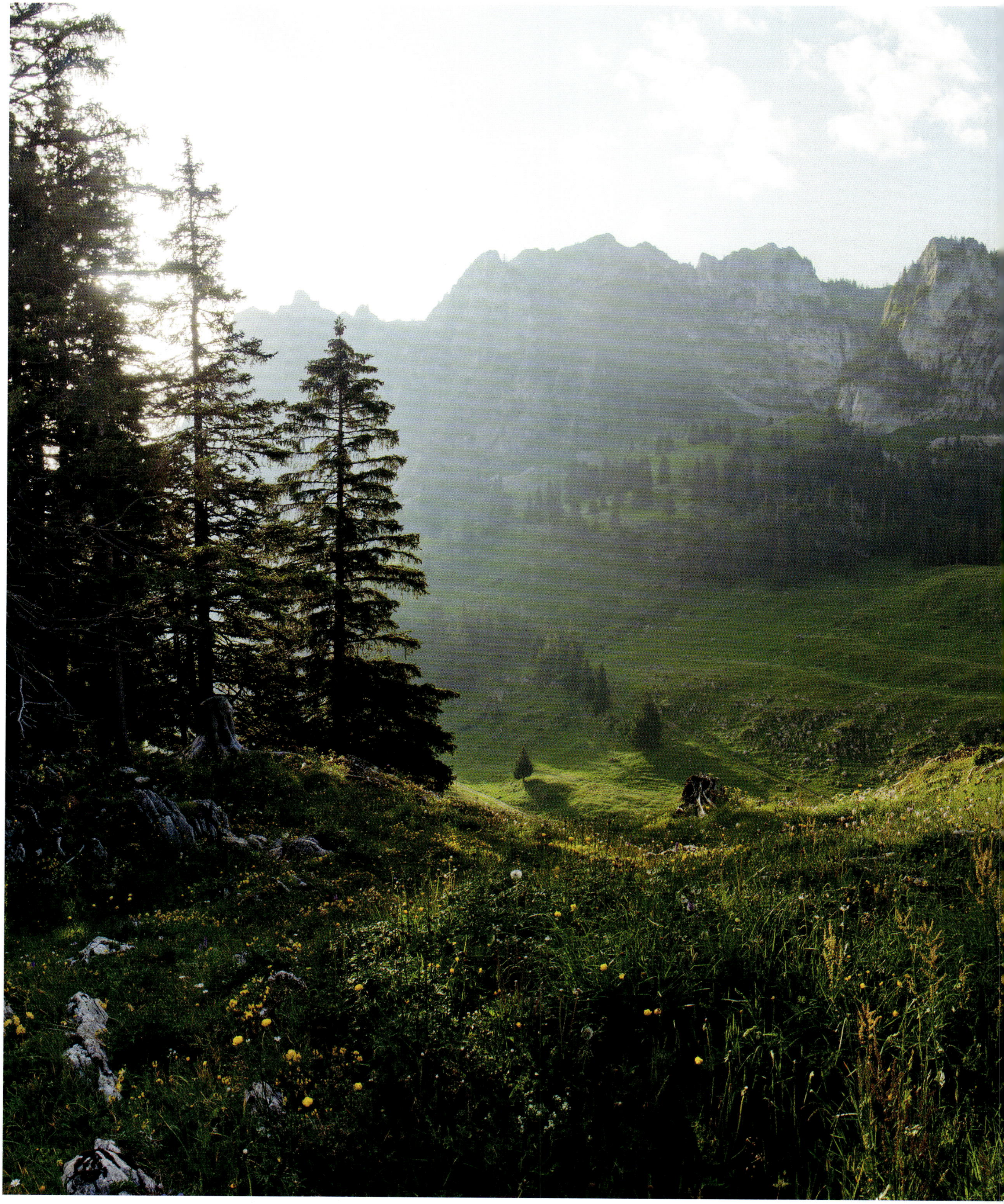

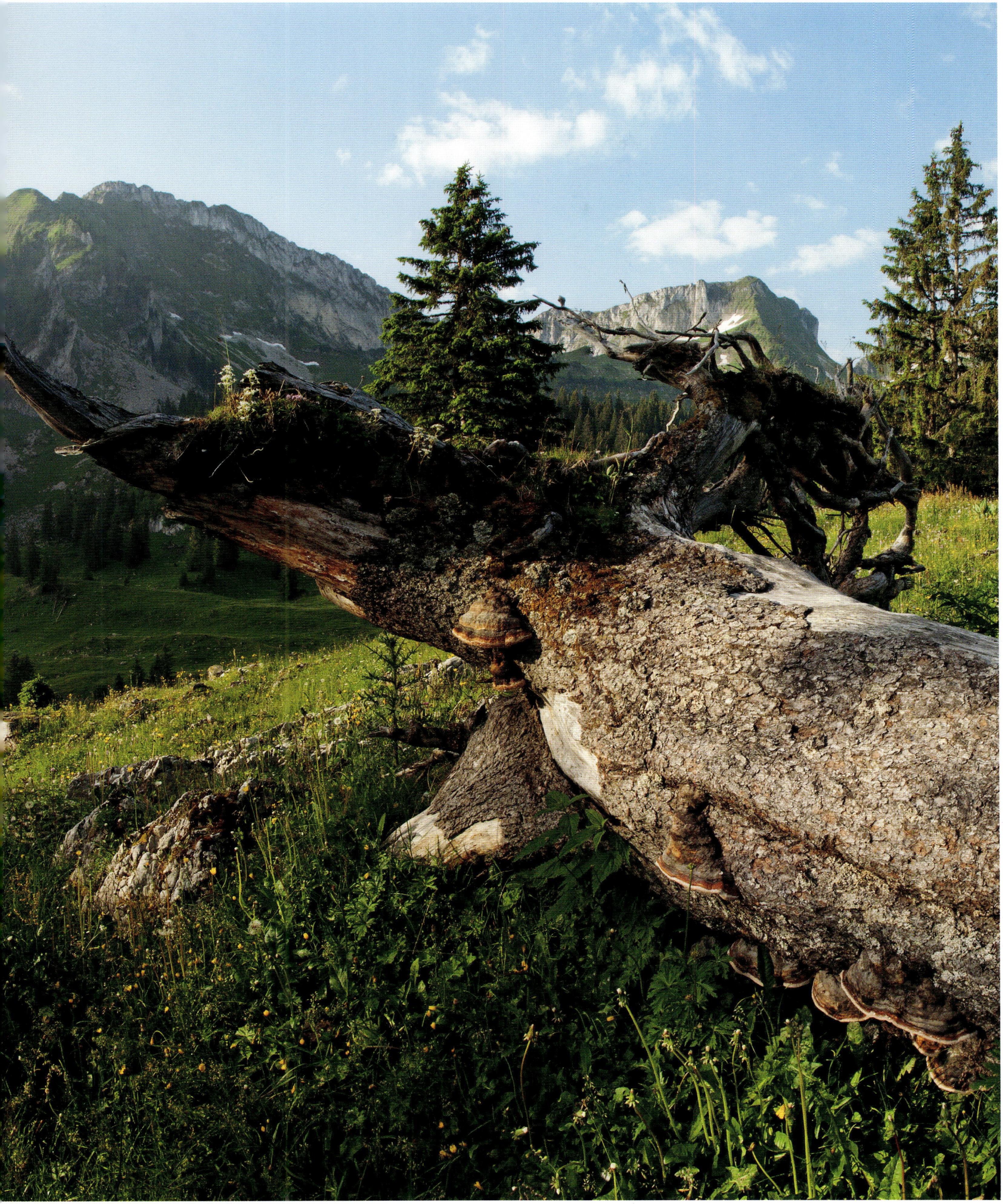

«Liebe jedes Blatt… Liebe die Tiere, liebe die Pflanzen, liebe alles. Wenn du alles liebst, wirst du das göttliche Geheimnis in Allem wahrnehmen. Und wenn du es einmal wahrgenommen hast, wirst du es mit jedem Tag besser verstehen. Und schlussendlich wirst du soweit sein, die ganze Welt zu lieben, mit einer unvergänglichen und allumfassenden Liebe.»
Fjodor Dostojewski

Ausgangspunkt: Zug bis Fribourg und Bus bis Schwarzsee, Schwyberg Talstation.

Route: Vom Ausgangspunkt fast bis zur Alp Brecca, ein paar Hundert Meter davor (bei P. 1378) aber rechts weg und aufwärts zur Alp Cerniets. Weiter hoch zur Verzweigung vor der Alp Combi und hier nordöstlich Richtung Stierenberg, kurz davor (bei Rippetli) aber links hinab zur Alp Brecca und auf dem Aufstiegsweg zum Startpunkt zurück.

Kennzahlen: Länge 11,7 km, je 650 m Auf- und Abstieg, 4 Std., Schwierigkeit T2

Einkehren und Übernachten: Zahlreiche Alpbeizlis im Breccaschlund: St. Antoni Brecca, Marbach Brecca, Combi, Cerniets, Unteri Rippa, Hubel Rippa. Restaurants und Hotels am Schwarzsee.

Entdecken und Erleben: Am schönsten ist ein Besuch im Bergfrühling, im Mai oder Juni, bevor das Vieh hochgetrieben wird und die Blumenpracht verschwindet. (Anfang Juli hat das Vieh auch die höchsten Alpen erreicht.)

Karten: Landeskarte 1:25 000, 1226 Boltigen; 1:50 000, 253/253T Gantrisch

Informationen: Schwarzsee Tourismus, Telefon 026 412 13 13, www.schwarzsee.ch

Bild Seite 148
Mächtiger, alter Bergahorn bei Rippetli.

Bild Seite 150/151
Frühlingsmorgen im Breccaschlund.
In der Mitte der Chörblispitz.

Bild oben
Sonnenaufgang bei Les Cerniets
Rechts die Kaiseregg.

Bild unten
Gesichter der Zeit.

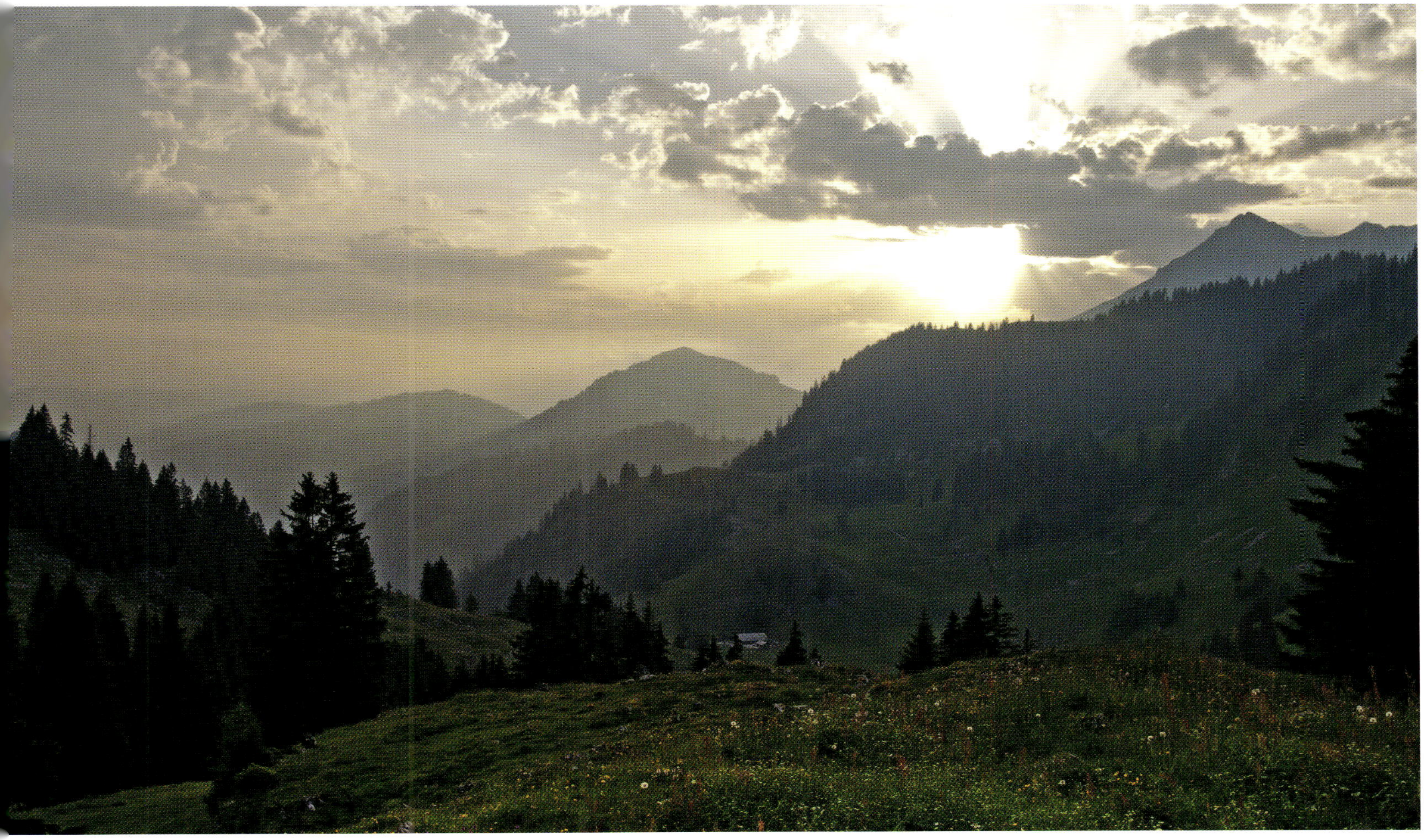

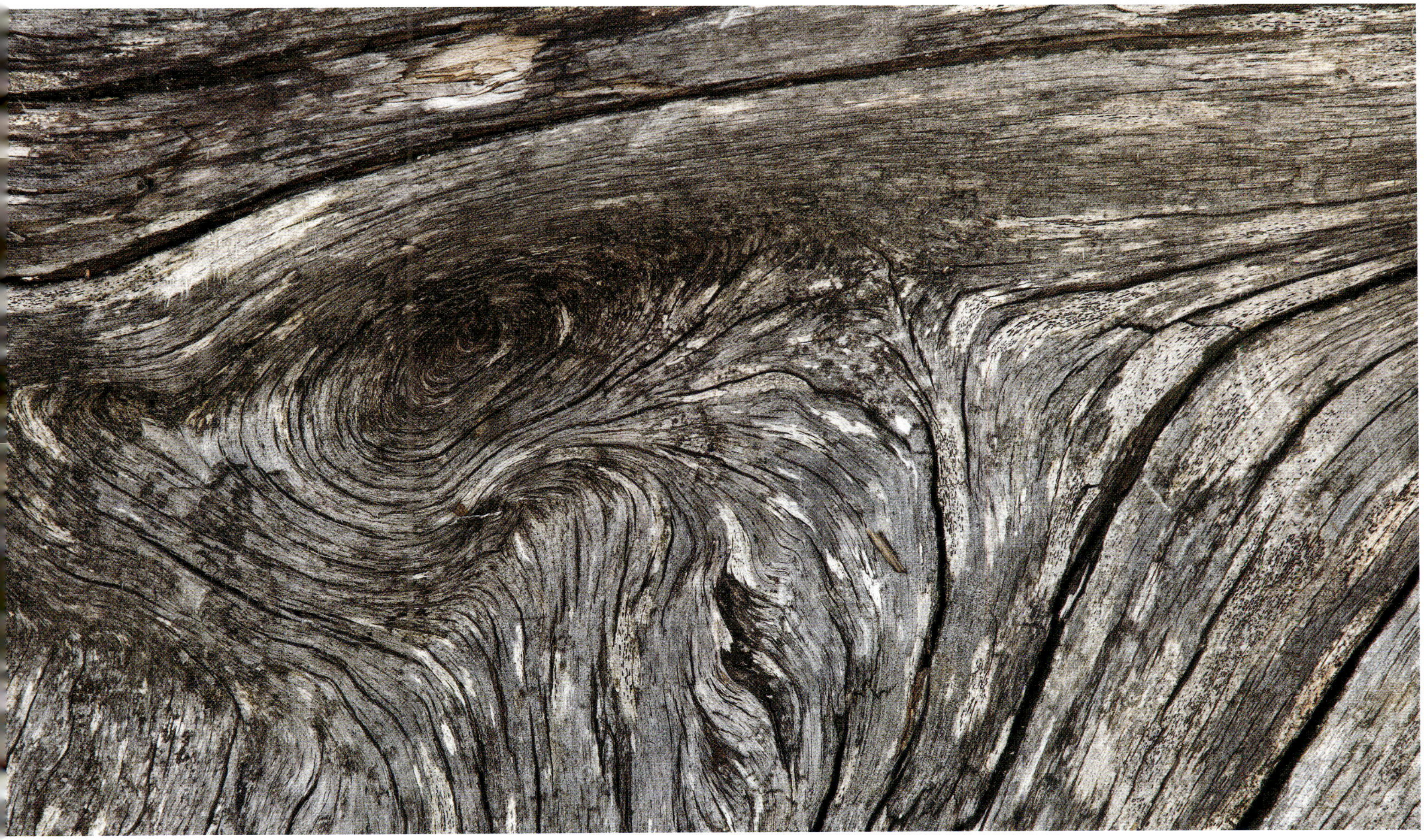

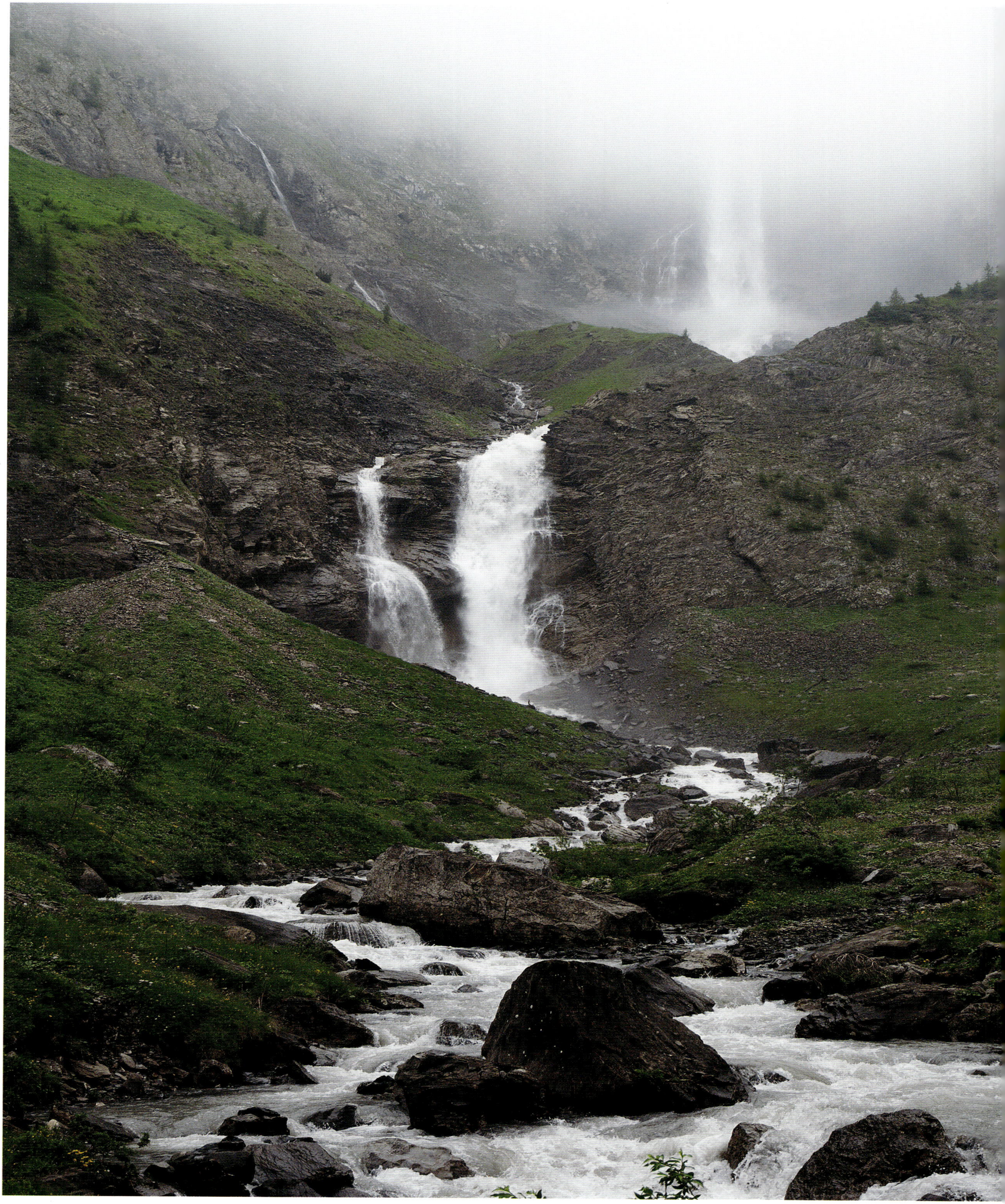

Ins Geltenbachtal
Über, unter und hinter den Fällen – der Wasserfallweg im Lauenental

Wasserfälle faszinieren uns. Sie ziehen uns in ihren Bann wie kaum ein anderes Naturschauspiel, sie sind für uns alle ein ganz spezieller Ort der Kraft. Hier können wir hinsitzen und einfach nur zuschauen, zuhören, fühlen und sind ganz davon eingenommen. Gedanken an den Alltag und das Büro kommen kaum noch auf, wenn man das Tosen in den Ohren hat, das Zischen und Donnern, wenn man der Gischt zuschaut, wie sie in alle Richtungen davonstiebt, die kühlen Luftschwälle auf der Haut und die feuchte Luft im Gesicht spürt.

Wohl an keinem anderen Ort wie dem Wasserfall kommen so viele Elemente der Natur an einem Punkt zusammen – das Wasser, die Erde, die Luft – und spielen miteinander, lassen sich gehen, kondensieren zu einem Schauspiel, das zugleich spontan und doch in Mustern verläuft, und zur gleichen Zeit weich und ausgelassen, doch auch voller Kraft und Gewalt sein kann.

Das Berner Oberland ist das Land der Wasserfälle in der Schweiz, und ein besonders eindrücklicher Flecken ist das hinterste Lauenental, zwischen dem Lauenensee und der Geltenhütte, im grossen Kessel zwischen dem Wildhorn und dem Spitzhorn. Den Ausgangspunkt beim Lauenensee erreicht man von Gstaad mit dem Postauto in fast stündlichen Verbindungen. Kaum unterwegs, reiht sich Wasserfall an Wasserfall. Auf der etwa zweistündigen Wanderung hinauf zur Geltenhütte sind dies mehr als ein halbes Dutzend – und das ist erst der Anfang!

«Das Schönste, was wir erleben können, ist das Geheimnisvolle. Es ist das Grundgefühl, das an der Wiege von wahrer Kunst und Wissenschaft steht. Wer es nicht kennt und sich nicht mehr wundern kann, der ist sozusagen tot und sein Auge erloschen.» Albert Einstein

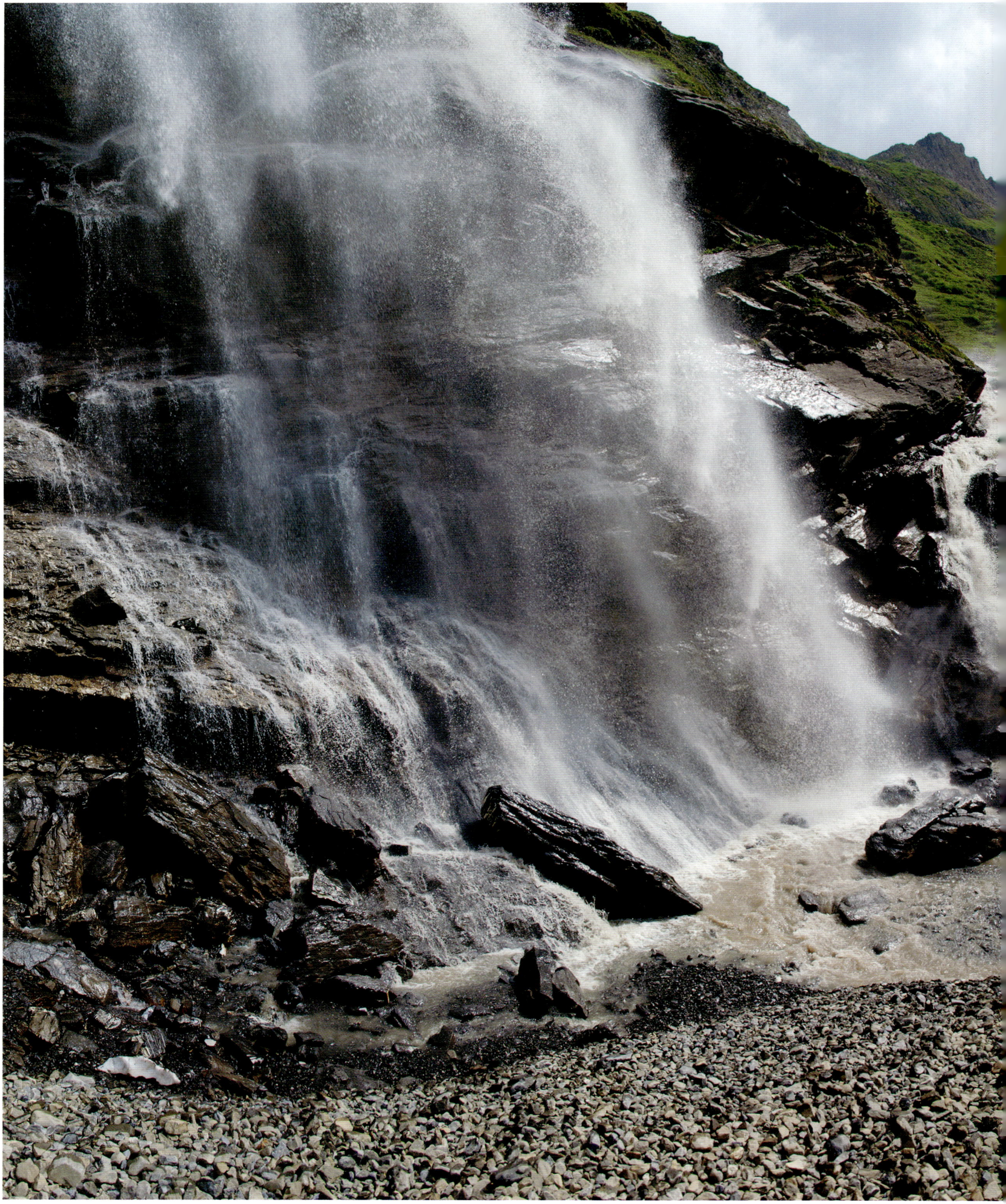

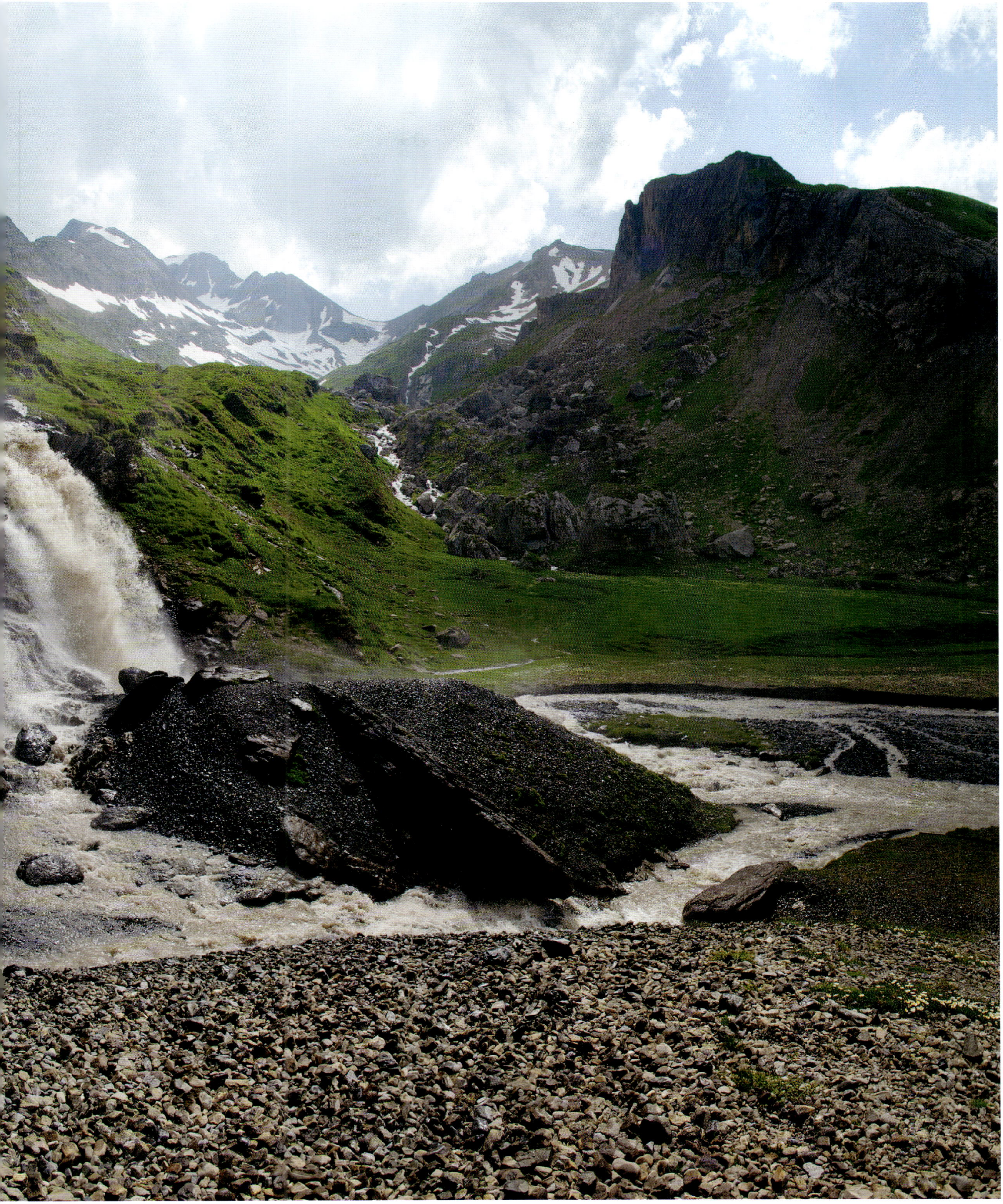

Da ist einmal der Tungelschuss, der sich linker Hand über eine lange Felswand ergiesst, sich aber meistens gut vor Blicken versteckt. Oder da sind die beiden Fälle des Geltenbachs kurz danach, die in einer engen Felsschlucht im freien Fall in die Tiefe stürzen, haarscharf vorbei am Wanderweg. Oder dann gibt es den Geltenschuss weiter oben, wo die Wasser im hinteren Talkessel über zwei Felsstufen donnern. Als Besucher fühlt man sich in eine unberührte, wildromantische Landschaft Kanadas versetzt. Und dann gibt es den kleinen Wasserfall, der sich fast auf den Wanderer stürzt, denn der Wanderweg führt kühn hinter dem fallenden Wasser durch. Kaum jemand durchschreitet diese magische Passage, ohne kurz stehen zu bleiben und dieses Schauspiel in Ruhe zu betrachten. Dieses Erlebnis sollte man tief in sich einwirken lassen und es noch lange als Quell des Staunens und einer guten, fliessenden Energie in sich behalten.

Das Ziel der Wanderung ist die Geltenhütte des SAC, und hier lässt sich wunderbar auf der Sonnenseite des urchigen Hauses an den Tischen verweilen und etwas essen und trinken. Im Frühsommer, wenn die Sonne den Schnee des Winters schmelzen lässt, dann können hier gleich nochmals etwa zwanzig kleinere und grössere Wasserfälle betrachtet werden, oben in den lang gezogenen Felsbändern unter dem Wildhorn.

Ausgangspunkt: Zug bis Gstaad und Postauto bis Lauenensee.
Route: Auf gut ausgeschildertem Weg zur Geltenhütte SAC und auf demselben Weg zurück.
Kennzahlen: Hin und zurück 7,3 km, je 620 m Auf- und Abstieg, 3¼ Std., Schwierigkeit T2
Variante Rundweg: Von der Geltenhütte über das Geltentrittli nach Chüetungel und hinab zum Ausgangspunkt. Rundweg 8 km, je 680 m Auf- und Abstieg, 3½ Std., Schwierigkeit T3, auf etwa 500 Metern recht ausgesetzt.
Einkehren und Übernachten: Geltenhütte SAC, Lager, bewartet ca. Mitte Juni bis Mitte Oktober, Telefon 033 765 32 20, www.gelten.ch; beim Lauenensee: Restaurant Lauenensee, Telefon 033 765 30 62 und Mattenstübli Beizli, Telefon 033 765 33 37
Entdecken und Erleben: Am eindrücklichsten ist ein Besuch dieses Tals während der Schneeschmelze im Frühsommer oder nach ausgiebigen Regenfällen.
Karten: Landeskarte 1:25 000, 1266 Lenk; 1:50 000, 263/263T Wildstrubel
Informationen: Gstaad Tourismus, Telefon 033 748 81 81, www.gstaad.ch

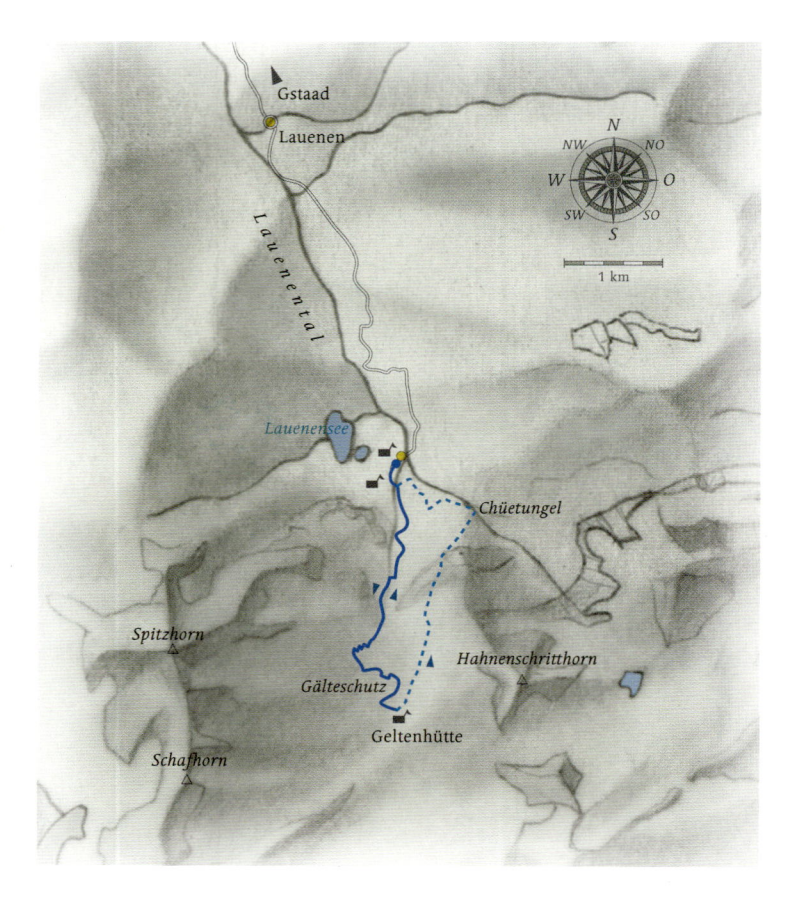

Bild Seite 154
Mystischer Geltenbach.

Bild Seite 156/157
Tosend zu Tale: Die Rottal-Fälle.

Bild oben
Abendstimmung über den Lauener Bergen.

Bild unten
Spektakulär: der Wanderweg hinter dem Wasserfall hindurch (unter der Geltenhütte).

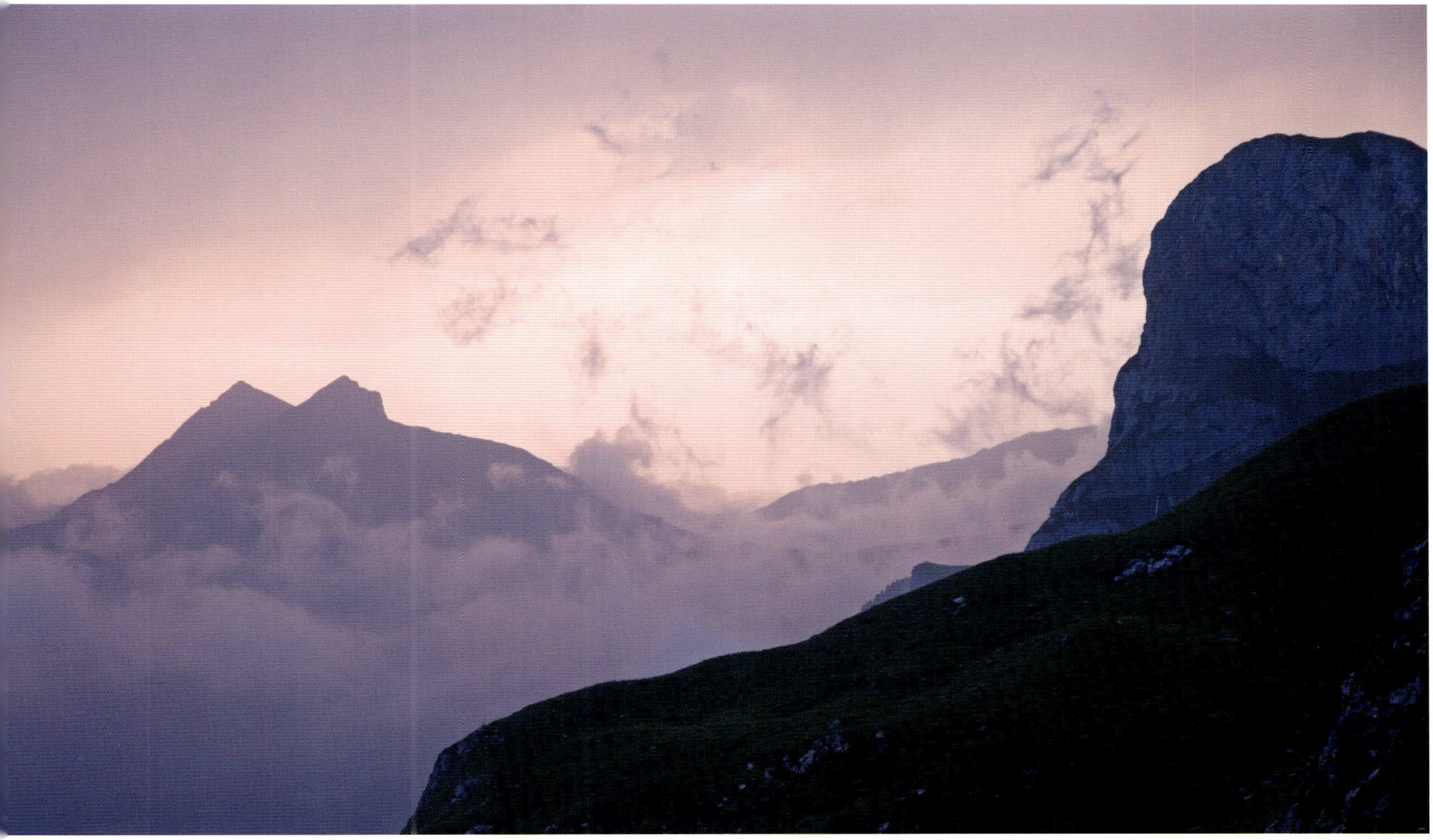

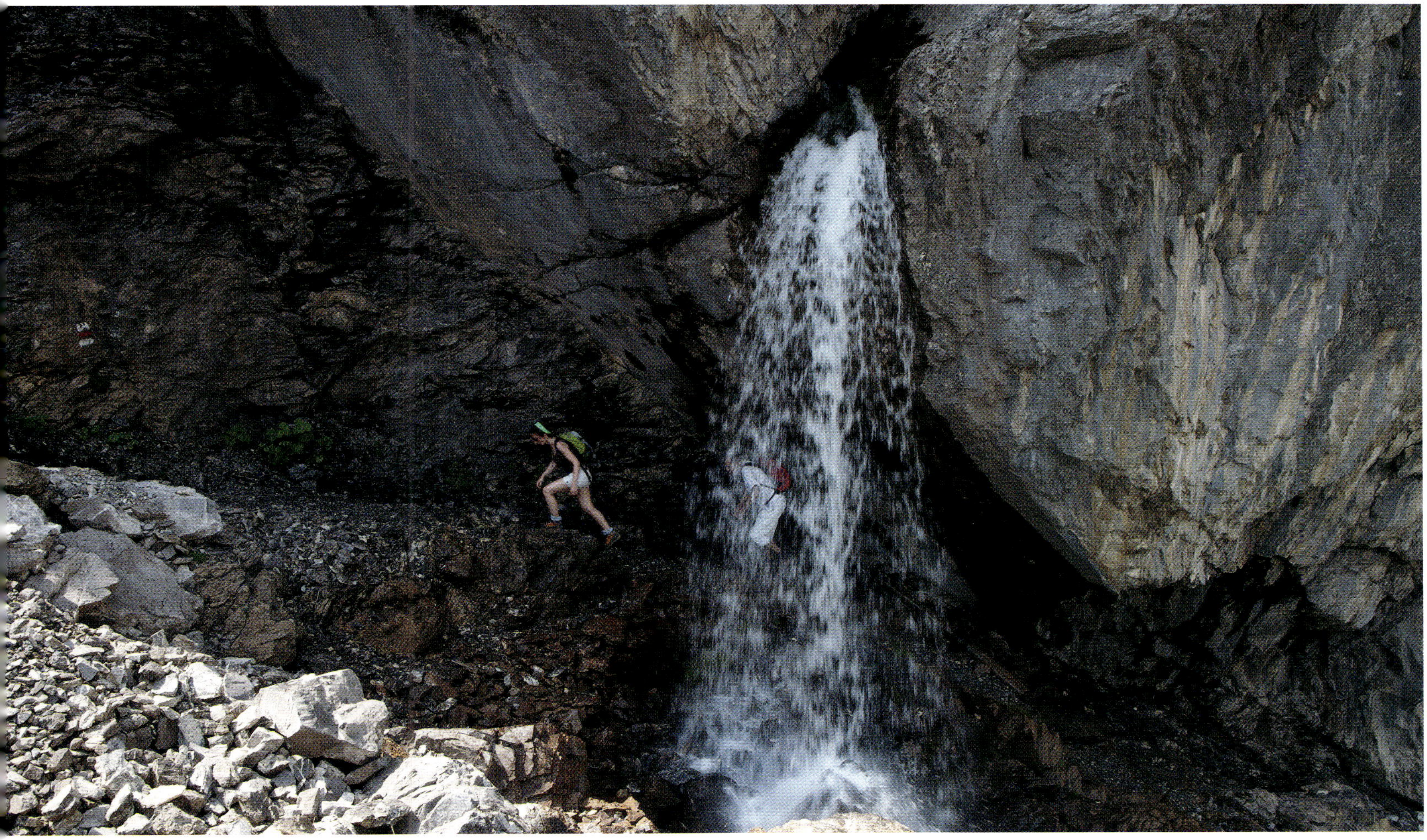

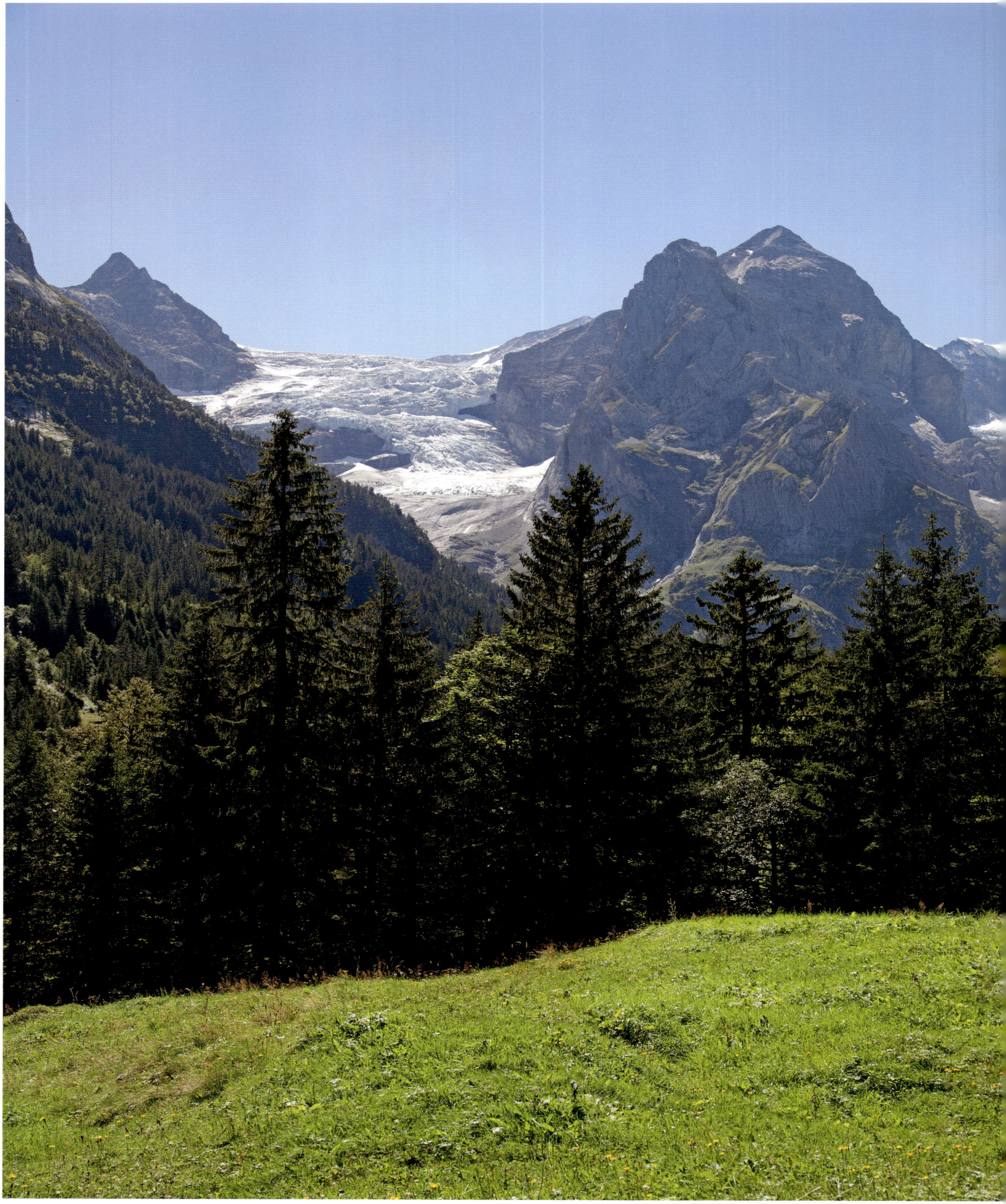

Rosenlaui
Das Chaltenbrunnen-Moor und seine Engelhörner

Chrüterenläger – was für ein wunderschöner urschweizerischer Ortsname – knorrig, kehlig und erdverbunden. Und was für ein Plätzchen! Nach einem steilen, ruppigen Aufstieg durch Weiden und Gebüsch, durch Fels und Runsen steht man unvermittelt auf dieser weiten, lieblichen Schulter, wie von sanften Händen zu einer ebenen Fläche gestrichen, zum Halbrund geformt und mit saftigem Gras überzogen. Und diese Aussicht! Jenseits des Reichenbachtals – oft besser bekannt unter dem Namen Rosenlaui – erhebt sich eine Reihe von zackigen und spitzen Felstürmen, kahl und von Wind und Wetter zerfressen: die Engelhörner. Rechts davon eine Reihe von noch höheren Bergstöcken, mehr in der Form von Pyramiden, der Dossen, das Wellhorn, das Mittelhorn und das Wetterhorn, auf ihren Schultern noch immer mächtige Eispanzer tragend. Und weiter rechts der Eiger mit seiner Nordwand und dahinter seine zwei noch höheren Begleiter, Mönch und Jungfrau.

Wer einmal unten im Rosenlaui war, am rauschenden Rychenbach, der munter durch die Weiden und Wäldchen gurgelt, oder eben oben auf diesem Chrüterenläger, den wundert es nicht mehr, dass dieser Blick und dieses Tal die Menschen seit Langem in ihren Bann ziehen. Natürlich war es über lange Zeit «einfach» ein Alpental, in dem gelebt, gearbeitet und gekäst wurde. Mit den ersten Touristen aus dem fernen England aber erreichte das Tal beinahe Kultstatus, und auch die berühmtesten Landschaftsmaler kamen hierher mit Pinsel und Staffelei und schufen hier ihre grossen Gemälde. Lange wurden die Berge bedrohlich und beängstigend gezeigt, mit übersteilen Gebirgen, unheilvoll schwarzen Wolken und alles mitreissenden Bergbächen. Mit der Zeit änderte sich die Einstellung des Menschen zu den Bergen, sie wurden freundlicher und lieblicher gemalt. Das Rosenlaui war dabei ideal, es hatte diese einmalige Mischung von bedrohlich-wilden Bergen und

«Im Herzen der Menschen lebt das Schauspiel der Natur; um es zu sehen, muss man es fühlen.» Jean-Jacques Rousseau

sanften, lieblichen Alpweiden und Sennhütten. Das Tal wurde zum Inbegriff des romantischen Alpentales. Eines der bekanntesten Werke ist das Gemälde «Das Wetterhorn von der Rosenlaui aus» vom österreichischen Maler Joseph Anton Koch (1768–1839). Unter den Schweizer Malern sind besonders François Diday und Alexandre Calame erwähnenswert.

Neben der Aussicht oben auf dem Chrüterenläger und dem romantischen Talgrund hat diese Wanderung noch einen weiteren Trumpf im Ärmel – das Chaltenbrunnen-Moor. Es ist eines der schönsten und am besten erhaltenen Hochmoore der Schweiz, da hier nie Torf gestochen wurde und es seit 1971 geschützt ist. Nur zehn oder zwanzig Minuten von der Hauptroute entfernt liegt gleich der schönste und bekannteste Teil des Schutzgebietes, das Hochmoor bei Turen. Das Herz des Moores ist baumfrei, gesäumt ist es von einem urtümlichen Bergföhren-Moorwald. Dahinter erheben sich am Horizont der Hasliberg, das Titlis-Gebiet und, unverkennbar und charakteristisch, die eindrückliche Felspalisade der Engelhörner.

Ausgangspunkt: Zug bis Meiringen und Postauto bis Kaltenbrunnen bei Meiringen.
Route: Etwa 100 Meter die Strasse bergauf und dann rechts (nördlich) weg. Auf Naturstrassen und Wanderwegen hoch zur Alp Ober Stafel. Kurz danach bei einer Abzweigung (falls erwünscht) Abstecher zum Chaltenbrunnen-Hochmoor und wieder zurück. Nun auf einem schmalen Pfad, am Schluss steil durch einen ruppigen Hang hinauf nach Chrüterenläger. Via die Alpen Grindelschärm, Obri Mettlen, Mettlen und Schotten zur Schwarzwaldalp (Postautohaltestelle).
Kennzahlen: Länge 10,2 km, 790 m Aufstieg, 550 m Abstieg, 3¾ Std., Schwierigkeit T2
Variante Hochmoor: Lohnend ist auf jeden Fall ein zusätzlicher Abstecher zum eigentlichen Hochmoor Chaltenbrunnen. Kurz nach der Alp Ober Stafel zweigt man rechts ab. Bereits nach wenigen Minuten öffnet sich der Blick auf die Hochebene. Bis zum westlichen Ende des Hochmoors ist es etwa 30 Min. und 150 m Aufstieg. Naturschutzgebiet, bitte Informationstafeln beachten.
Einkehren und Übernachten: Berggasthof Kaltenbrunnen-Säge, Lager, Telefon 033 971 19 08, www.sageli.ch. Hotel Schwarzwaldalp, Zimmer, Telefon 033 971 35 15, www.schwarzwaldalp.ch. Brochhütte, Lager, Telefon 079 362 58 07, www.sac-oberhasli.ch/brochhuette.
Entdecken und Erleben: Eindrücklich, wenn auch touristisch, ist ein Besuch der Gletscherschlucht Rosenlaui. Sie liegt direkt bei der Postautohaltestelle Rosenlaui, Gletscherschlucht. Ein aufwendiger Weg mit Brücken und Tunneln führt durch die enge Schlucht mit den tosenden Wassern.
Karten: Landeskarte 1:25 000, 1209 Brienz, 1210 Innertkirchen, 1229 Grindelwald und 1230 Guttannen; 1:50 000, 254/254T Interlaken und 255/255T Sustenpass
Informationen: Haslital Tourismus, Telefon 033 972 50 50, www.haslital.swiss

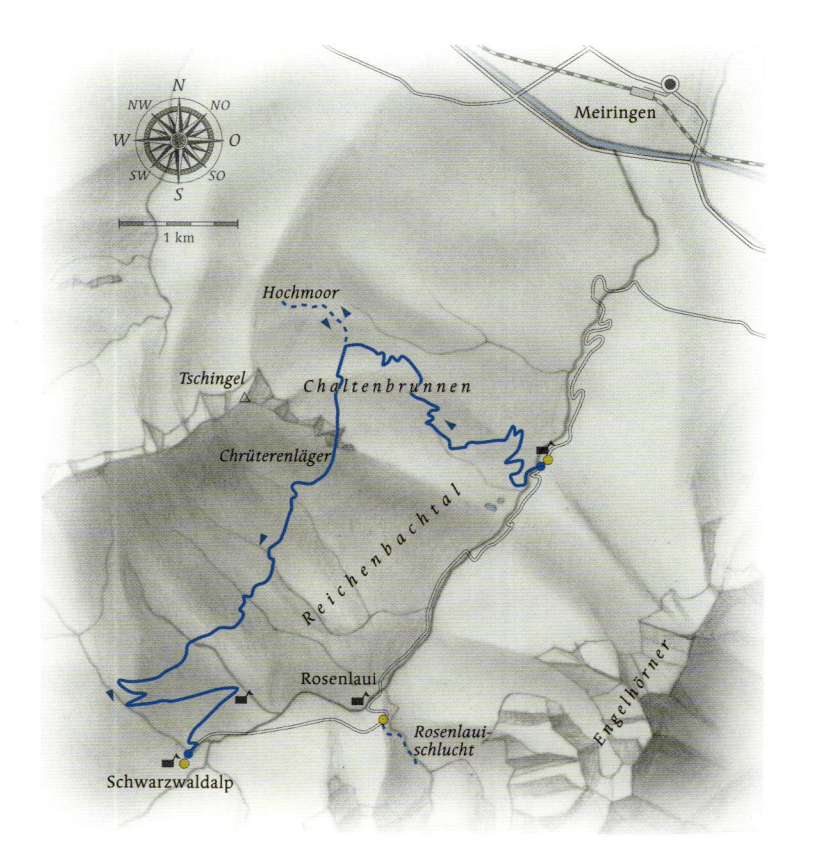

Bild Seite 160
Archetypische Berglandschaft hoch über dem Rosenlaui, mit Dossen und Wellhorn.

Bild oben
Sonnenaufgang über dem Moor.

Bild unten
Im Schutz des Baumes: die Alp Broch.

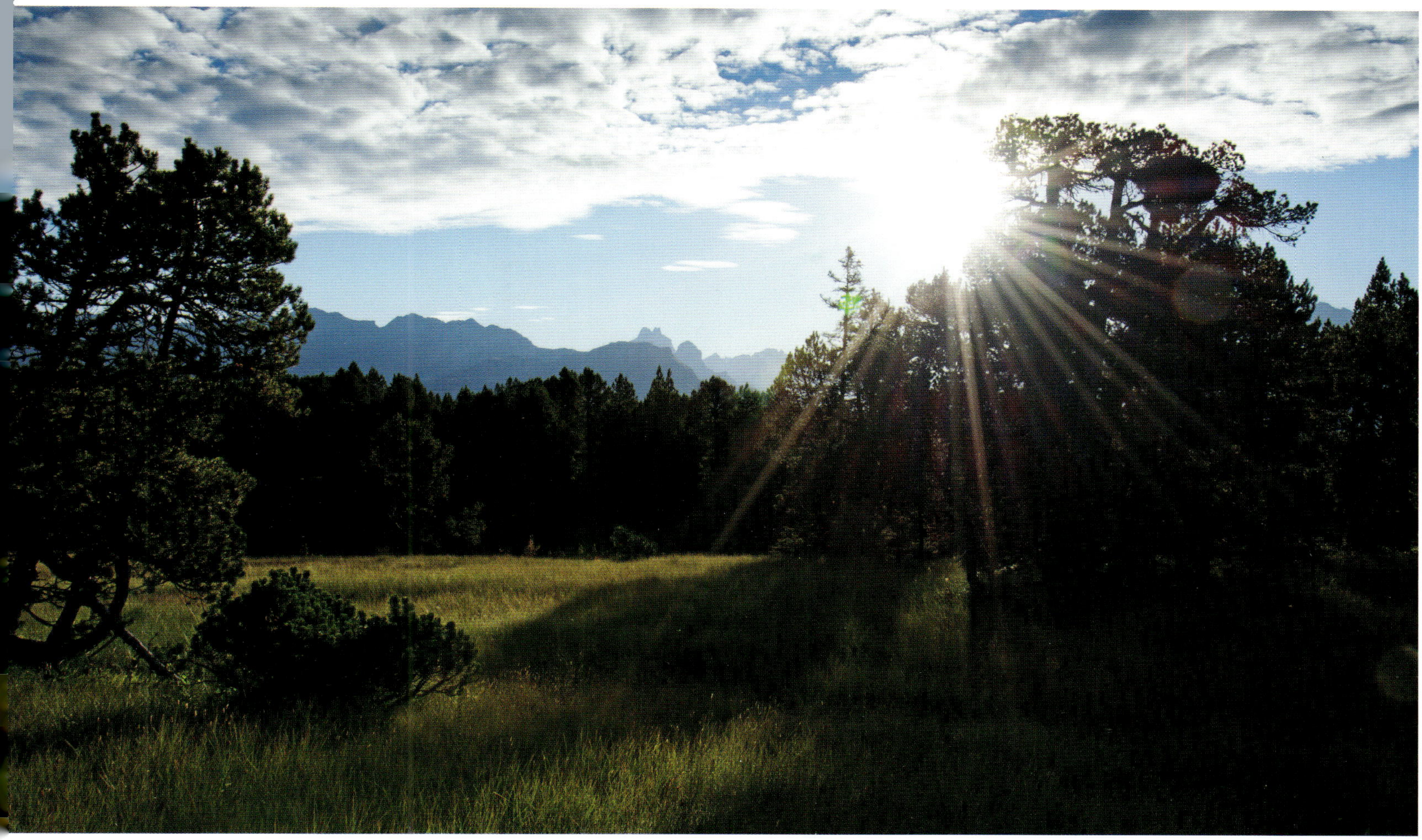
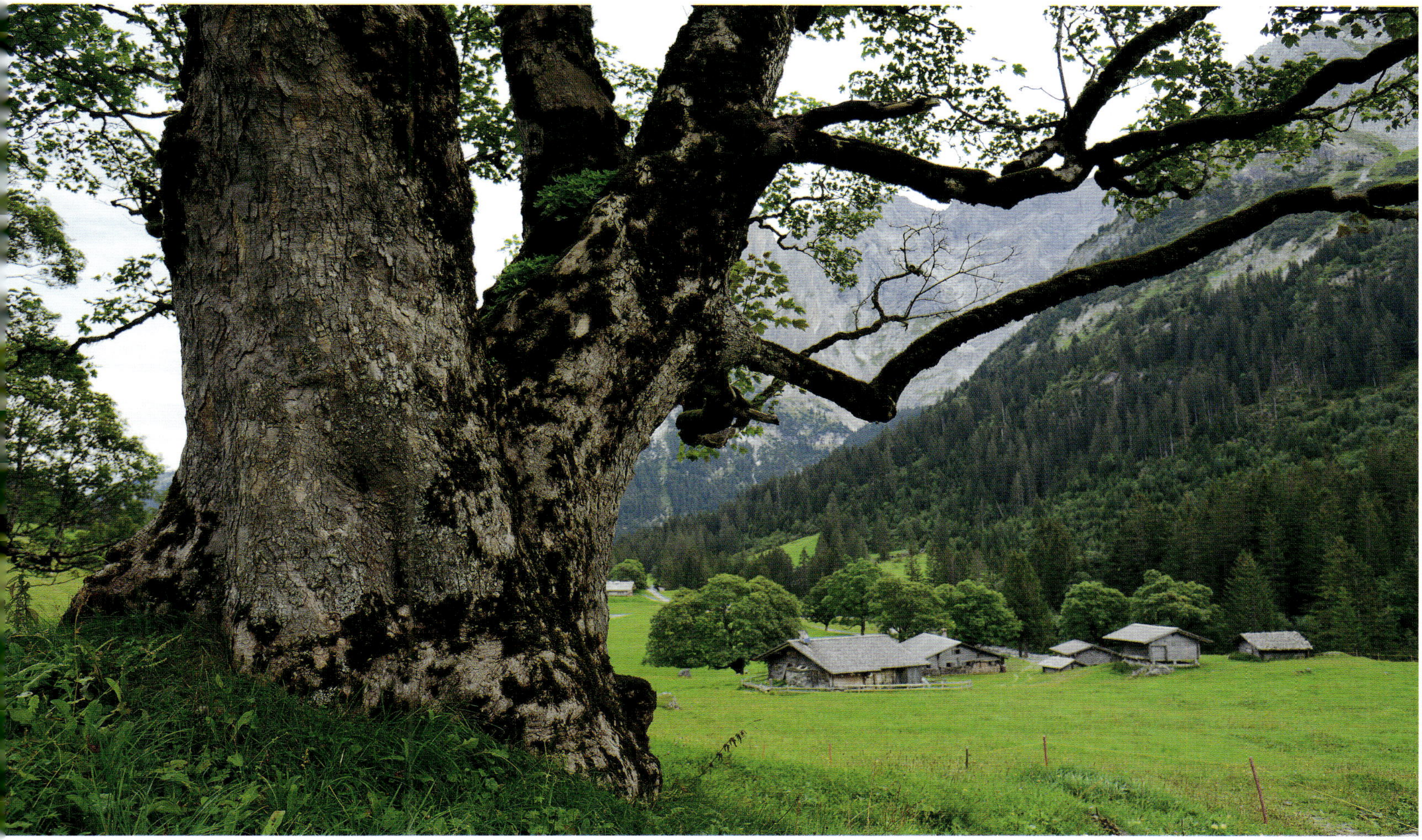

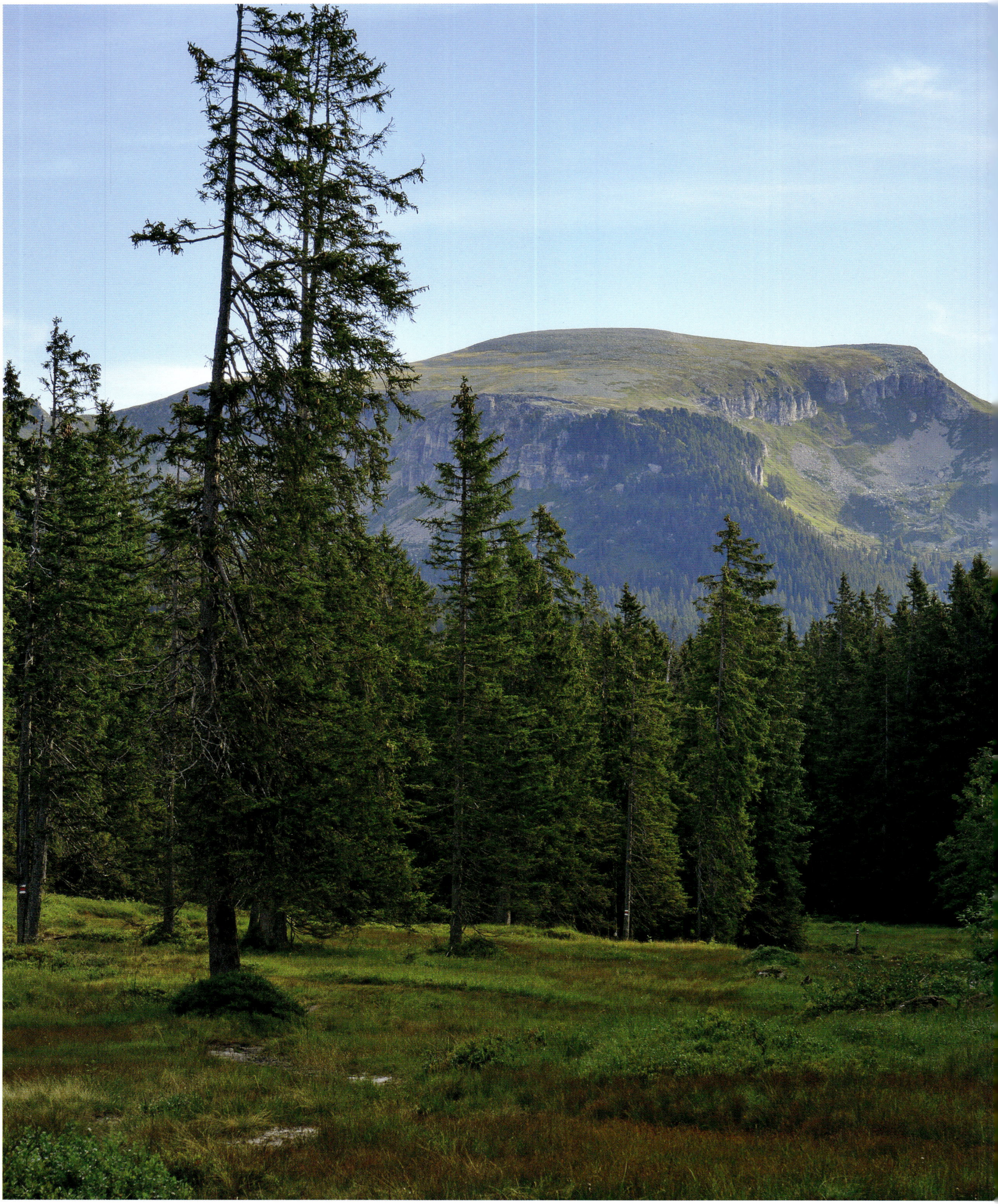

Über das Seefeld
Verwunschene Karstwälder und geheimnisvolle Höhlen

Ganz unscheinbar und bescheiden kommt diese Wanderung daher, schaut man sie sich auf der Karte an. Im kleinen Bergdorf Habkern – an einem lieblichen Sonnenhang, und doch im Schatten des grossen Interlaken – beginnt der Weg, steigt durch Wald hoch zum unbekannten Grünenbergpass, durchquert das Seefeld und führt schliesslich, wiederum meistens durch Wald, zurück zum Ausgangspunkt. Nichts Spektakuläres ist da auszumachen, keine Wasserfälle, kein Bergsee, kein Gipfel mit klingendem Namen. Ganz unbekannt sind die Berge rundherum jedoch nicht: im Osten der Hohgant, oberhalb des Seefeldes der Karstrücken der Sieben Hengste, und im Westen, am Ende des langen Bergkammes, das Niederhorn.

Vielleicht ist es gerade dieses Übersehen, diese Zwischen-Lage, die dieser Wanderung ihre Kraft und ihren Charakter, dem Unterwegssein eine Bedächtigkeit, dem Verweilen an Plätzen die Ruhe geben, die wir oft suchen. Doch unter der stillen Oberfläche versteckt sich so manch Überraschendes...

Den Grünenbergpass erreicht man von Habkern («Habchere», wie man hier sagt) in etwas weniger als zwei Stunden. Das erste Drittel ist man noch auf Hartbelag unterwegs, dann führt der Weg weg von der Strasse und windet sich, wie von Elfenhand angelegt, durch einen knorrigen Fichtenwald. Je höher man steigt, desto urtümlicher wird der Wald, und dass man bald wieder auf einer Naturstrasse unterwegs ist, schmälert das Erlebnis kaum.

So richtig märchenhaft und verzaubert wird es nach dem Grünenbergpass, auf dem Weg zum und durch das Seefeld. Hier führt der Weg durch farnbewachsenen Wald, schlängelt sich durch kleine

«Die Vögel sind am Himmel entschwunden
und die letzten verbleibenden Wolken haben sich aufgelöst
Wir sitzen zusammen, der Berg und Ich
bis nur noch der Berg verbleibt.» Li Po

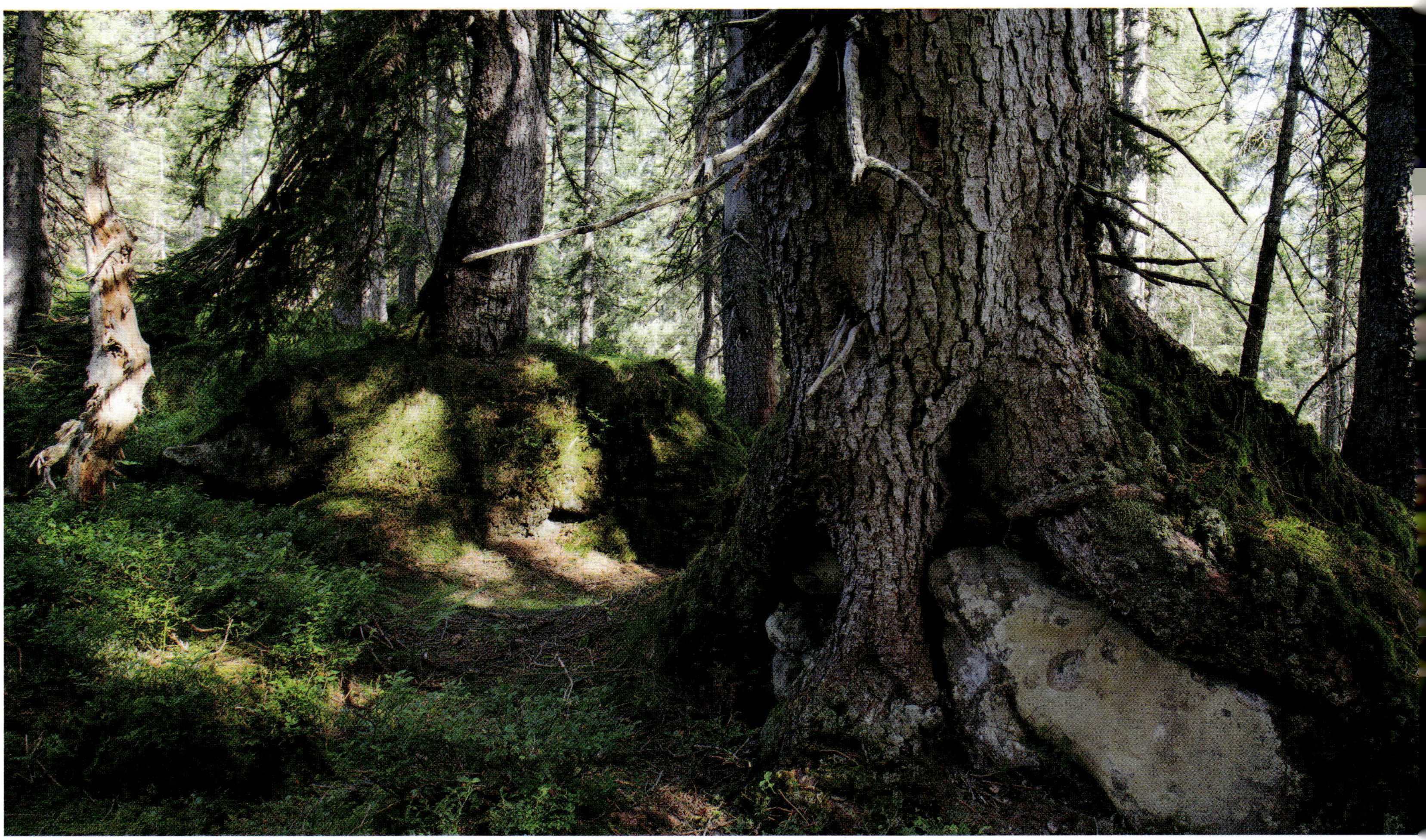

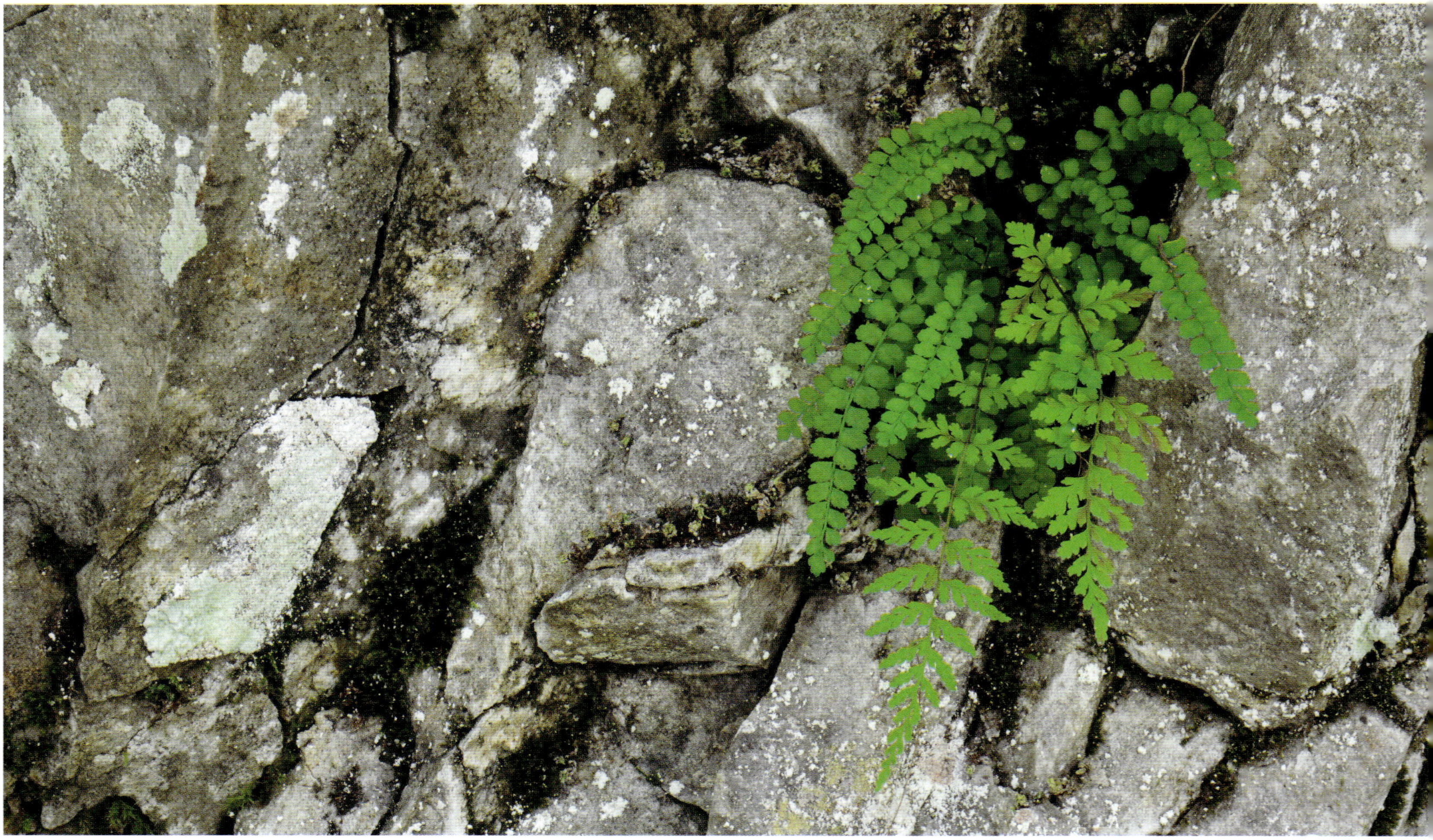

Hochmoore und führt immer wieder über karstige Abschnitte, in denen der zerfressene Felsuntergrund an die Oberfläche tritt. In den Wiesen und Mooren gedeihen einige Raritäten, etwa verschiedene fleischfressende Sonnentauarten, die Rosmarinheide, der Moor-Bärlapp und gegen zwanzig Orchideenarten. Bei der Vorderen Seefeldalp führt die Wanderung über einen kurzen Felsabsatz (ungefährlich) hinab zur Chromatta und von hier durch Wald und über Alpwiesen und -weiden zurück nach Habkern.

Wenn man über das Seefeld wandert und ganz eingenommen ist von dieser hellen weiten Welt aus bunten Blumen, leuchtenden Bergen am Horizont und weitem Himmel, dann vergisst man fast, dass da, unter den Füssen, eine ganz andere Welt existiert, fast eine Parallelwelt: der Karstuntergrund, in dem das Regenwasser schnell versickert und sich in einer Welt voller Kanäle, Schächte und Höhlen verliert. Hier, unter dem felsigen Rücken der Sieben Hengste, hat es aber nicht einfach ein paar Gänge, nein, hier liegt (nach dem Hölloch im Muotatal) das zweitlängste Höhlensystem der Schweiz. Zurzeit sind etwa 156 Kilometer vermessen, und die unterirdische Welt reicht bis in eine Tiefe von 1340 Metern. Forscher suchen zurzeit nach einer Verbindung zum tiefer gelegenen Bärenschacht. Sollte es diese tatsächlich geben, würde es gar zum längsten Höhlensystem der Schweiz.

In den verborgenen und dunklen Gängen leben Tiere, von denen wir kaum etwas wissen, und womöglich Tiere, die wir noch nicht einmal entdeckt haben. Dort unten leben nicht nur bekanntere Höhlenbewohner wie die Mopsfledermaus oder die Grosse Hufeisennase, ebenfalls eine Fledermausart. In den vergessenen Tiefen leben Tiere, die vor – wahrlich unfassbaren – 60 Millionen Jahren unter die Erde gewandert sind und seither dort existieren – wie etwa der Niphargus, ein kleiner Süsswasserkrebs. Und erst kürzlich wurde im angrenzenden luzernischen Karstgebiet der Pseudoskorpion «Pseudoblothrus thiebaudi» entdeckt. Er muss zu Beginn der letzten Eiszeit ins wärmere Erdinnere geflüchtet sein und überdauert seither dort unten.

Ausgangspunkt: Zug bis Interlaken West und Postauto nach Habkern, Zäundli.
Route: Mehrheitlich entlang einer Naturstrasse auf den Grünebergpass (1555 m). Nun südwestlich an den drei Alpen im Seefeld vorbei und beim Vorderen Seefeld hinab nach Chromatta und via Läger wieder hinab nach Habkern.
Kennzahlen: Länge 11,4 km, je 600 m Auf- und Abstieg, 4 Std., Schwierigkeit T2
Einkehren und Übernachten: Restaurants und Hotels in Habkern.
Entdecken und Erleben: Bei der Mittleren Seefeld-Alp führt ein etwa 1 km langer Weg zum Tropfloch, einem Teil des riesigen Höhlensystems der Region. Die ersten 300 m können vorsichtig und mit Taschenlampe teils kriechend, teils aufrecht gehend bewältigt werden, dann ist für Nicht-Profis Schluss.
Karten: Landeskarte 1:25 000, 1208 Beatenberg; 1:50 000, 254/254T Interlaken
Informationen: Habkern Tourismus, Telefon 033 843 82 10, www.habkern.ch

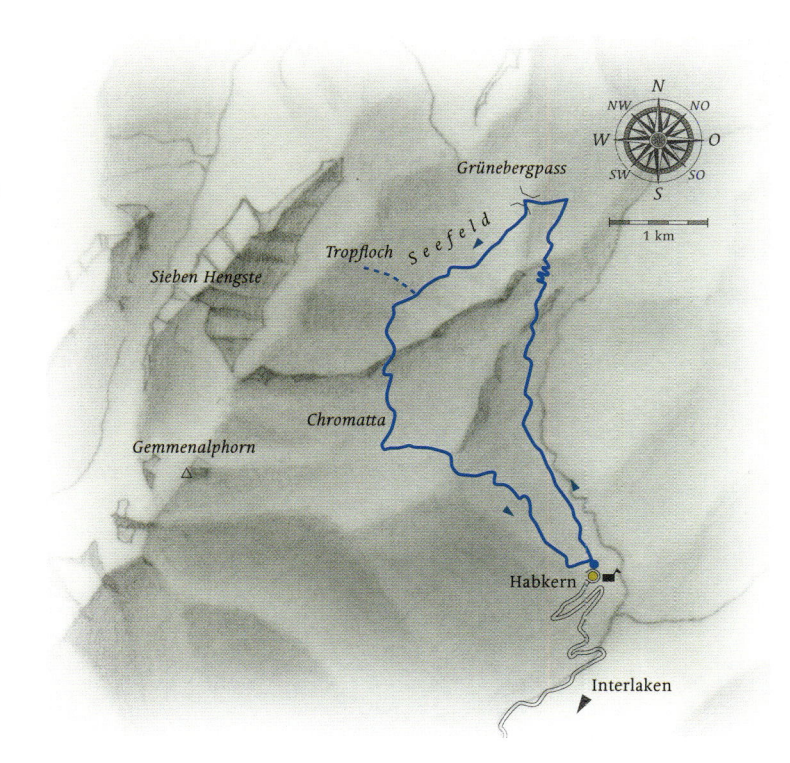

Bild Seite 164
Wie im hohen Norden: die «Steinigi Matte» bildet das Haupt des Hohgant.

Bild oben
Im Märchenwald auf dem Seefeld.

Bild unten
Karges Bett, bestes Plätzchen für den Grünstieligen Streifenfarn.

BERNER OBERLAND

Mit dem Herzen hören Die Weisheit der Natur

Vielleicht ist Ihnen das auch schon passiert: Sie wandern in den Bergen und kommen an der Baumgrenze zu einem alten, von Wind und Wetter gezeichneten Baum, vielleicht einer Arve. Die Dicke des Stammes zeugt von vielen Jahren des Lebens und Wachsens, mannsdicke Wurzeln verkrallen sich im kargen Boden, geben dem Baum sicheren Halt und versorgen ihn mit Lebenswichtigem. Ein mächtiger, alter Ast liegt am Boden; er wurde von der Last des Schnees oder der Kraft eines Sturmes abgerissen. Das gehört zum Leben des Baumes – er hat damit nur noch an Charakter gewonnen.

Wir bleiben stehen – sprachlos, tief beeindruckt und im Innersten berührt. Beeindruckt von der Lebenskraft dieses Baumes, der wohl schon mehrere Jahrhunderte hier steht, Stürmen, Kälte und Trockenheit trotzt. Und vielleicht berührt von dieser Kraft und Gelassenheit – Eigenschaften, die wir an ihm bewundern und in uns selbst oft suchen oder uns wünschen. In solchen Momenten sehen wir den Baum nicht nur, wir sind empfänglich geworden für seine Art, sein Wesen, seinen Charakter. Wir haben mit dem Herzen gehört. Wir haben etwas gespürt, das in uns selbst ist und das dieser Baum wie durch Resonanz zum Klingen gebracht hat.

Solche Momente bleiben uns lange lebendig in Erinnerung. Wir denken gerne daran zurück, erzählen von diesem Baum, und vielleicht gelingt es uns sogar, aus der Erinnerung an dieses Erlebnis

Tipps: Seine eigene Weisheit in der Natur entdecken

- Nehmen Sie sich Zeit für das Experiment. Vielleicht sind zehn Minuten passend, vielleicht haben Sie Lust auf mehr, 20 oder 30 Minuten.
- Suchen Sie einen Ort etwas abseits des Wanderwegs, wo Sie ungestört sind. Legen Sie den Rucksack beiseite und ziehen Sie sich so an, dass Sie sich wohlfühlen. Schalten Sie das Handy aus.
- Suchen Sie etwas in der Natur, bei dem Sie gerne verweilen möchten, von dem Sie sich angezogen fühlen. Überlegen Sie dabei nicht zu viel, machen Sie es wie das Kind, das neugierig und in sich versunken die Natur erforscht. Lassen Sie sich finden. Von einer Blume, deren Zartheit Sie berührt, von einem Baum, der Sie beeindruckt, von einem Stein, der Sie anzieht, oder von einem ganzen Berg, der für Sie eine starke Ausstrahlung hat.
- Verbringen Sie jetzt einfach eine gewisse Zeit mit dem Objekt, beispielsweise einem Baum. Nehmen Sie ihn mit all Ihren Sinnen wahr. Schauen Sie ihn in Ruhe an, ertasten Sie die Rinde und die Wurzelarme, streichen Sie über die Nadeln oder die Blätter. Vielleicht riecht seine Rinde? Sie können sich auch in einiger Entfernung hinsetzen und den Baum als Ganzes wahrnehmen. Oder Sie stellen sich vor, dass Sie von einem anderen Planeten kommen und diese unglaubliche Kreatur zum ersten Mal sehen. Was fühlen Sie dabei? Was löst der Baum in Ihnen aus? Wovon sind Sie beeindruckt, berührt?
- Versuchen Sie, Ihr Objekt weniger mit dem Kopf wahrzunehmen, sondern mehr mit dem Herzen. Was erzählt es Ihnen? Hören Sie gar einen Ratschlag, der Ihnen im Leben hilft?
- Gehen Sie interessiert und doch entspannt an dieses Experiment heran, aufmerksam und doch leicht. Es muss nichts dabei herauskommen, kein weises Wort und kein kluger Rat. Vielleicht werden Sie dank des Baumes, des Steins oder der Blume etwas in Ihnen finden. Vielleicht aber auch nicht – und dann hatten Sie einfach eine sehr entspannende Pause.

Kraft zu schöpfen. Solche Erlebnisse können wir auch aktiv suchen. Wir können uns Zeit geben, bei einem Baum zu sitzen, an einem Fluss oder bei einem Ameisenhaufen und einfach sehen, hören, riechen, ertasten. Nicht denken, nicht analysieren. Einfach mit dem Herzen hören und sehen.

Als ich einmal in einem abgelegenen Tal in der Nähe des Vallée de la Brévine im Jura unterwegs war, hatte ich Lust, eine solche «Übung» zu machen, wusste aber noch nicht, womit ich Zeit verbringen wollte. Da entdeckte ich immer wieder Weinbergschnecken auf dem feuchten Boden. Eine Schnecke! Ideal für jemanden wie mich, der die Dinge allzu oft zu schnell, zu effizient erledigen will. So wählte ich also eine dieser Schnecken aus, stellte den Rucksack in der Nähe ab und setzte mich möglichst bequem auf den Boden.

Ich war bereit, zu hören, was mir diese Schnecke zu sagen hatte. Die aber hatte mir längst die erste Lektion erteilt. Viel zu hastig hatte ich mich über sie gebückt, mich hingesetzt. Die Stielaugen waren bereits eingezogen, der ganz Körper zusammengezogen und kaum noch sichtbar unter dem grossen Schneckenhaus. Dies hatte sie mich gelehrt: Ich war zu schnell in meinen Bewegungen, zu schnell im Langsamwerden. Jetzt war nicht nur Langsamkeit gefragt, sondern auch Geduld. Millimeter für Millimeter wuchs die Schnecke aus ihrem Haus, wuchsen ihre Augenstiele in die Höhe. Allmählich wurde sie wieder aktiv, begann ihre Stielaugen nach hier und dort zu drehen und setze sich in Bewegung. Ganz langsam glitt sie über das moosige Polster eines Steines, während ich mich möglichst ruhig verhielt.

Unterdessen sass ich nicht mehr, sondern lag auf dem Boden und hatte die Schnecke vielleicht zwei Handlängen vor meinen Augen. Mit der Zeit begann sich meine Wahrnehmung zu verschieben, veränderte sich mein Massstab von Raum und Geschwindigkeit. Bedächtig, aber stetig bewegte sich die Schnecke vorwärts, und ich beobachtete, wie sie von Moosblättchen zu Moosblättchen vorankam. Ein paar Zentimeter weiter stoppte sie. Kurz darauf wurde ich durch ein Geräusch abgelenkt, das ich noch nie gehört hatte und auch nicht lokalisieren konnte. Ein ganz feines Klicken. Kam es aus meiner Kamera, aus der Elektronik? Fallende Wassertropfen in der Nähe? Erst nach einer Weile wurde mir klar: Ich hörte, wie die Schnecke an einem Blatt ass – alle paar Sekunden ein kleines Stück abzupfte. Ich hatte noch nie eine Schnecke essen gehört! Ich hatte mich so eng auf sie eingelassen, dass ich sie kleinste Blattstückchen abzupfen hörte! Diesmal war es keine alte, dicke Arve, die mich in Staunen versetzte, sondern eine Schnecke, die an einem Blättchen ass.

Ich sass etwa eine halbe Stunde bei dieser Schnecke, und die Zeit verging wie im Flug. Die Schnecke lehrte mich vieles, und ich verspürte den Wunsch, einige der Anregungen, auf die mich die Schnecke brachte, niederzuschreiben.

Die Weisheit der Schnecke
- *Langsam ist gut.*
- *Jeder hat seine empfindlichen Stellen – achte auf sie.*
- *Habe einen sicheren Rückzugsort stets bei dir.*

Wir können uns auf alle Tiere, Pflanzen und Erscheinungen der Natur einlassen, sie beobachten und von ihnen lernen. Auf Seite 169 finden Sie einige Tipps, wie Sie selbst Ihre eigene Weisheit in der Natur entdecken können.

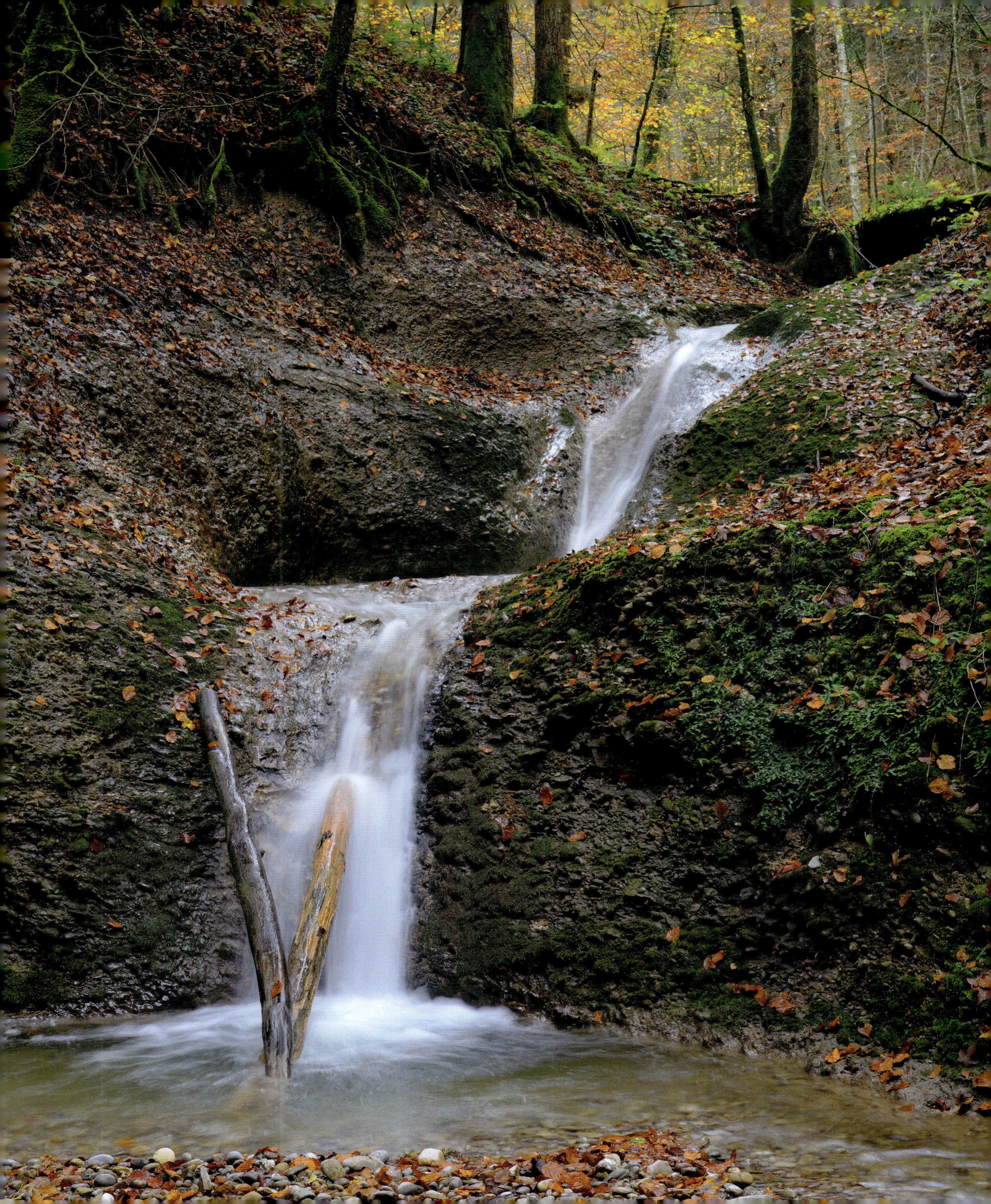

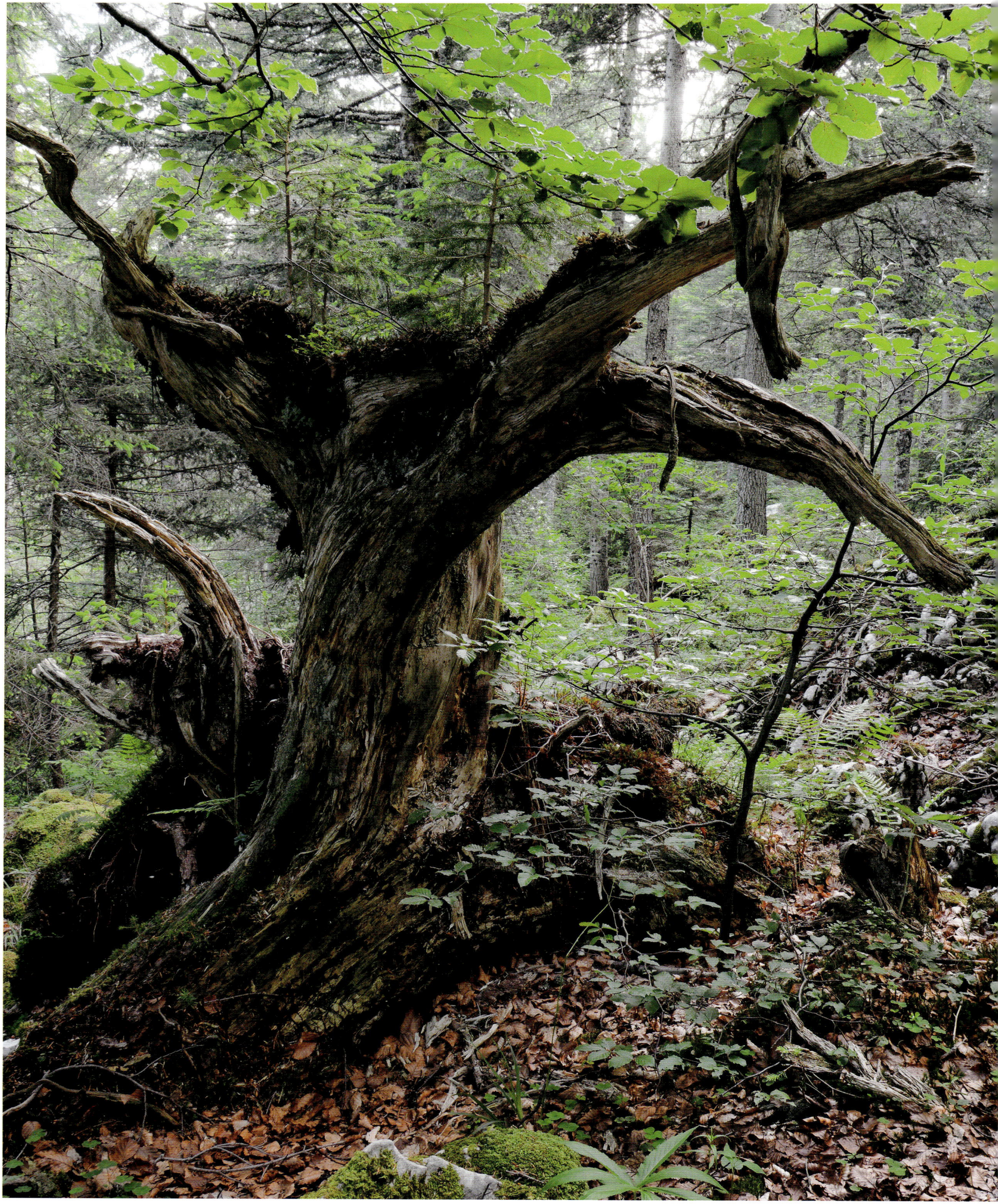

Im Grand Risoux

Geborgen sein in einem der grössten Wälder der Schweiz

Der Wald. Kennen Sie das Gefühl, wie es ist, über die weiten Felder zu wandern, auf einem Naturweg, der dann in den Wald eintritt? Hier nimmt uns der Wald auf wie durch eine Pforte, und unvermittelt sind wir in ihm, wie in einem ausgedehnten Haus, wie in einer mächtigen Kathedrale. Und auf einmal sind wir Menschen nicht mehr die Grossen, sondern die Kleinen, umgeben von viel mächtigeren Kreaturen, von viel älteren Wesen. Wesen, die hier schon mehr erlebt haben als wir, viel mehr, die Tag und Nacht, Sommer und Winter hier waren und Stürme, Trockenheit und Eiseskälte getrotzt haben.

Der Wald fasziniert uns Menschen. Und eine neue Dimension dieses Fasziniertseins kommt dazu, wenn es ein grosser, ein weiter, ein beinahe endloser Wald ist. Ein Wald, in dem wir uns verlieren und verirren können, in dem wir tagelang unterwegs sein können, bei Dämmerung ein Lager suchen für die Nacht, im Dunkeln den Geräuschen lauschen, dem Rauschen und feinen Heulen, dem Knacken und Rascheln, um am nächsten Tag wieder aufzubrechen. Grosse Wälder haben ihre Geheimnisse, ihre versteckten Plätze, ihre Orte, die nicht für uns Menschen bestimmt sind, wo nur der Geist des Waldes wohnt.

Grand Risoux. Was für ein Wort, was für ein Klang! Er ist einer der grössten Wälder in der Schweiz. Und jenseits der Grenze erstreckt er sich noch um ein Vielfaches weiter, tief in den französischen Jura. Es ist auch ein alter Wald, Fichten mit einem Alter von 300 und 400 Jahren sind keine Seltenheit. Dabei ist der felsige Untergrund überaus karg, das Klima hart und unerbittlich.

«Nichts ist für mich mehr Abbild der Welt und des Lebens als der Baum. Vor ihm würde ich täglich nachdenken, vor ihm und über ihn …» Christian Morgenstern

Schon viele Male habe ich ihn besucht. Er hat mich jedes Mal von Neuem in seinen Bann gezogen, ich bin tagelang durch ihn gestreift, habe im Wald übernachtet. Doch der Grand Risoux ist anders, anders als ein Buchenwald im Mittelland, in dem die mächtigen Stämme wie Säulen dastehen und man sich ins weiche Laub dazwischen legt. Der Grand Risoux hat etwas Unnahbares, lässt den Menschen zwar hinein, aber nicht wirklich in sich, er ist nicht leicht, lieb und hell, nein, er ist sehnig, ledrig, wortkarg, manchmal gar borstig. Nach ein paar Tagen spuckt er mich jeweils wieder aus, und ich habe stets diese Zweifel, ob ich jetzt die Essenz, das Wesen dieses Waldes mit meinen Bildern wirklich habe einfangen können.

Auch das Wandern im Grand Risoux ist anders, anders als das Gewohnte. Das Gelände ist vielerorts unwegsam und unübersichtlich, und nirgends ist ein Fixpunkt sichtbar, der bei der Orientierung helfen könnte. Wohl kaum anderswo in der Schweiz kann man noch die Erfahrung machen, lange Zeit im tiefen, geschlossenen Wald unterwegs zu sein; aber auch die Erfahrung, sich zu verirren – und davor sind sogar die einheimischen Förster nicht gefeit. Trotzdem kann man diesen grossen Wald gut selbst erkunden und erleben. Ein gelb markierter Rundweg, der in Le Brassus beginnt, führt auf guten Pfaden oder Naturstrassen zur Roche Champion, einem Aussichtspunkt an der französischen Grenze, vorbei an einigen öffentlich zugänglichen Waldhütten – und lange durch den tiefen, weiten Wald.

Ausgangspunkt: Mit dem Zug nach Le Brassus.
Route: Vom Bahnhof nordwestlich zum Gehöft La Thomassette, hier rechts weg und stets ansteigend bis fast an die französische Grenze. Nun südwestlich, mit einigen Bögen im Weg, zur Roche Champion (1327 m). Wieder südöstlich halten und via Pré Derrière, Mézery und La Thomassette zurück zum Ausgangspunkt.
Kennzahlen: Länge 21 km, je 460 m Auf- und Abstieg, 5½ Std., Schwierigkeit T2
Kürzere Varianten: Durch den Wald zieht sich ein recht dichtes Strassennetz. Wer mit einer guten Karte unterwegs ist und diese zu gebrauchen weiss, kann sich eine beliebige, kürzere Tour zusammenstellen.
Einkehren und Übernachten: Hotels und Restaurants in Le Brassus.
Entdecken und Erleben: Im Grand Risoux gibt es zahlreiche kleine Waldhütten des Forstdienstes. Sie können tagsüber kostenlos und ohne Voranmeldung benutzt werden.
Karten: Landeskarte 1:25 000, 1221 Le Sentier; 1:50 000, 250/250T Vallée de Joux
Informationen: Vallée de Joux Tourisme, Telefon 021 845 17 77, www.myvalleedejoux.ch

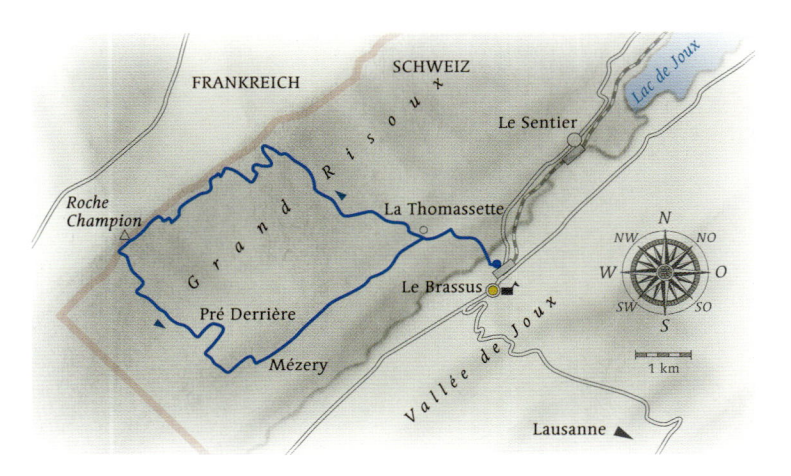

Bild Seite 172
Kreislauf des Lebens.

Bild oben
Sitzen und die Weite spüren:
Bei der Roche Champion.

Bild unten
Leberbalsam.

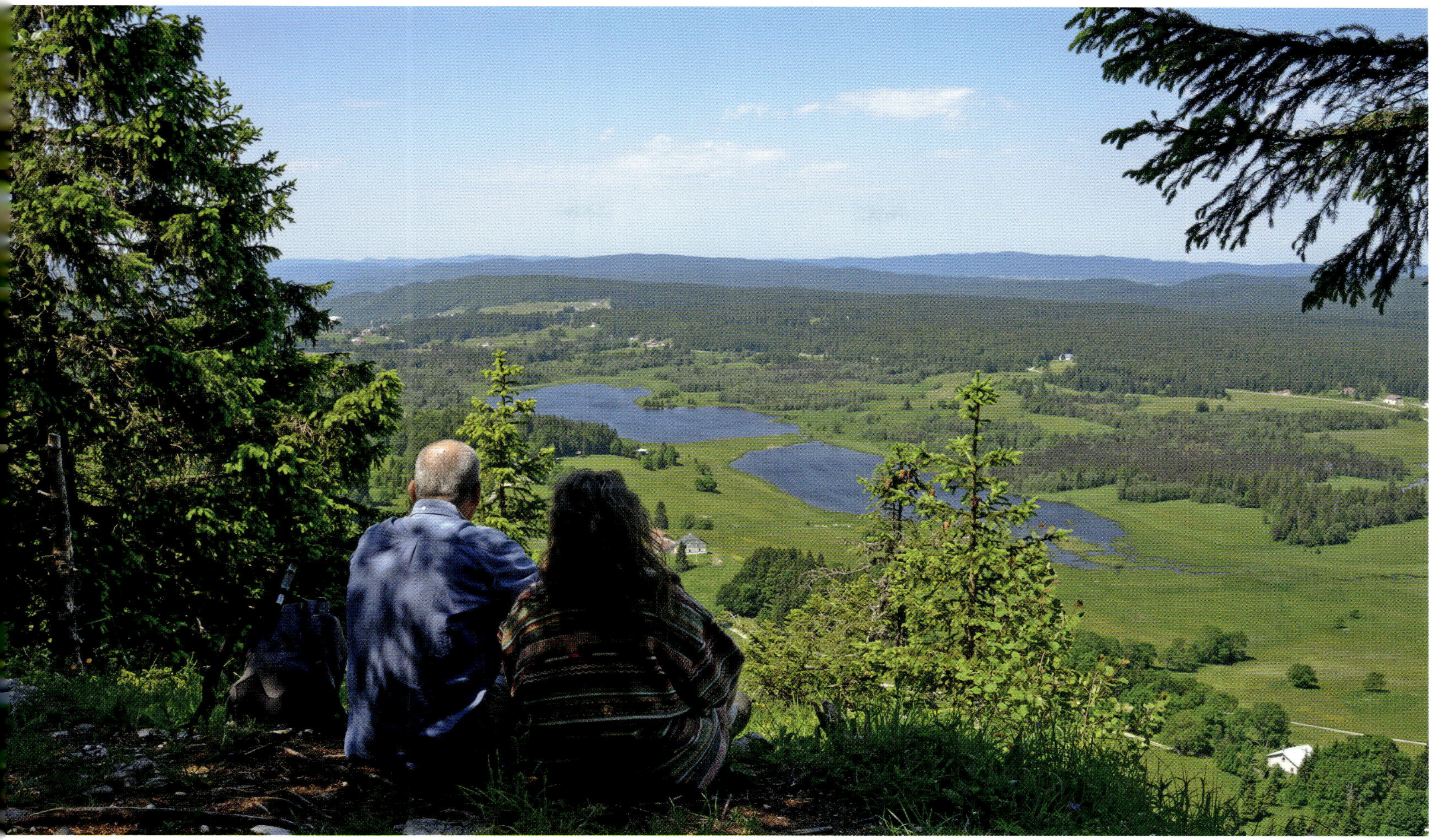
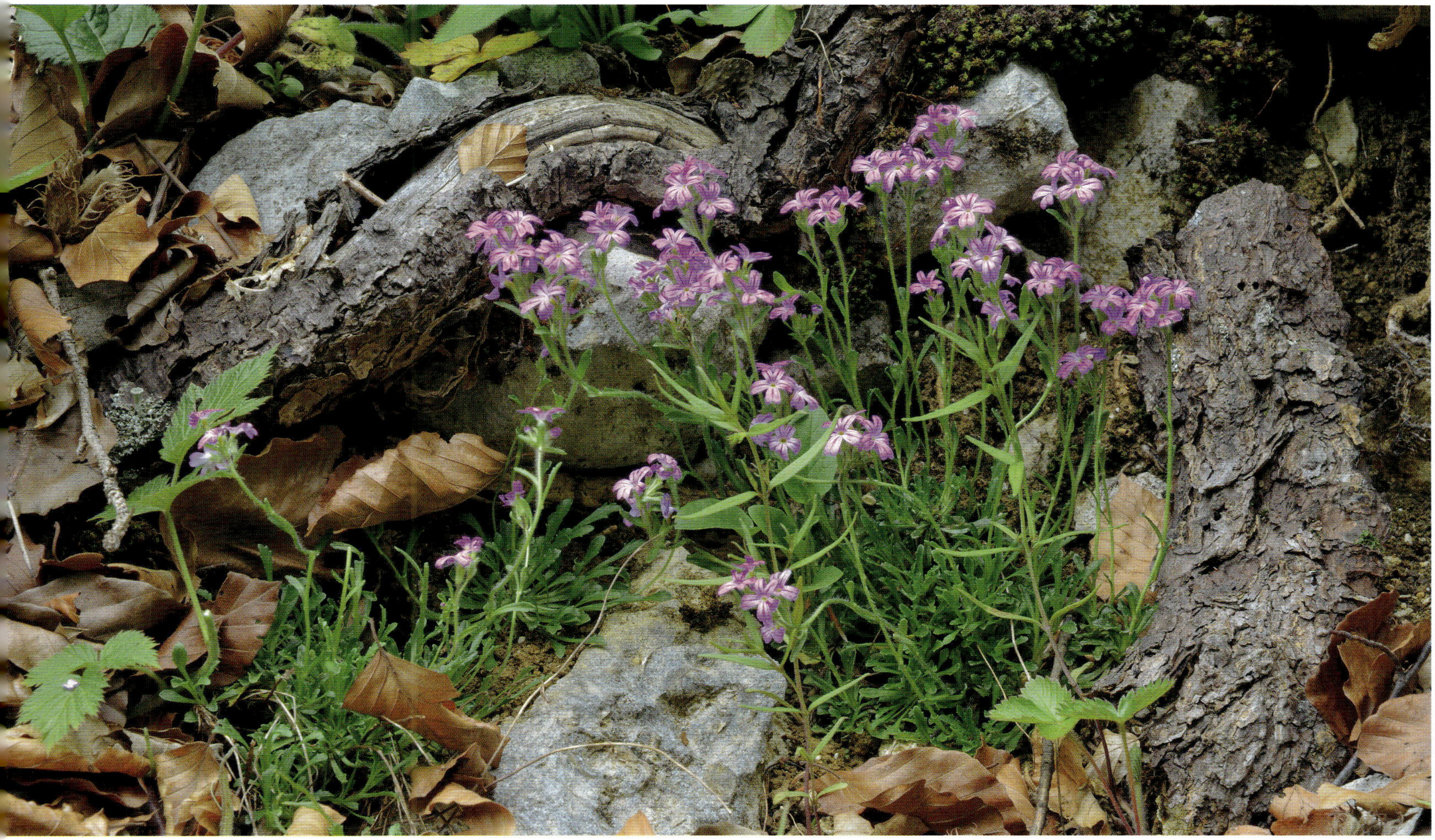

Im Vallée de la Brévine
Grenzschlängeln und Waldlaufen zum Menhir de Combasson

Diese Wanderung im äussersten Neuenburger Jura sticht aus den Routen in diesem Buch heraus, und dies aus mehreren Gründen. Erstens gehört sie zu den längeren – bei einer weiten Anreise lohnt es sich also, in der Region eine Nacht zu verbringen. Zweitens führt sie ein schönes Stück durch Frankreich. Und drittens beginnt sie in der Nähe von La Brévine, das mit minus 41,8 Grad Celsius lange den Kälterekord für die Schweiz hielt (bis zur «Übertrumpfung» durch die Glattalp mit −45,4 °C). Das klingt zwar cool, lässt den Sommerwanderer aber glücklicherweise «kalt», denn auch im September wird es tagsüber durchschnittlich noch angenehme 16 Grad warm.

Die Wanderung von La Brévine nach Les Verrières führt durch eine abgelegene, kaum besiedelte und ruhige Landschaft. Das ist bereits ein Lohn für die Länge der Tour. Sie wartet aber auch mit einigen kleinen Überraschungen am Wegesrand auf.

Der Start liegt an den Gestaden des Lac de Taillère, eines kleinen, schmucken Sees in einer Senke des Tales. Interessant ist, dass kein Bach in den See fliesst und auch kein Bach ihn verlässt. Er wird durch Regenwasser, kleine Rinnsale und Quellen im See selbst gespeist, und das Wasser verlässt ihn auch ganz heimlich wieder durch ein langes Höhlensystem, um sechs Kilometer südlich bei der Areuse wieder ans Tageslicht zu treten.

Eine gute Stunde nach dem Aufbruch erreicht man auf rund 1100 Meter über Meer die Grenze zu Frankreich. Hier ist es ratsam, mit einer guten Karte unterwegs zu sein. Das nächste Zwischenziel sind die Rochers du Cerf, die «Hirschfelsen». Es handelt sich dabei um eine etwa zwei Kilometer lange, schroffe Felsklippe, die aus einem dicht bewaldeten, engen Tal aufsteigt. Der höchste Punkt mit schönem Fernblick in den Schweizer Teil des Juras liegt etwa einen Kilometer von der Route entfernt und ist auf gutem Weg erreichbar.

Durch Wälder und abgelegene Weiden mit vereinzelten Höfen geht es weiter. Auf dem Hügelzug oberhalb von Les Verrières erwartet den Wanderer ein besonderer Ort: der Menhir de Combasson. Mitten im Wald, direkt an der Wanderroute, steht der etwa mannshohe, abgeflachte und mit Moos bedeckte Stein. In alten Geschichtsbüchern wird der Stein als Menhir von Druiden aus längst vergangenen Zeiten bezeichnet, und tief im Boden unter dem Stein soll gar ein legendärer Schatz liegen. Für Geologen ist er allerdings nichts mehr als ein Stein, der durch natürliche Kräfte aufgestellt wurde – indem ein auf einer liegenden Steinplatte wachsender Baum umstürzte und so den Stein in die Senkrechte drehte.

Die Route endet in Les Verrières. Die Siedlung wurde bereits 1344 als «Villa de Verreriis» erwähnt. Mit seiner Lage in einem Hochtal, das in wenigen Minuten direkt nach Frankreich nach La Cluse und Pontarlier führt, erlangte Les Verrières immer wieder eine geschichtliche Bedeutung. Bereits in prähistorischer Zeit sollen Salzhändler die Route begangen haben, und ab dem 14. Jahrhundert wurden auf einer neu erbauten Strasse Wein, Gewürze, Stoffe, Holz und anderes transportiert. Im Jahr 1476 versuchte ein Teil der Armee Karls des Kühnen, in Les Verrières einzumarschieren. Und 1871, nach dem Deutsch-Französischen Krieg, überschritt hier die geschlagene Bourbaki-Armee die Grenze, um von Schweizer Soldaten interniert zu werden. Das weltbekannte Bourbaki-Panorama in Luzern zeigt auf eindrückliche Art diesen historischen Moment.

Der Menhir de Combasson.

Seite 178/179
Hinliegen, vergessen, auftanken.
Beim Lac des Taillères.

Ausgangspunkt: Mit Zug und Postauto bis Les Taillères, Bout du Lac. (Start allenfalls in La Brévine mit mehr Postautoverbindungen.)

Route: An der Südseite des Lac de Taillères entlang bis Sur le Pont, dann gegen Nordwesten und über die französische Grenze Richtung Le Grand Mont. Kurz vor dem Weiler links halten, hinab zum Gehöft Le Théverot und nun südwestlich wieder zur Grenze hinauf. Weiter via die Gehöfte Brandt zum Menhir de Combasson und hinab nach Les Verrières (Postauto oder Bahn). **Tipp:** Karte mitnehmen.

Kennzahlen: Länge 17,3 km, 510 m Aufstieg, 620 m Abstieg, 4½ Std., Schwierigkeit T2.

Kürzere Variante: Start erst bei der Haltestelle Bémont NE, sur-le-Pont. Die Route wird um etwa ¾ Std. kürzer.

Einkehren und Übernachten: Restaurant Chez Bichon in Bémont am Lac de Taillère, Telefon 032 935 12 58. www.restaurant-chez-bichon-brevine.ch; Restaurant Les Cottards südlich und etwas erhöht über dem Lac de Taillère, Telefon 032 935 15 55. Restaurants in La Brévine und in Les Verrières, Hotels in La Brévine.

Entdecken und Erleben: Die Plätzchen mit der schönsten Aussicht gibt es auf den Felsklippen der Rochers du Cerf (Abzweigung bei P. 1203 bei La Côte du Cerf).

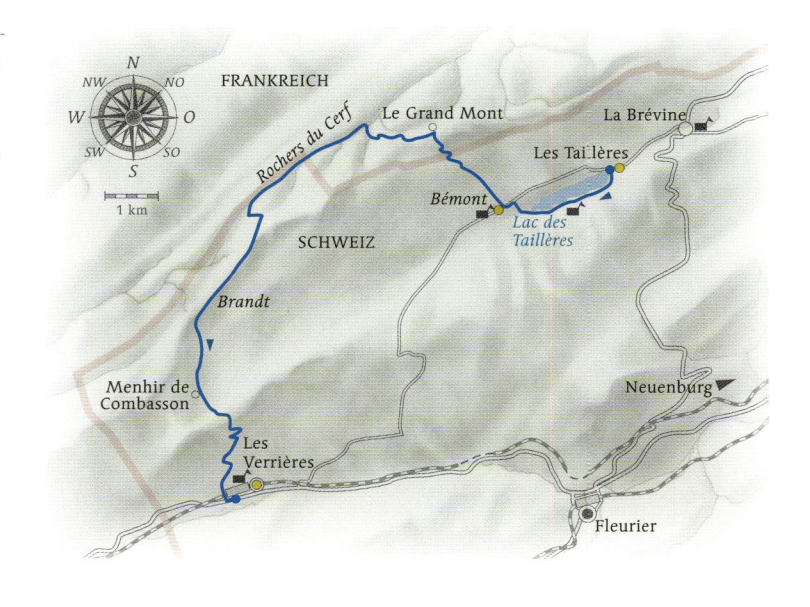

Karten: Landeskarte 1:25 000, 1162 Les Verrières, 1163 Travers; 1:50 000, 241/241T Val de Travers

Informationen: Neuchâtel Tourisme, Telefon 032 889 68 90, www.j3l.ch

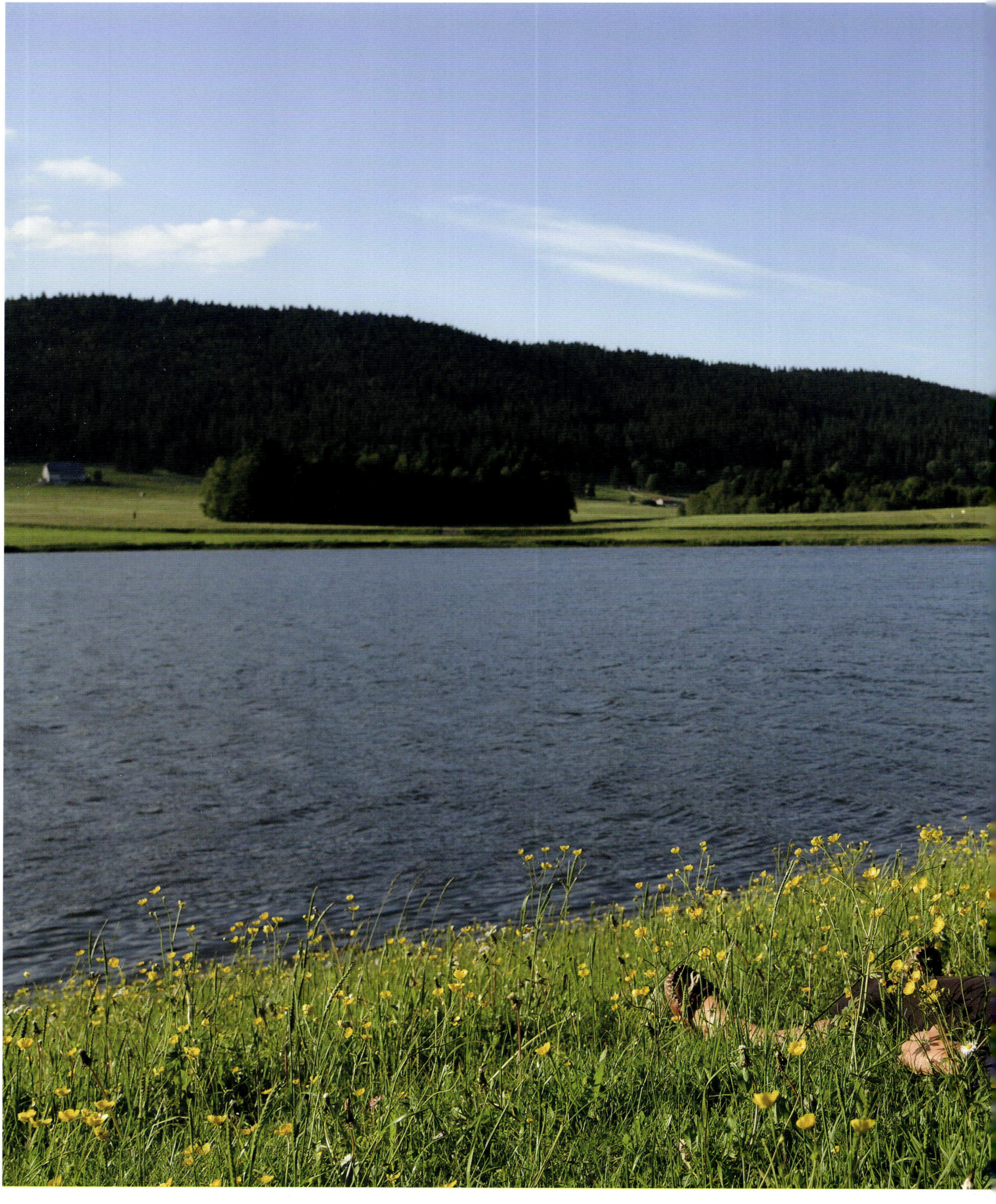

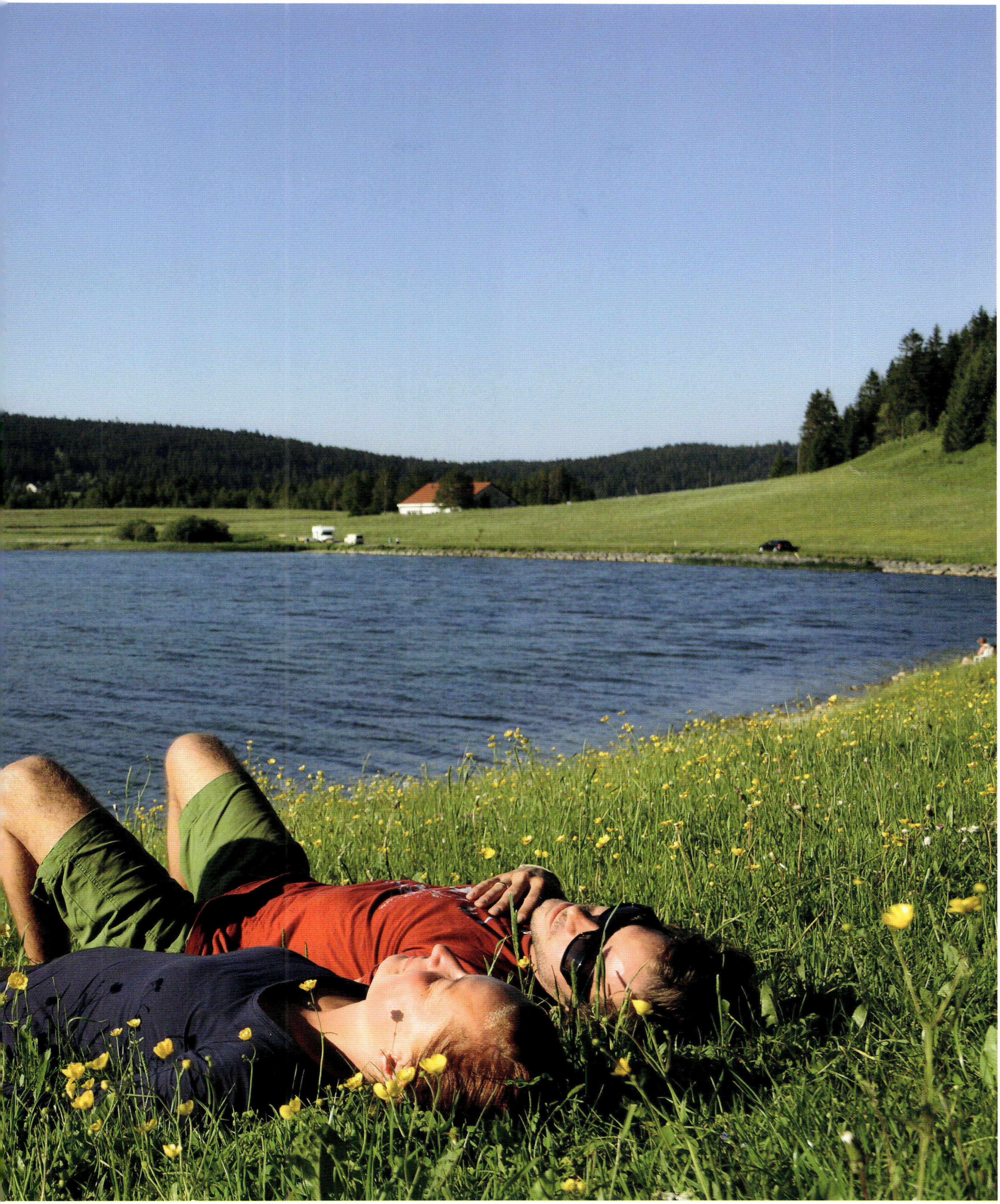

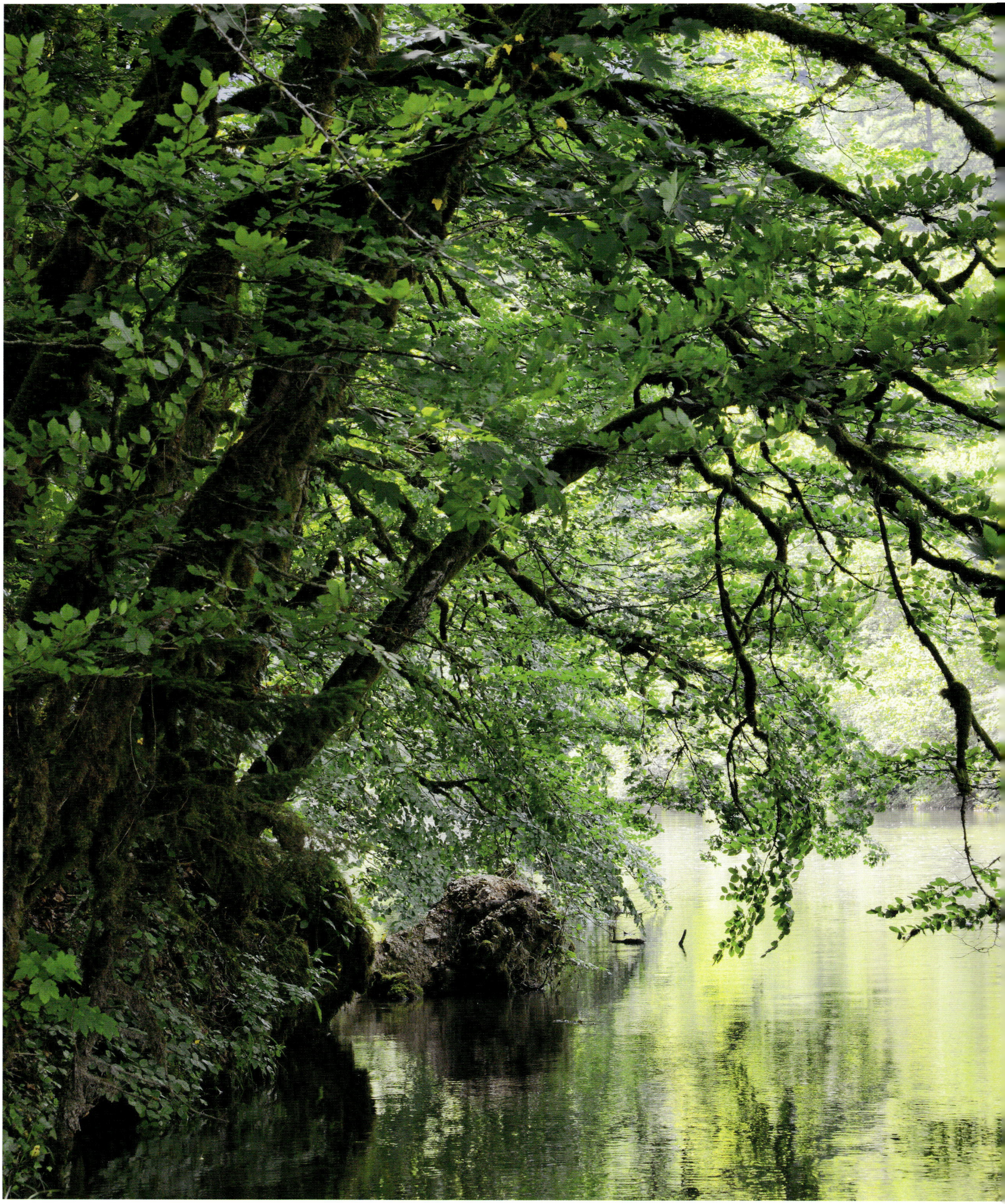

Die Côtes du Doubs
Wege und Windungen an einem der naturnahesten Flüsse der Schweiz

Wanderungen entlang von Flüssen haben für mich etwas Beruhigendes, Belebendes und beinahe Magisches. Das «natürlich» Augenfälligste ist, dass es eine Grenz-Erfahrung ist, dass ich stets an der Grenzlinie zwischen zwei völlig unterschiedlichen Lebensräumen unterwegs bin. Dann das Wasser selbst: Es hat sein eigenes Leben, unergründlich für mich am Ufer und in der Vielfalt seiner Lebewesen nur erahnbar. Das Wasser fliesst, und dieses Fliessen ist es, das mich hauptsächlich in seinen Bann zieht. Es kann für mich fast hypnotisierend wirken, wenn ich unter den Ästen eines ausladenden Baumes am Ufer sitze und dem Wasser zuschaue, wie es vorbeizieht, ohne Eile manchmal, geschwind andernorts, wenn meine Gedanken langsam verloren gehen, wenn ich dem Gurgeln lausche oder dem Sprudeln, die Zeit vergesse und erst nach Langem bemerke, wie ich fortgetragen wurde und doch hier blieb. Das Wasser wird bewegt von Kräften und hat doch seine eigene Kraft, ist unterwegs zum Ziel, sicher und unbeirrt, ohne selbst zu wissen wohin, stösst auf Hindernisse, die gar keine sind, sondern gar Leben in das Wasser bringen. Es sind Metaphern für das Leben, wie ich selbst unterwegs sein möchte, wie ich selbst durchs Leben gehen möchte, auf dem Weg zu meinem Ziel, das ich nicht immer kenne.

Der Doubs ist kein gewöhnlicher Fluss in der Schweiz. Das sieht man bereits auf der Karte. Statt wie alle anderen Flüsse hierzulande naturgemäss ins Ausland zu fliessen, ist er ein veritabler Einwanderer und fliesst bei Les Brenets in die Schweiz, stets auf nordöstlichem Kurs. Bei St-Ursanne allerdings scheint er sich eines Besseren zu besinnen, macht linksum kehrt und verlässt nach einigen Windungen wieder unser Land, um nun doch gen Südwesten zu halten, in Richtung Saône.

Die größten Ereignisse, das sind nicht unsere lautesten, sondern unsere stillsten Stunden.
Friedrich Wilhelm Nietzsche

Das mag nun interessant klingen, aber unterwegs wird einem vor allem dies auffallen: die Natur! Der Doubs ist auf langen Abschnitten noch ein naturnaher, kaum verbauter Fluss. Und im Neuenburger Jura, bei La Chaux-de-Fonds zwischen dem Lac de Moron und Biaufond, fliesst er durch eine besonders wilde und romantische Landschaft, die Côtes du Doubs. Es ist ein mehrere Hundert Meter tiefes Tal, manchenorts eine Schlucht, in die sich der Doubs wie eine riesenhafte Schlange gelegt hat, und mit alten, knorrigen Wäldern, welche die Hänge zu beiden Seiten bedecken.

Die Wanderung beginnt man am besten beim Gasthof Maison-Monsieur, das man von La Chaux-de-Fonds mit dem Postauto erreicht. So wandert man zwar flussaufwärts und muss zum Schluss einen 400-Meter-Aufstieg meistern. Der Vorteil ist aber, dass an diesem Zielort nachmittags mehr Busse fahren als am Ausgangspunkt, sodass man flexibler ist und nicht mit dem Auge auf der Uhr wandern muss.

Ausgangspunkt: Zug nach La Chaux-de-Fonds und Postauto bis La Maison-Monsieur, bifurcation.
Route: Hinab zum Gasthof Maison-Monsieur am Doubs und dann flussaufwärts wandern. Etwa ½ km vor der Staumauer Châtelot nach Roches de Moron aufsteigen und zur Postautohaltestelle Les Planchettes, village.
Kennzahlen: Länge 14,2 km, 580 m Aufstieg, 180 m Abstieg, 4 Std., Schwierigkeit T2
Einkehren und Übernachten: In Biaufond: Hotel Maison-Monsieur, www.maisonmonsieur.ch; Restaurant Biaufond, Telefon 032 968 64 85; Gasthaus Maison Biaufond, Zimmer und Lager, Telefon 032 968 60 60, www.maison-biaufond.ch; Restaurant Halte du Châtelot bei der gleichnamigen Staumauer, Telefon 032 913 12 51; Restaurant Roches de Moron bei Les Planchettes, Telefon 032 913 41 17, www.restroches.ch.
Entdecken und Erleben: Am Doubs gibt es zahllose wunderschöne Plätzchen, wo man sich unter einen Baum setzen und dem ruhigen Fliessen des Wassers zuschauen kann. Für kulturgeschichtlich Interessierte gibt es immer wieder Informationstafeln, etwa zu den ehemaligen Glashütten am Doubs.
Karten: Landeskarte 1:25 000, 1123 Le Russey, 1124 Les Bois, 1143 Le Locle und 1144 Val de Ruz; 1:50 000, 231 Le Locle oder 232T Vallon de St-Imier
Informationen: Pays de Neuchâtel, Telefon 032 889 68 90, www.j3l.ch

Bild Seite 180
Zur Ruhe kommen. Am Doubs.

Ort der Stille, Ort des Lichtes.
Am Doubs.

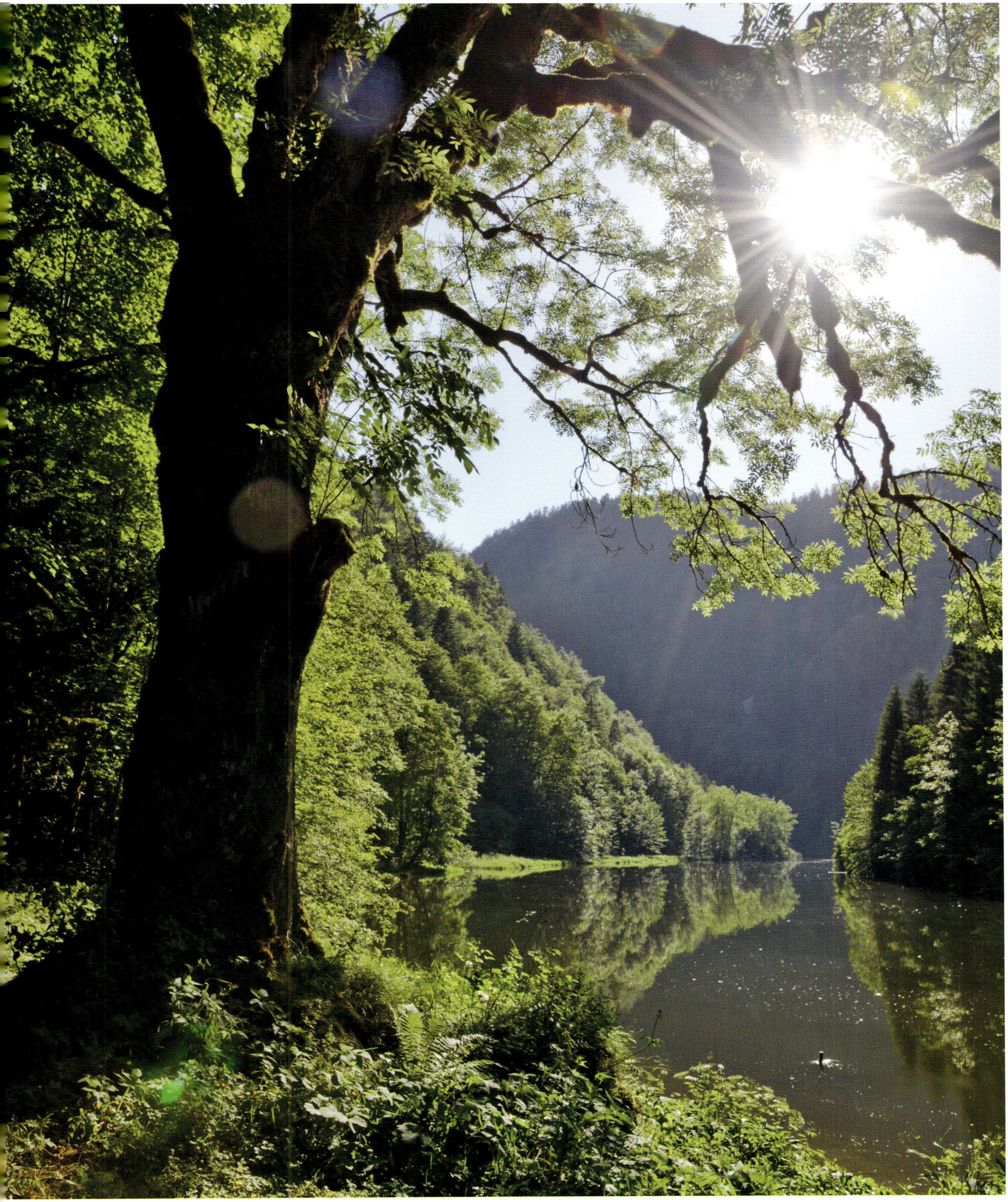

Das Geschenk der Dankbarkeit

Wir alle möchten glücklich sein. Wir haben verschiedenste Mittel und Wege ersonnen, um dieses Glücksgefühl zu erreichen. Manche sehen ihr Glück in Geld, andere in Macht, andere wiederum in einem teuren Auto oder schicken Kleidern. Viele stellen aber fest, dass dieses Glücksempfinden nicht lange anhält, und finden ihr Glück in inneren Werten – etwa in Freundschaften, in Freiwilligenarbeit oder auf einem spirituellen Weg.

Dankbarkeit ist einer der besten Wege zu Glück und Wohlbefinden. Dankbarkeit ist ein tiefes, im Herzen empfundenes Gefühl, ein Gefühl der Wertschätzung und Anerkennung für das, was wir von anderen Menschen, vom heutigen Tag, von dieser Welt, von Gott oder einer höheren Macht erhalten. Im Judentum, im Christentum und im Islam steht die Dankbarkeit im Zentrum des Glaubens, Gebete, Rituale und der Alltag sind durchwoben mit dem Faden der Dankbarkeit. Dankbarkeit gilt als unabdingbarer Baustein auf dem Weg zu spiritueller Erfüllung.

Tipps: Dankbarkeit ist lernbar

- Probieren Sie für eine gewisse Zeit, zu Beginn vielleicht für eine Woche, ein Dankbarkeitstagebuch zu führen. Alles, was es braucht, ist ein kleines Büchlein und ein Schreibstift. Und ein offenes Herz dafür, was uns jeden Tag geschenkt wird und wofür wir dankbar sein können.
- Wir können für alles dankbar sein, Materielles wie Immaterielles. Wir können dankbar sein für unser Haus, das uns warm hält und vor Wind und Wetter schützt. Für das Essen, das nah und fern gedeiht, geerntet, zu uns gebracht wird und uns am Leben erhält. Für unsere Beine, die uns durch das Leben tragen. Für die Kassierin, die stundenlang am Band sitzt, und für den Busfahrer, der tagelang seine Linie abfährt. Für den Unbekannten, der zu uns freundlich war.
- Ganz wichtig ist unsere innere Haltung. Dankbarkeit sollte ein tief empfundenes Gefühl in unserem Inneren sein. Es reicht nicht, einfach ein «Ach ja, sagen wir wieder mal Danke» abzuleiern. Es geht darum, aus dem Innersten, von Herzen dankbar zu sein. Vielleicht halten Sie einen Moment inne, schliessen die Augen und spüren ein warmes, weiches und angenehmes Strömen um Ihr Herz.

Dankbares Wandern macht glücklich

- Wandern, das Unterwegssein in der Natur, das Erkunden von Bergen und Tälern, Wäldern und Wiesen, das Zusammensein mit Freunden, das alles gibt uns unzählige Gelegenheiten, dankbar zu sein.
- Das kann schon vor dem Start beginnen. Wir können dankbar dafür sein, dass wir gesund genug sind, um auf eine solche Tour zu gehen. Dankbar, dass wir das Geld haben, um den Zug und einen Restaurantbesuch zu bezahlen. Oder vielleicht sind wir für den komfortablen und schnellen Zug dankbar, der uns an den Ausgangspunkt bringt. Wir können aber auch dankbar dafür sein, dass wir in einem sicheren Land leben und uns frei bewegen können.
- Auf der Wanderung sehen und erleben wir vieles, wofür wir dankbar sein können: Für den Sonnenschein und den blauen Himmel oder für den Regen, der fällt und andernorts das Getreide wachsen und reifen lässt und uns in ein paar Monaten in Form eines Brotes nähren wird. Für den Weg, der vor langer Zeit durch Menschen mit Hacke und Pickel errichtet wurde. Wir können dankbar sein für alles, was wir sehen, hören und riechen, für die Bäume, die Blumen und die Bienen, die alle mit uns diesen wunderschönen Planeten teilen.
- Die Zeit nach der Wanderung ist ein guter Moment, den Tag und die Wanderung Revue passieren zu lassen, sei es auf der Heimfahrt im Zug, beim Nachtessen oder beim Entspannen im Lesesessel. Was habe ich heute Schönes gesehen und erlebt, für das ich dankbar bin?

Die psychologische Forschung hat sich der Dankbarkeit erst spät angenommen. Lange Zeit befasste sie sich vor allem mit Negativem, Angst, Depressionen, allen Arten von Störungen. Erst mit dem Aufkommen der positiven Psychologie vor wenigen Jahren rückten auch positive Emotionen in den Blickpunkt der Psychologen, und seit einigen Jahren gehört «Dankbarkeit» zu den wichtigsten Themen dieser Wissenschaft.

Dabei fanden die Forscher Erstaunliches heraus. Dankbare Menschen sind glücklicher, sind weniger depressiv und weniger gestresst. Sie können mit Schwierigkeiten und Schicksalsschlägen im Leben besser umgehen und haben weniger Schuldgefühle. Dankbare Menschen sind zufriedener und schlafen besser. Dankbarkeit gilt als einer der wichtigsten Faktoren für psychische Gesundheit. In einer grossen Studie untersuchte der Pionier Martin Seligman verschiedene Methoden, um die Lebensqualität zu erhöhen. Dabei wollte er auch wissen, welche Methoden kurzfristig am besten wirken, und welche langfristig. Die Studie kam zum Schluss, dass ein «Dankbarkeitsbesuch» kurzfristig am besten wirkte. Dabei schrieben die Teilnehmer der Studie einer ihnen wichtigen Person einen Dankesbrief und überbrachten diesen persönlich. Diese «einfache» Handlung machte die Menschen bis zu einem Monat nach dem Überbringen glücklicher. Die effektivste Methode, eine langfristige Wirkung zu erreichen, war wiederum die Dankbarkeit, und zwar in Form eines «Dankbarkeitstagebuches». Dabei schrieben die Probanden jeden Tag drei Sachen auf, für die sie am betreffenden Tag dankbar waren. Dadurch waren sie auch viele Monate danach noch glücklicher, und viele Teilnehmer der Studie führten das Tagebuch noch lange danach weiter. Das zeigt nicht nur, wie wertvoll Dankbarkeit ist, sondern auch, dass man sie lernen kann.

Eine der naheliegendsten Gelegenheiten, Dankbarkeit zu üben, ist das Essen. Das Essen ist eine der wenigen Aktivitäten, bei der all unsere fünf Sinne beteiligt sind. Und das Essen ist ein Geschenk, ein Geschenk der Erde, der Natur und der Arbeit anderer Menschen. Es ist ein Geschenk, das die Kraft der Natur in sich trägt, eine Kraft, die uns am Leben erhält. Wenn wir das Essen langsam, mit diesem Bewusstsein zu uns nehmen, wird die Mahlzeit zu einer Übung in Dankbarkeit, und sie nährt so nicht nur den Körper, sondern auch die Seele.

«Sei dankbar für das, was du hast; warte auf das Übrige und sei froh, dass du noch nicht alles hast; es ist auch ein Vergnügen, noch auf etwas zu hoffen.»
Lucius Annaeus Seneca

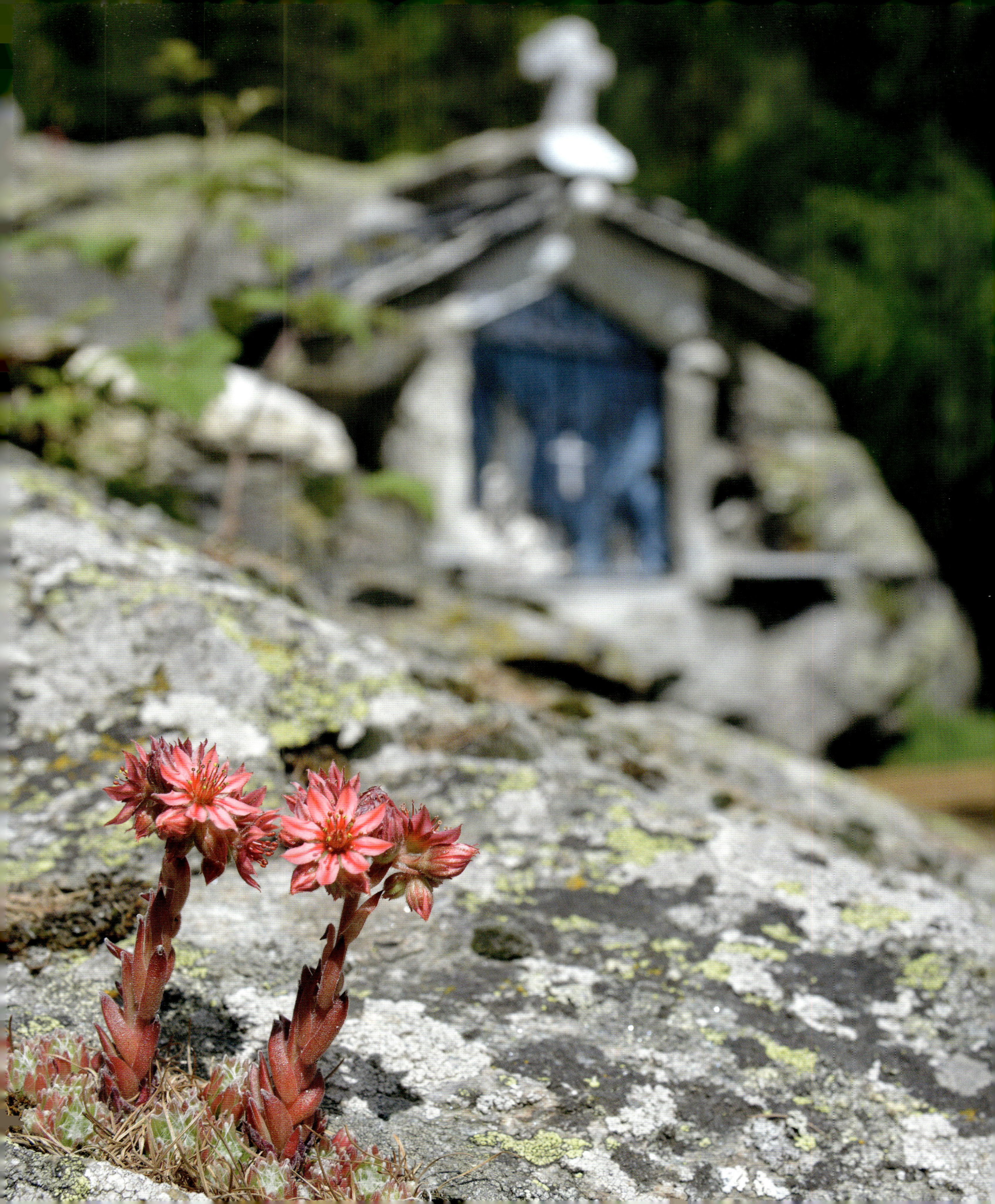

Der Erschwiler Jura
Im Herzen einer weiten, stillen Berglandschaft

Nach einem kurzen, aber herzhaften Aufstieg sitze ich auf dem Grat oberhalb von Bärschwil, auf einer kleinen, baumfreien Kuppe, die den Blick nach Norden freigibt. Es ist ein herrlicher Frühsommertag, ein kühles Lüftchen streicht angenehm über meine feuchte Haut. Es ist still hier, nur das frische Buchenlaub rauscht sanft im Wind, und vom Himmel ist ab und zu das «Hiää-hiäää» eines Mäusebussards zu hören. Ich bin nun schon einige Stunden unterwegs, habe aber noch kaum einen anderen Menschen getroffen.

Eine Zeitlosigkeit liegt über dem Land, und es ist mir, als sei ich im Herzen dieser weiten Juralandschaft, und doch entrückt, als Beobachter, als Zeuge dieses Raumes, seiner Geschichte und seiner Menschen. Ich habe die Geschichte dieser Region im Vorfeld etwas studiert, und Bilder, Szenen und Klänge tauchen nun in mir auf. Ich stelle mir vor, wie vor Zehntausenden von Jahren noch Gletscher hier lagen und trotz der harschen Bedingungen, wie ich gelesen habe, Neandertaler hier lebten und durchzogen. Sassen sie vielleicht einst auch genau hier, wo ich jetzt raste, und schauten über das weite Land? Fast sehe ich sie neben mir sitzen, beobachte sie, und ein ehrfürchtiges und staunendes Gefühl über meine eigene Herkunft und Geschichte überkommt mich.

Nach dem Rückzug der Gletscher, vor etwa 7000 Jahren, wurden die Menschen sesshaft und bauten kleine Siedlungen am Fuss der Jurahänge. Für die Jagd fertigten sie immer feinere Speerspitzen, und nicht weit von dem Platz, an dem ich sitze, bauten sie Feuerstein ab – in Pleigne, nur wenige Kilometer im Westen, oder auch in Lampenberg, etwas östlich von hier. Ich sehe vor meinem inneren Auge, wie die Menschen geduldig und geschickt an den Steinen arbeiten, von denen ihr Überleben abhängt. Vielleicht stiegen sie auch hier auf «meinen» Felsen, um nach Jagdbeute Ausschau zu halten.

Der Mensch wurde immer geschickter im Umgang mit Metallen, der Handel damit intensivierte sich, und die Gesellschaft begann, sich zu organisieren. Es entstanden auch Siedlungen in höheren Lagen, von denen aus die wichtigen Übergänge kontrolliert werden konnten. Eine davon lag in Courroux bei Delémont, nur einige Kilometer westlich meines Plätzchens. Ich male mir das

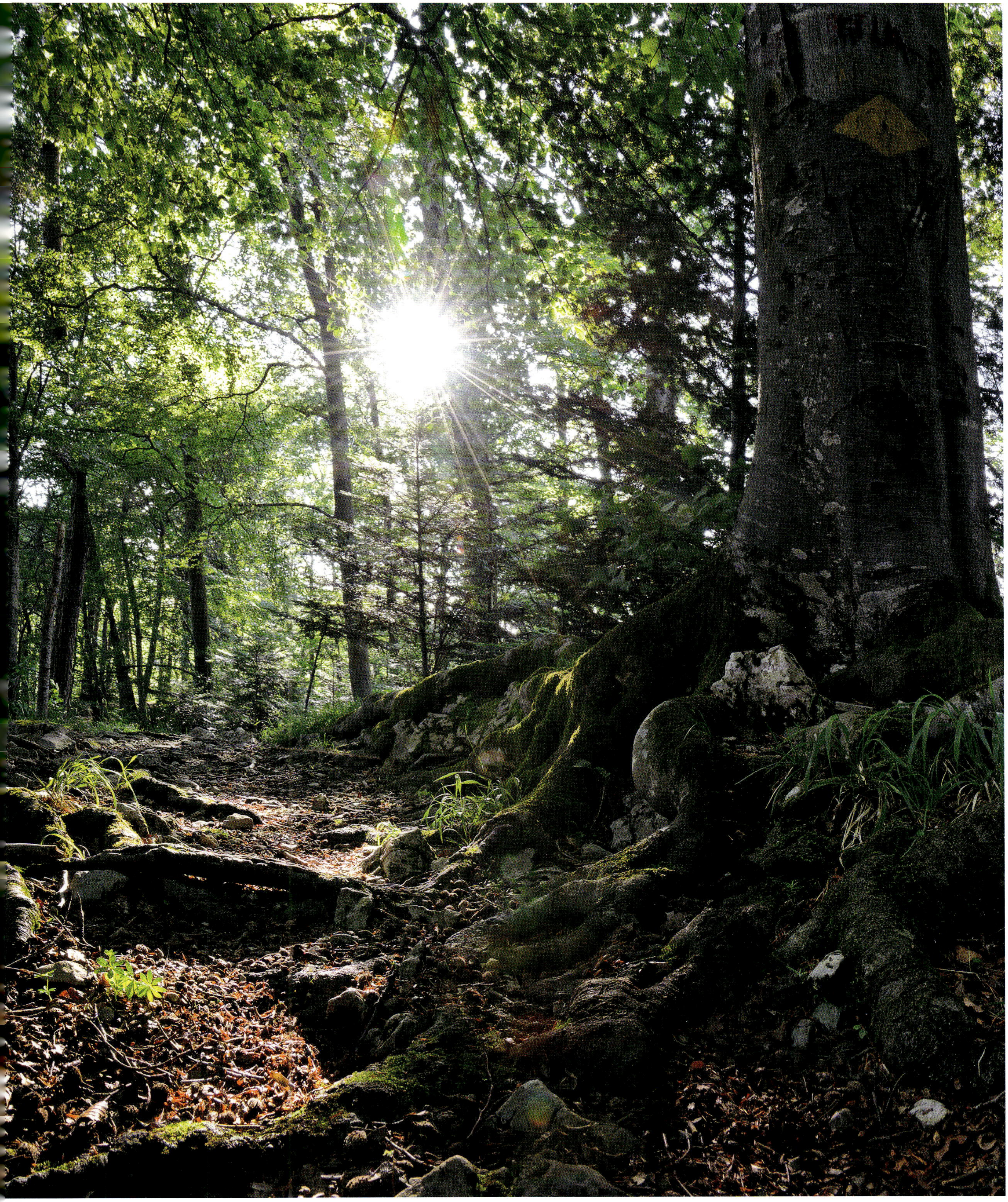

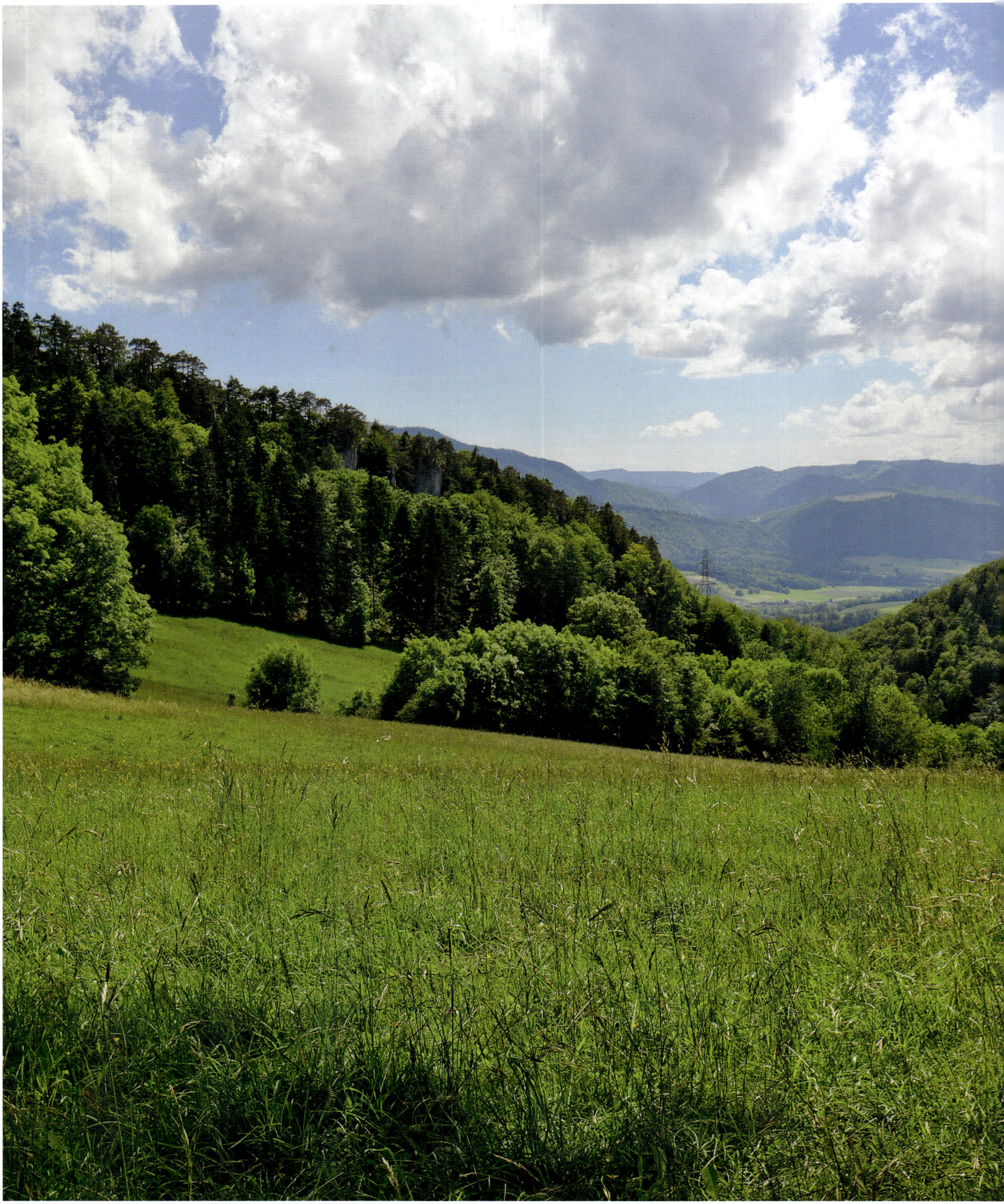

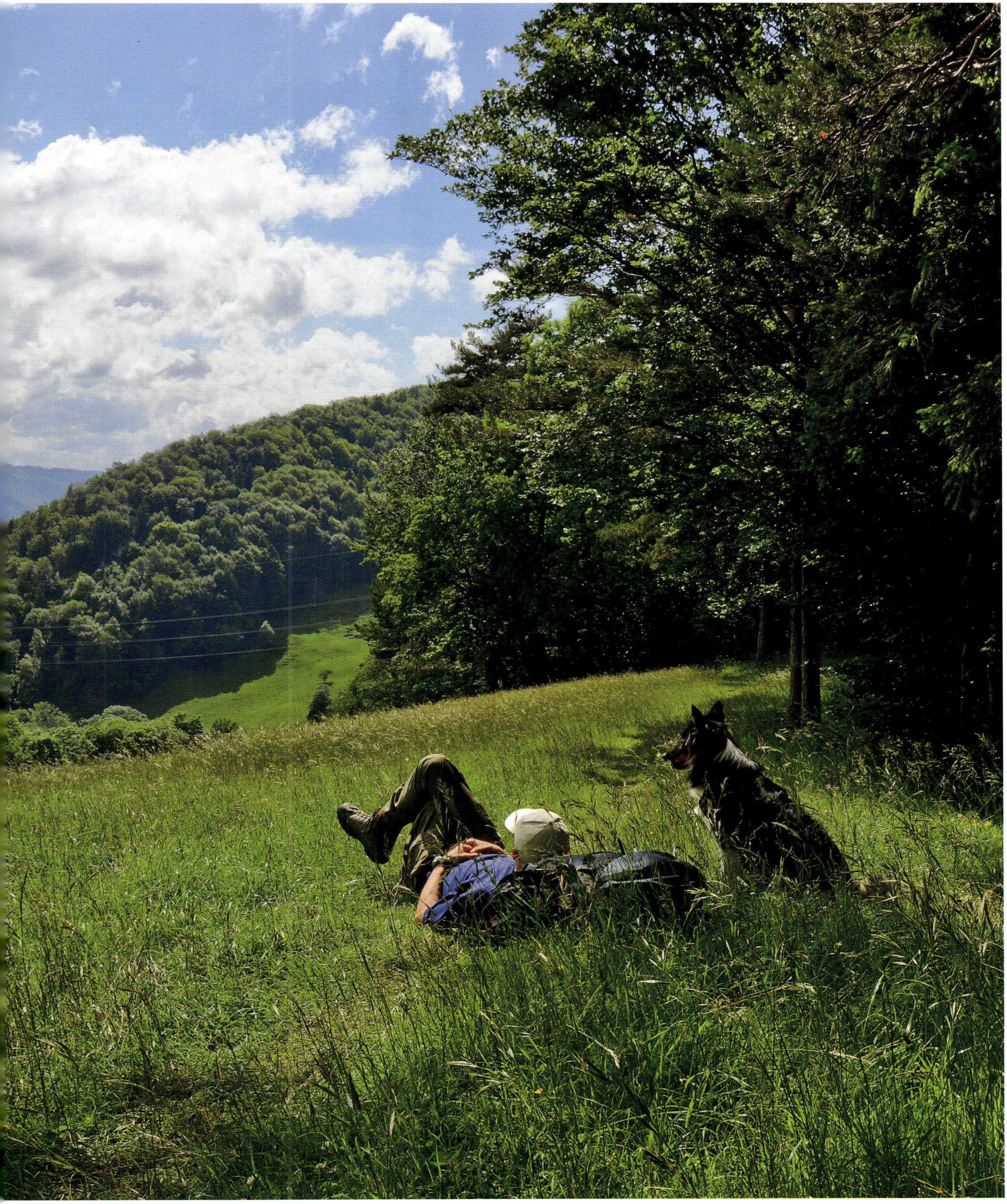

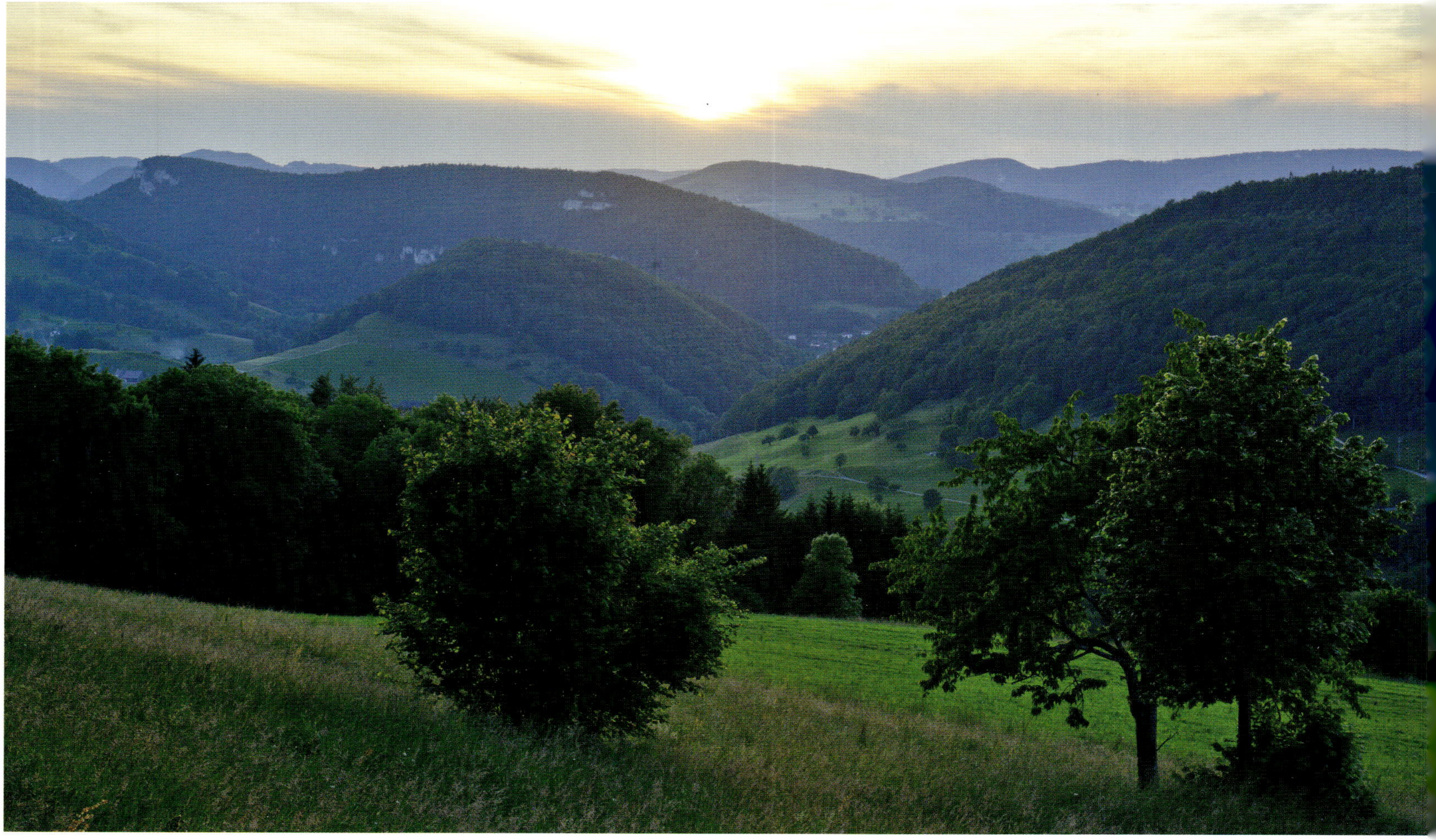

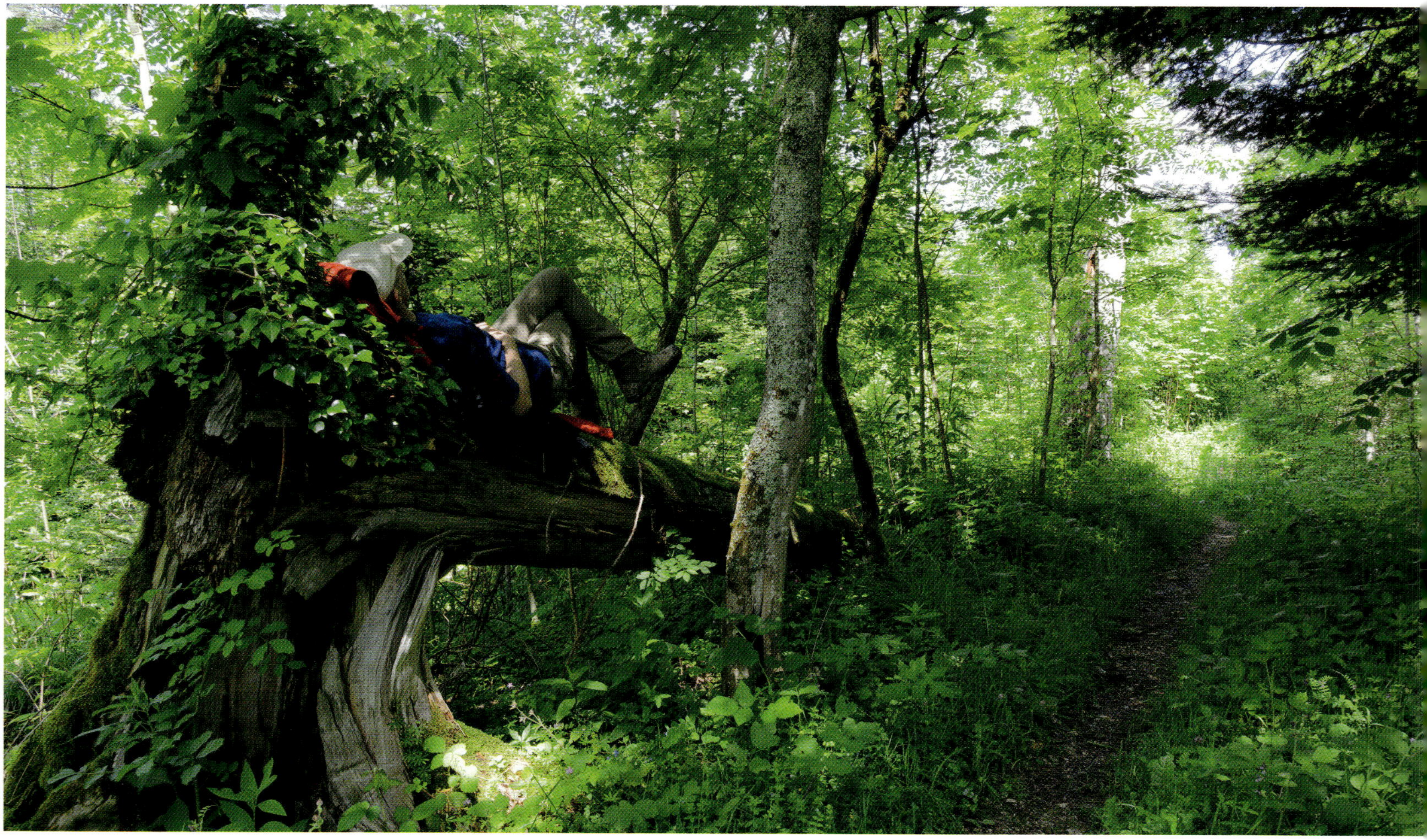

bunte und lebhafte Treiben in den Dörfern aus, höre das Geschrei der Kinder, das metallische «Klang» und «Klong» in den Schmieden.

Die Wanderung von Erschwil nach Vicques ist mit viereinhalb Stunden nicht kurz, aber doch noch gut an einem Tag machbar. Sie verspricht viel Beschaulichkeit und Ruhe. Man ist hier nicht auf der ersten Jurakette unterwegs, der südlichsten, höchsten und auch am meisten begangenen. Man wandert hier auf der vierten Kette, vielleicht auch auf der fünften; die verästelten Hügelzüge entziehen sich dem genauen Zählen, und sowieso ist man hier von den populärsten Wanderrouten weit entfernt. Dafür ist es über weite Strecken eine, wenn auch ungefährliche, so doch spannende Gratwanderung, topografisch und geografisch in einem Dreieck Solothurn–Baselland–Jura und kulturell stets zwischen dem Deutschsprachigen auf der rechten und dem Französischsprachigen auf der linken Seite gelegen.

Auch gut zu wissen: Wer gerne grössere Strecken wandert, kann die Tour auch verlängern und bis ins hübsche Städtchen Delémont wandern. Und wem es mehr nach Verweilen und Rasten zumute ist, kann die Tour erst in Grindel oder Bärschwil beginnen und so die Route abkürzen.

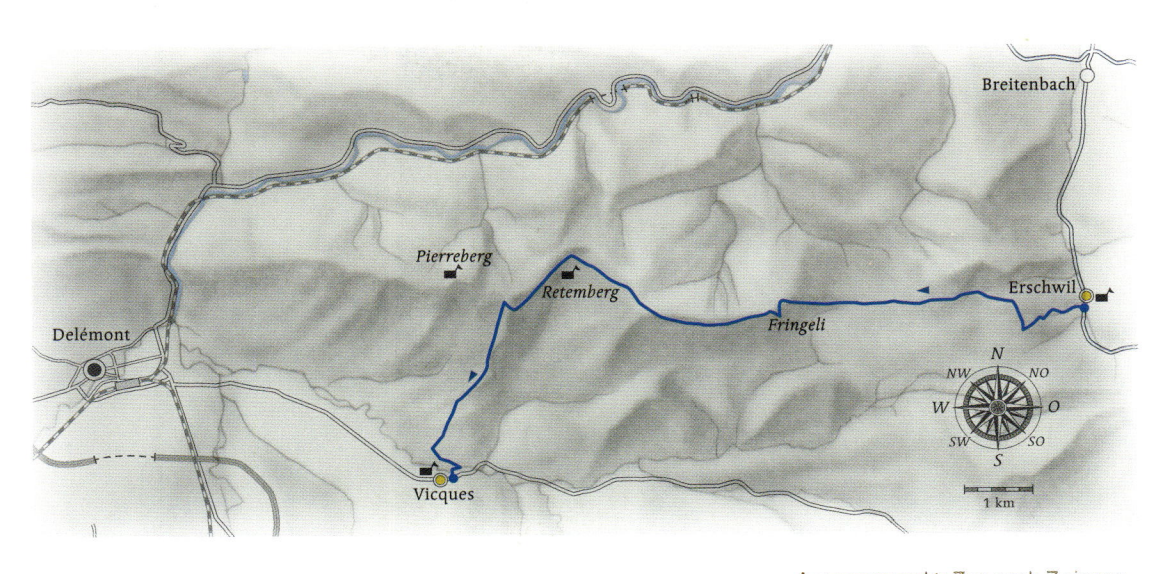

Bild Seite 189
Seelenweg bei Fringeli.

Bild Seite 190/191
Stiller, weiter Jura. Auf dem Stierenberg.

Bild oben
Abendstimmung bei Grindel.

Bild unten
Wunderbares Pausenplätzchen am Wegrand.

Ausgangspunkt: Zug nach Zwingen oder Balsthal, dann Postauto bis Erschwil, Dorf.
Route: Von Erschwil via Oberbergli und Stierenberg nach Ober Fringeli. Hier links hoch auf den Grat und diesem westlich folgen. Etwa 1 km vor Pierreberg südlich absteigen zur Haltestelle Vicques, poste (Postauto nach Delémont).
Kennzahlen: Länge 14 km, je 660 m Auf- und Abstieg, 4½ Std., Schwierigkeit T2
Einkehren und Übernachten: Restaurants in Erschwil und Vicques. Naturfreundehaus Retemberg ob Vicques, Telefon 032 435 65 58, www.retemberg.ch. Hotels in Erschwil und Delémont.
Entdecken und Erleben: Die schönsten Plätzchen für eine Mittagspause liegen auf dem Grat oberhalb von Ober Fringeli, mit prächtiger Aussicht.
Karten: Landeskarte 1:25 000, 1086 Delémont und 1087 Passwang; 1:50 000, 223/223T Delémont
Informationen: Kanton Solothurn Tourismus, Telefon 062 213 16 20, www.kantonsolothurntourismus.ch; Jura Tourisme, Telefon 032 432 41 60, www.j3l.ch

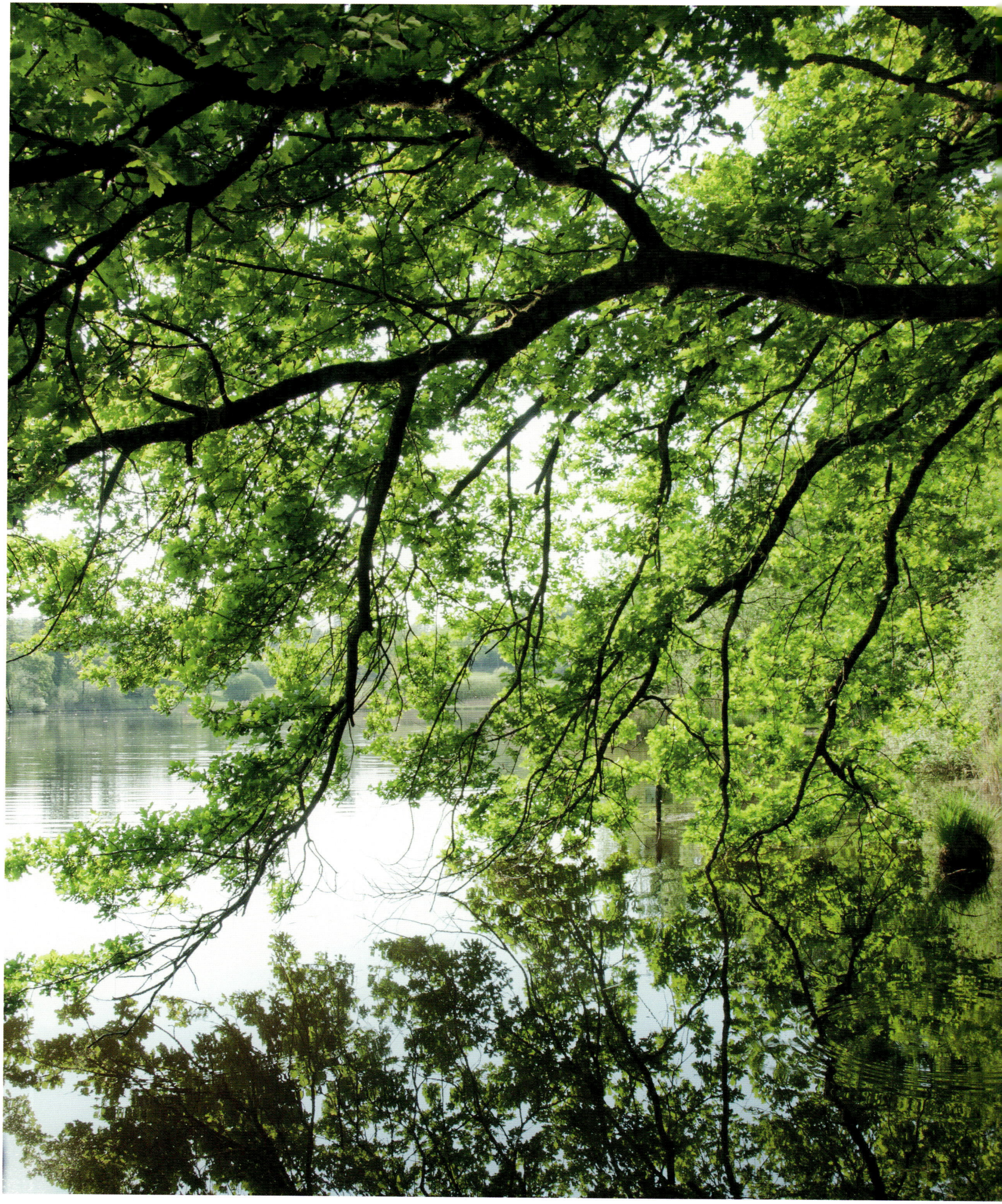

Zum Erdmannlistein

Menhire, Wälder und Weiher – und der erste Meditationsweg der Schweiz

War es Zufall? War es Schicksal? Es war kurz bevor ich mit den Wanderungen für dieses Buch begann, als meine Gedanken bereits damit beschäftigt waren, die ersten Touren für das Buch festzulegen. Eines Sonntags streifte ich für einen Foto-Auftrag durch den Wald bei Bremgarten, und ich war kaum eine halbe Stunde unterwegs, als ich mitten im Wald zu einer Tafel kam, auf der oben «Umweg» stand. War ich jetzt schon vom Weg abgekommen? Oder hatte ich einen neuen gefunden? Oder beides? Ganz unten auf der Tafel stand «Meditationsweg Wohlen». Mein unwissendes Herumspazieren hatte mich auf einen der ganz wenigen Meditationswege der Schweiz geführt. Und zwar auf den äussersten Punkt mit dem Thema «Umweg». Zufall? Auf jeden Fall hatte es sich gefügt, dass ich gleich zu Beginn meiner Recherchen das perfekte Kapitel für dieses Buch fand, ein Buch, das ebenso gut «Meditationswandern» heissen könnte.

Ich hatte damals eine hektische Zeit, beruflich und privat, und so flossen einige der Sprüche von Meistern unterschiedlicher Religionen und Philosophien wie Balsam in meine Seele. «Nichts ist entspannender, als das anzunehmen, was kommt», schrieb einmal der Dalai Lama. Und das ist seither einer meiner wertvollsten, nährendsten und hilfreichsten Sätze, den ich mit mir trage.

Im Wald bei Bremgarten gibt es einiges an Überraschendem zu entdecken. Etwa der Erdmannlistein. Die gewaltigen Menhire in der Bretagne hatte ich ein Jahr zuvor besucht und gestaunt, wie es diese Menschen vor mehreren Tausend Jahren schafften, viele Tonnen schwere Steine aufeinanderzulegen. Aber dass wir das auch in der Schweiz haben, das war mir völlig entgangen. Der obere Block des Erdmannlisteins, der ganz leicht auf zwei Basissteinen zu ruhen scheint, wiegt nicht weniger als 60 Tonnen. In der Umgebung gibt es noch zahlreiche weitere Steine, etwa die grosse Platte des Bettlersteins. Der ganze Komplex wird als eine ausgedehnte megalithische Kalender- und Kultanlage angesehen. Daneben soll man im Wald noch heute steinzeitliche Gräber und Mauerreste aus der Römerzeit entdecken können.

An der Wanderroute und in deren Nähe gibt es auch einige Moore und Weiher. Zwei davon, das Torbemoos und das Cholmoos, sind quasi Teil des Meditationsweges. Beim Cholmoos gibt es einen wunderbaren Rastplatz mit Bänken, und hier verweilte ich eine lange Zeit und beobachtete die kleinen und auch riesengrossen Karpfen im flachen Wasser, die Graugänse, die durch die Seerosenteppiche paddelten, und die Libellen, die im Schilf um die gelb leuchtenden Schwertlilienblüten tänzelten. Noch weitere Weiher, Moose und Tümpel gibt es im Wald zwischen Bremgarten, Wohlen und Hägglingen, aber alles Wunderbare und Wundersame will ich nicht schon hier verraten.

Auf der Wanderung durch den Wald wird man auch Zeuge der Kraft des Waldes, sich nach einem verheerenden Sturm zu erholen. Ein solcher, es war Orkan Lothar, riss um die Jahrtausendwende eine lange Schneise in den Wald. Ordnung muss sein, und so wurde meistenorts in der Schweiz sofort nach dem Sturm mit dem Aufräumen begonnen. Bei Chintis aber (bei der Verzweigung nordöstlich von P. 481) verzichtete man in einem Anflug von Gelassenheit und wissenschaftlicher Neugier auf jeglichen Eingriff. Heute steht hier ein dichter Jungwuchs aus Buchen und Bergahornen. Wer aber etwas ins Dunkel späht, erkennt am Boden noch die alten, dicken und moosbewachsenen Baumstämme und aufgestellte Wurzelteller, aus denen dickere und dünnere Wurzeläste wie die schüttere Frisur eines Märchenriesen herausragen.

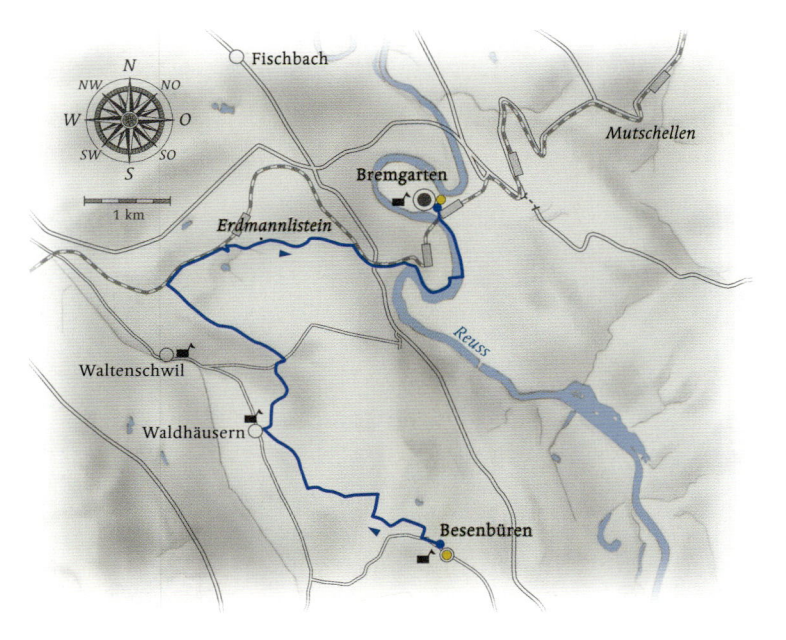

Ausgangspunkt: Zug bis Wohlen AG, Postauto bis Besenbüren, Dorf.
Route: Von Besenbüren nach Waldhäusern. Hier rechts (nordöstlich) weg, auf einer Anhöhe um das Dorf Waltenschwil, auf einer Forststrasse den Bahngeleisen entlang zum Erdmannlistein. Weiter durch den Wald und entlang der Reuss nach Bremgarten.
Kennzahlen: Länge 11,6 km, 150 m Aufstieg, 220 m Abstieg, 3 Std., Schwierigkeit T1
Meditationsweg: 2008 wurde der erste Meditationsweg der Schweiz eingeweiht. An verschiedenen Orten im Wald in der Umgebung des Erdmannlisteins laden Texte von Weisen aus aller Welt und allen Religionen zum Verweilen, Lesen und Nachempfinden ein.
Einkehren und Übernachten: Restaurants in Besenbüren, Waldhäusern, Waltenschwil und Bremgarten. Hotels in Bremgarten.
Entdecken und Erleben: Ein weiterer idyllischer Waldweiher liegt bei Moos in der Nähe von Fischbach.
Karten: Landeskarte 1:25 000, 1090 Wohlen und 1110 Hitzkirch; 1:50 000, 225/225T Zürich
Informationen: Verkehrsbüro Bremgarten, Telefon 056 648 33 33, www.bremgarten.ch, Aargau Tourismus, Telefon 062 823 00 73, www.aargautourismus.ch

Bild Seite 196
Stille sehen: Weiher im Wald bei Bremgarten.

Bild oben
Eindrücklich: der Erdmannlistein.

Bild unten
Gelbe Schwertlilie.

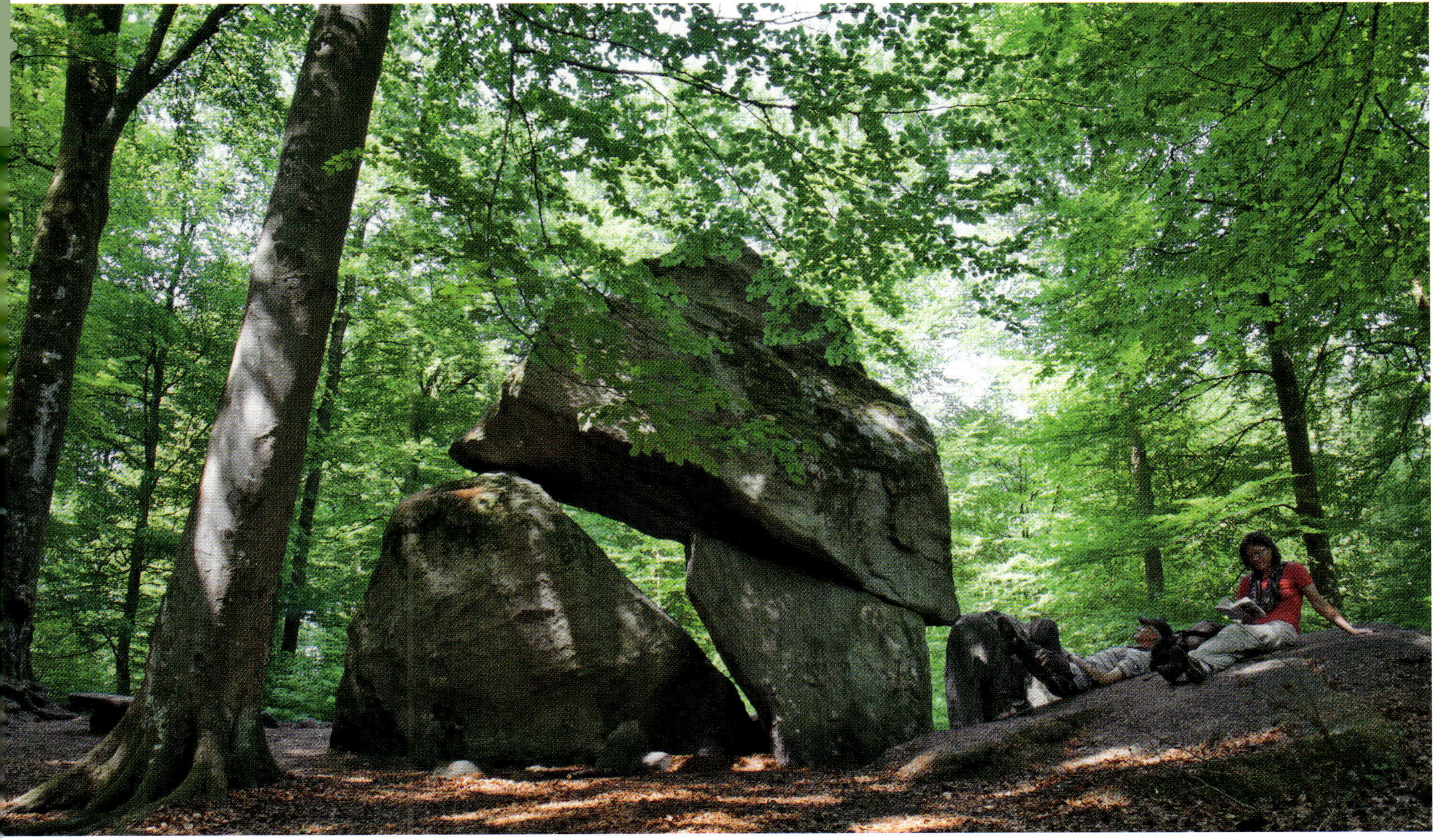

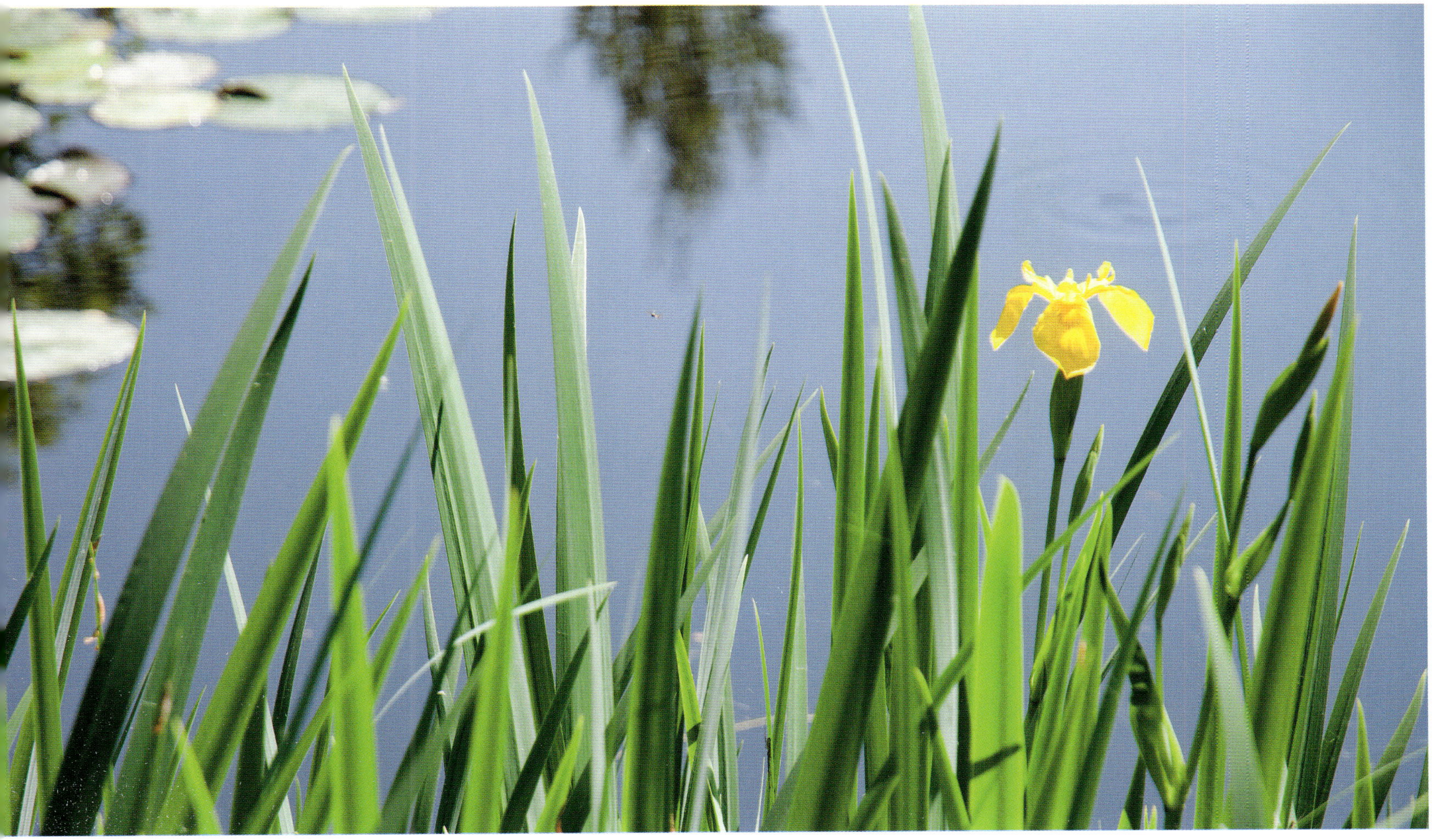

Über den Randen
Von Wiesenflüssen und flachen Bergen

Wann immer ich aus Frankreich zurück in die Schweiz fahre, werde ich etwas traurig. Kaum hat der Zug die Grenze passiert, ändert sich das Landschaftsbild. Statt weiter, offener Landschaft mit vielen Hecken und Sträuchern, Bäumen und Blumen fast nur noch dies: eine gepflegte und geordnete Landschaft. Genutzt, geplant, ausgeräumt. Wo sind nur all die Blumen am Wiesenrand, die Bäume draussen im Feld?

Ich gestehe es: Obwohl das Schaffhausische quasi mein Nachbar ist, kenne ich es kaum. Wie oft war ich dort schon wandern? Ein Mal! So sass ich nun eines Abends vor der Karte und hatte mir nichts Geringeres vorgenommen als dies: die schönste Wanderung in dieser Region herauszutüfteln. Der Blick auf die Karte zeigte mir schnell, wo es am erfolgversprechendsten sein könnte: im Randen, in der Region um Hemmental. Da mischen sich Felder, Wälder und Lichtungen, Berge und Bachläufe zu einem wunderbar verquirlten Bild, und Strassen und Dörfer gibt es nur wenige.

Bereits auf der Karte ist mir das Orserental aufgefallen, und nun stehe ich hier, keine zwanzig Minuten von der Bushaltestelle am Rande von Schaffhausen. Ein solches Tal, eine solche Lichtung gibt es wohl nur einmal in der Schweiz. Nur ein Steinwurf breit ist sie, aber nicht weniger als drei Kilometer lang. Ganz sachte schlängelt sich die Lichtung hin und her durch den Wald, ohne Häuser und Höfe, zuerst mit einem Rapsfeld in voller Blüte, danach gibt es nur noch Wiesen, voll von Farbtupfern, die sich leicht im Wind wiegen. Es ist, als durchströmte ein sanfter Fluss aus Blumenwiesen das waldige Tal.

Bis zu den Höhen oberhalb von Hemmental ist es nur eine Stunde, aber hier muss eine Pause sein. Diese Weite! Diese Stille! Nichts als Felder, Wiesen und Wälder und gegen den Horizont weitere Hügelzüge. Ich setze mich hin, überschaue dieses Land und lasse es auf mich wirken. Ein Zirpen und Sirren in den Wiesen, ein Summen und Brummen in den Bäumen, ein Zwitschern und Trällern im Wald. Eine Wanderin kommt vorbei und erzählt von einem Hasen und einem Fuchs, die sie weiter vorne gesehen haben soll. Glückliche Frau.

Bild oben
Wiesenzauber ob Hemmental.

Bild unten
Neugieriger Zuschauer beim Picknick: ein Feldhase.

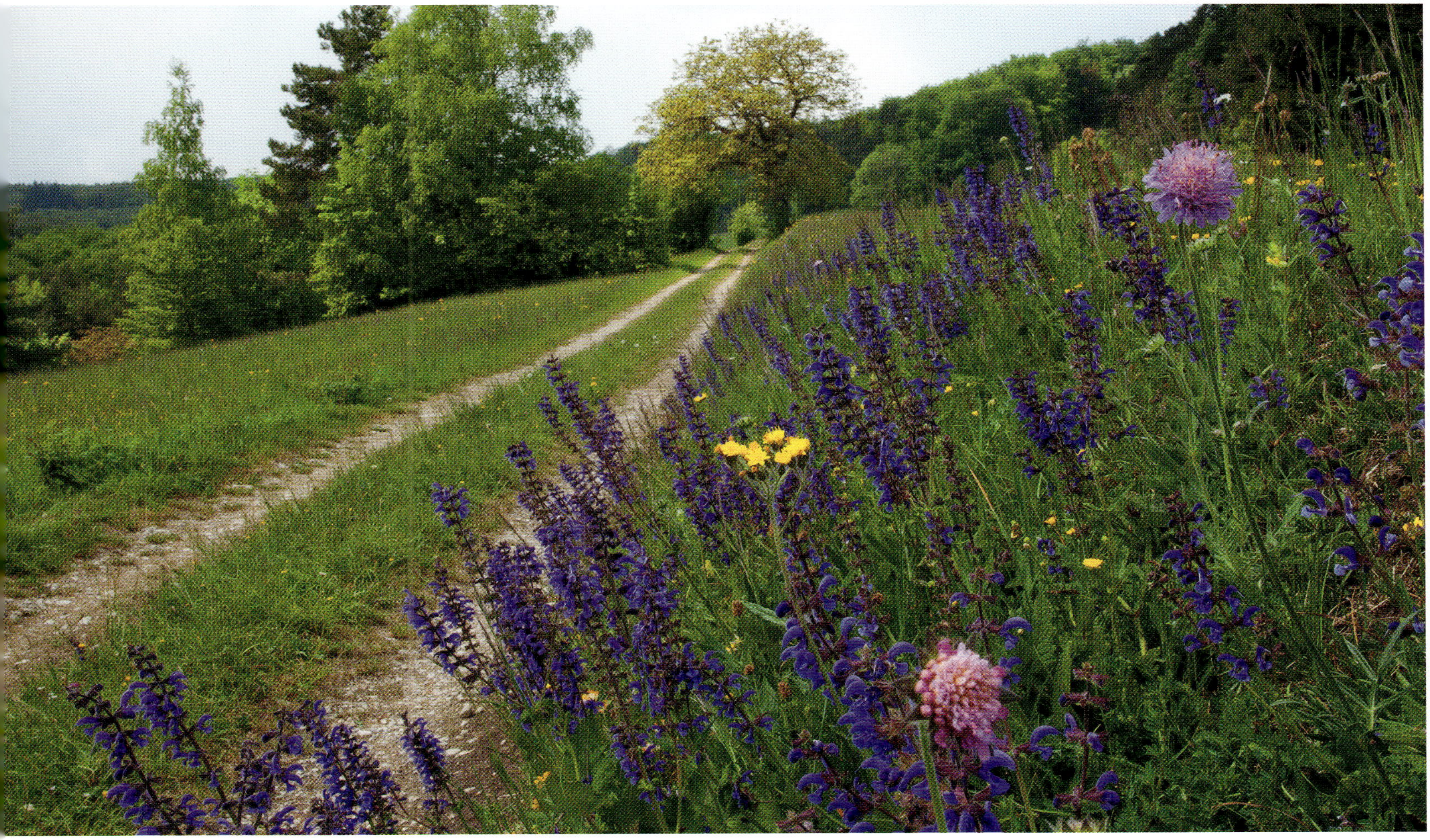

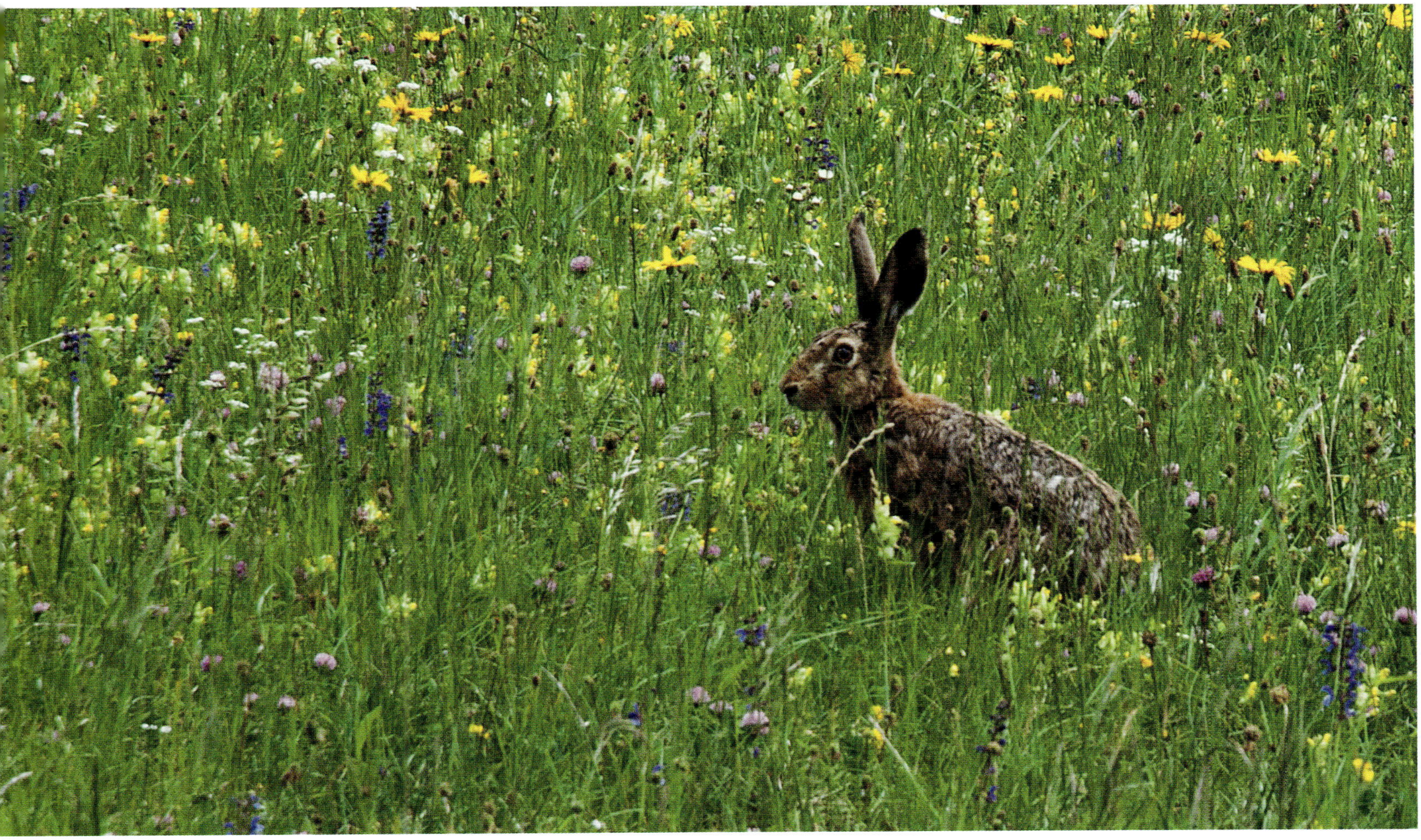

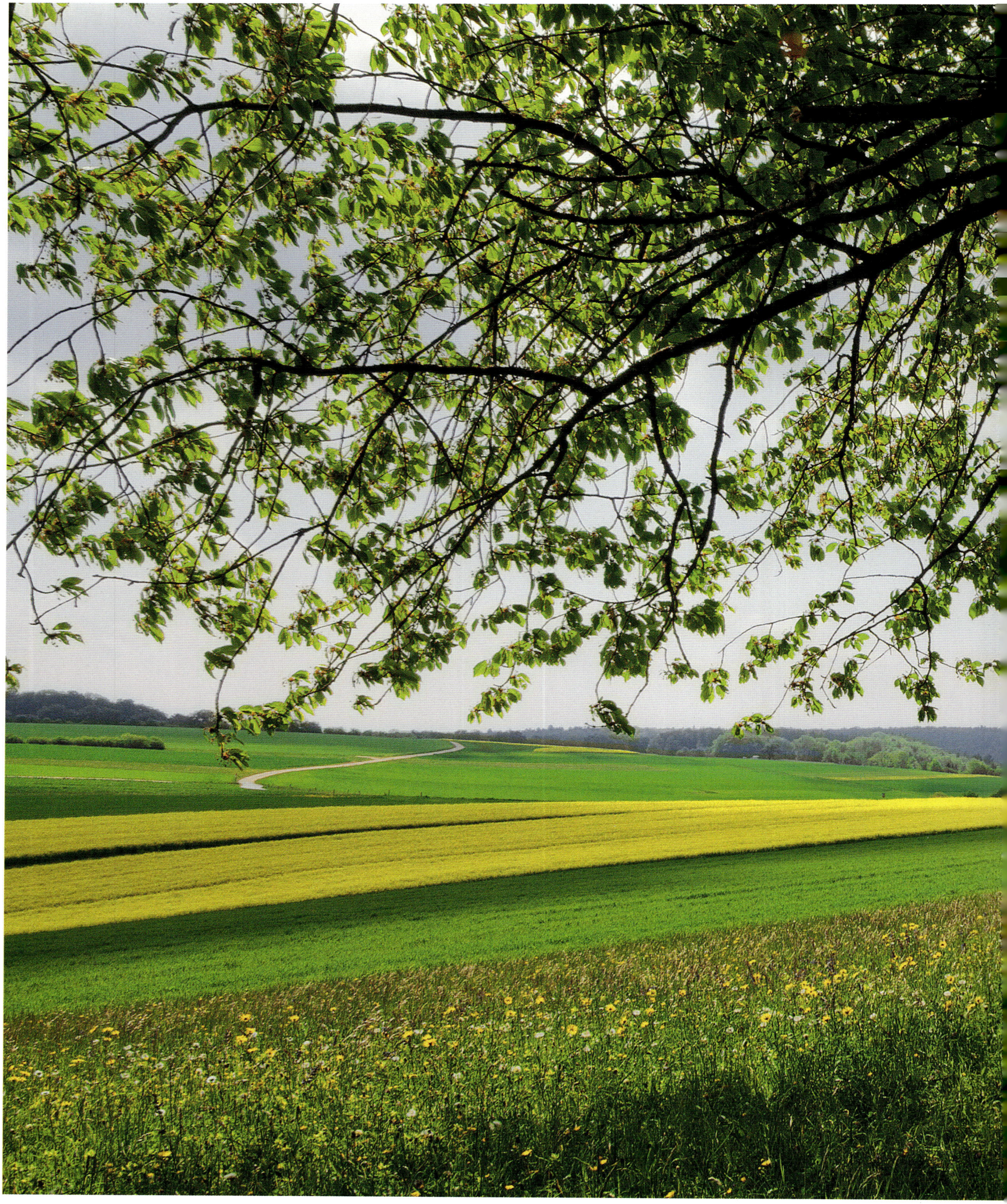

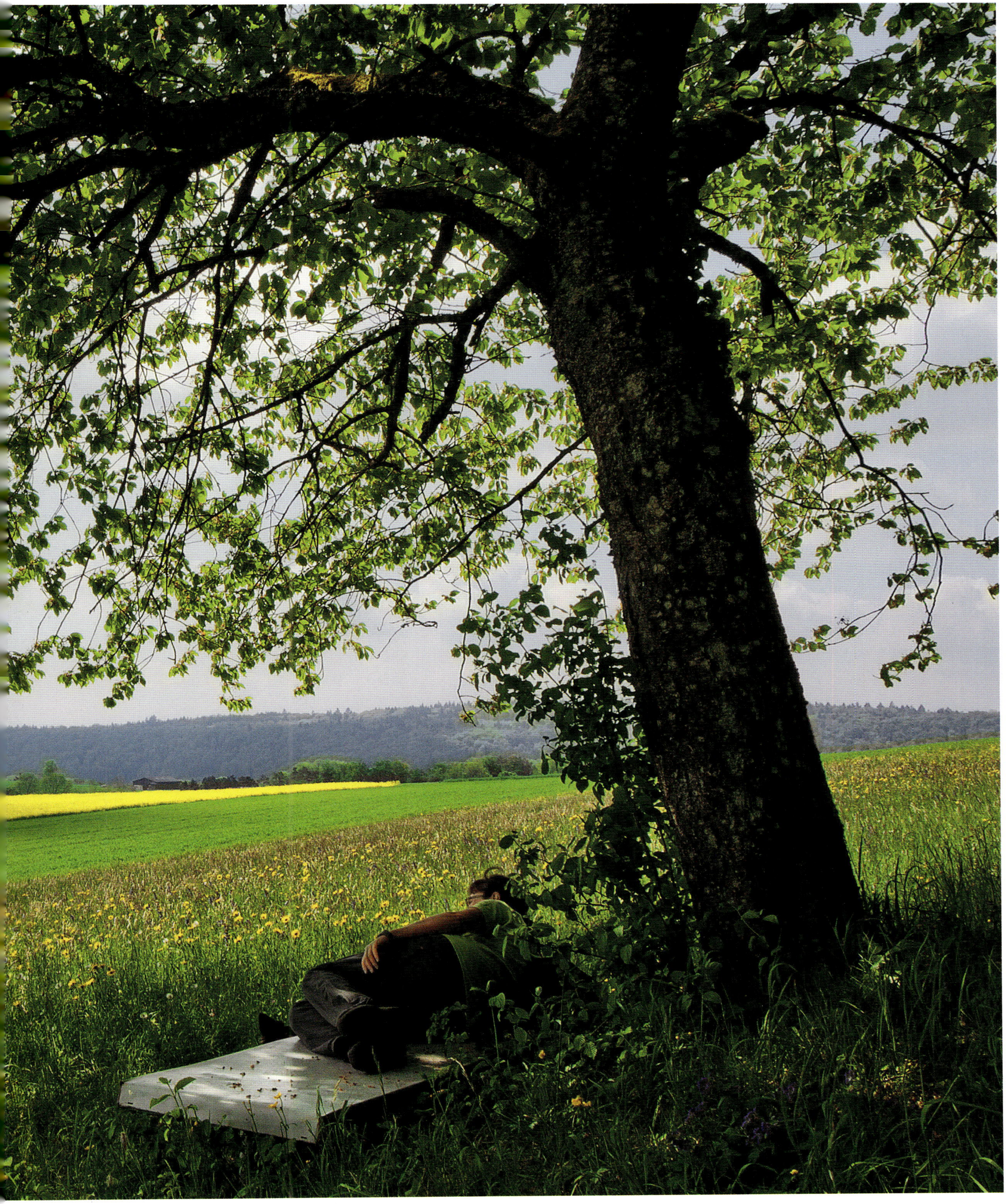

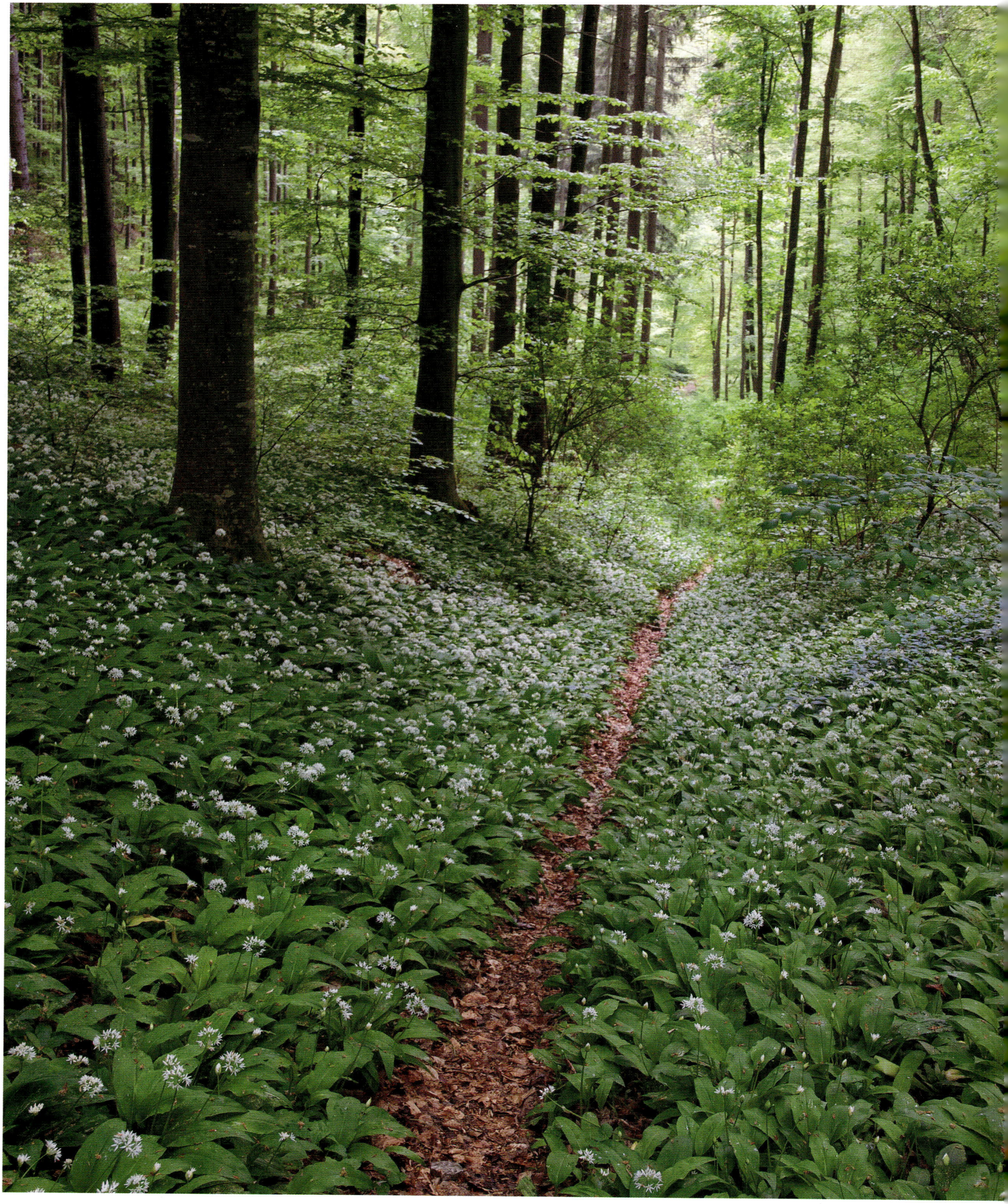

Zwischen den Wäldern auf dem Bergplateau und den Abhängen zum Talgrund liegt eine lang gezogene Wiese und folgt den Konturen der Landschaft. Der Wanderweg führt mitten durch die Wiese. Keine zwanzig Minuten später zieht es mich wieder an den Waldrand, zu einer blumenübersäten Magerwiese, die in der schönsten Frühlingspracht steht. Was steht dort vorne am Waldrand? Tatsächlich, heute ist das Glück auch mir hold: ein Feldhase. Und schon hoppelt er ins Feld und nascht hier und dort etwas und scheint mich nicht zu bemerken. Er kommt sogar näher, keine zehn Meter heran, und sucht sich Leckereien. Irgendwann hört er es, das Klicken meiner Kamera, und sucht das Weite. Weiterwandern, diesem schönsten Waldrand der Schweiz entlang. Kaum fünf Minuten unterwegs, bin ich abermals vom Glück gesegnet. Ein orangebrauner Fleck im Gras, mit zwei Dreiecken obenauf: ein Fuchs. Er ist schneller als der Hase. Hat mich sofort entdeckt. Und ist schon weg.

Nicht weniger als 74 Quadratkilometer des Schaffhauser Randens sind auf Bundesebene geschützt, fast 10 Quadratkilometer noch strenger als kantonale Schutzgebiete. Besonders wertvoll sind die Halbtrockenrasen. Unter anderem konnten 70 Tagfalter-, 160 Wildbienen- und 30 Heuschreckenarten nachgewiesen werden. 33 Orchideenarten kommen in den Wiesen und Wäldern vor, und sogar die seltene Heidelerche brütet hier und beglückt den Wanderer mit ihrem flötenden, wunderschönen Gesang.

Es ist ein warmer Maitag, später Nachmittag, und aus einigen dunklen Wolken grollt es bereits. Es ist kühler geworden, und auch ruhiger. Das Summen und Brummen ist verstummt, nur noch das Zirpen einiger Grillen liegt in der Luft. Gegen vier Uhr fallen die ersten grossen Tropfen. Der Weg verschwindet wie zur rechten Zeit im Buchenwald, schlängelt sich durch einen dichten Bärlauchteppich. Das Wasser tropft durch das Blätterdach, bald sind meine Hosen klatschnass. Wunderschön. Es war lange Zeit sehr trocken, seit dem Januar. Was für eine Wanderung! Wie ein Stück Frankreich in der Schweiz.

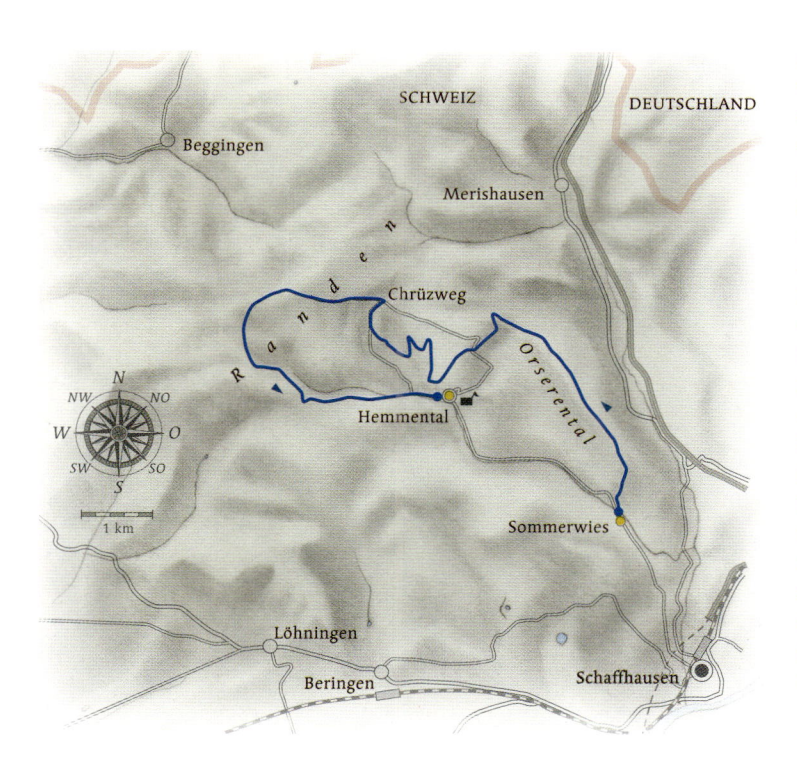

Ausgangspunkt: Zug nach Schaffhausen und Bus (Linie 3, Richtung Sommerwies) bis Sommerwies.
Route: Von Sommerwies ins Orserental. Nach etwa 4 km (knapp 300 m nach Eintritt in den Wald) links hoch Richtung Hemmental. Nach einem weiteren Kilometer (knapp 200 m nach P. 673) rechts weg. Nun meist auf gleicher Höhe um drei Hügelrücken herum (via P. 680 und P. 688) zum Chrüzweg (P. 778). Nun westlich nach Zelgli und über den Täufersteig hinab zur Bushaltestelle Hemmental Dorfplatz.
Kennzahlen: Länge 13,6 km, 430 m Aufstieg, 330 m Abstieg, 3¾ Std., Schwierigkeit T2. Gut zu wissen: Genug Wasser mitnehmen, an der Route gibt es keine Brunnen und keine Bäche mit Trinkwasser.

Einkehren und Übernachten: Restaurants in Schaffhausen und Hemmental.
Entdecken und Erleben: Ein schöner Teil des Randen ist geschützt, und so werden viele Wiesen naturgerecht erst spät geschnitten. Eine Wanderung im Frühling und Frühsommer entlang der Blumenwiesen ist dann ein Traum für Auge und Herz.
Karten: Landeskarte 1 : 25 000, 1031 Neukirch; 1 : 50 000, 205 Schaffhausen oder 405T Schaffhausen/Stein am Rhein
Informationen: Schaffhauserland Tourismus, Telefon 052 632 40 20, www.schaffhauserland.ch

Bild Seite 200/201
Die Weite in sich fliessen lassen.
Beim Breitacker.

Fast riecht man den Bärlauch.
Im Wald bei Hemmental.

Heinz Staffelbach geboren 1961, ist promovierter Biologe und selbständig als Buchautor, Publizist und Fotograf tätig. Er ist Autor der Bestseller «Urlandschaften der Schweiz» und «Wandern und Geniessen in den Schweizer Alpen» sowie weiterer Titel im AT Verlag. Zu seinen weiteren Werken gehören die grosse Naturenzyklopädie «Handbuch Schweizer Alpen», bekannt ist er ausserdem durch seine Wanderkolumne in der NZZ am Sonntag und seine Erlebnis-Tipps für den WWF. Heinz Staffelbach wohnt in Winterthur.

www.heinz-staffelbach.ch

Von Heinz Staffelbach im AT Verlag erschienen

WeitWandern mit Genuss
Die schönsten mehrtägigen Wanderungen in der Schweiz mit Berghotel-Komfort

14 Routen von 4 bis 7 Tagen Länge, die jeweils einem bestimmten Thema gewidmet sind. Besonders erholsam: Statt in einfachen Hütten übernachtet man in komfortablen Berghotels. Mit detaillierten Angaben zu Anreise, Routenverlauf, Länge, Schwierigkeit, Hotels sowie praktischen Übersichtskarten.

Wandern und Geniessen im Winter
Die schönsten Schneeschuh- und Winterwander-Weekends in der Schweiz mit Berghotel-Komfort

Die schönsten zweitägigen Schneeschuhtouren und die lohnendsten zweitägigen Winterwanderungen durch eine frisch verschneite glitzernde Winterlandschaft. Ideen zum Träumen, Planen und Geniessen. Mit allen praktischen Informationen für die Tourenplanung.

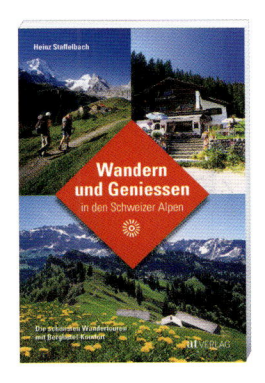

Wandern und Geniessen in den Schweizer Alpen
Die schönsten Zweitagestouren mit Berghotel-Komfort

45 zweitägige Wanderungen die zweifachen Genuss versprechen: eine attraktive Bergwanderung und einen Aufenthalt in einem komfortablen Berggasthaus. Die vorgeschlagenen Routen sind für alle machbar: nicht zu lang, nirgends besonders schwierig und durchwegs mit öffentlichen Verkehrsmitteln zu erreichen. Mit genauer Wegbeschreibung, Angaben zu Zeitdauer und Varianten sowie praktischen Übersichtskarten.

Urlandschaften der Schweiz
Die schönsten Wanderungen durch wilde Bergwelten

Entdecken Sie die letzten Naturparadiese der Schweiz! Begleitet von erstklassigen Bildern führt dieser prächtige Band in zwanzig der schönsten und urtümlichsten Regionen der Schweizer Alpen – durch alte Wälder, zu einsamen Bergseen, mächtigen Gletschern und auf Berge mit imposanter Rundsicht. Die Texte informieren über Natur, Ökologie, Tier- und Pflanzenwelt. Mit allen praktischen Informationen für die Ausflugsplanung.

IGHELON
834 m

Wanderbücher im AT Verlag

Marco Volken
Urtümliche Bergtäler der Schweiz
Geschichte, Natur, Kultur – Mit 45 Wanderungen

Remo Kundert, Marco Volken
Zürcher Hausberge
60 Wandergipfel zwischen Bodensee und Brienzersee

The Alpinists
Lost in the Alps

Ueli Hintermeister, Daniel Vonwiller
Die schönsten Höhenwege der Schweiz

Hajo Degen, Ragna Kilp
**Die schönsten Wanderungen am Wasser
in den Schweizer Alpen**

Hajo Degen, Ragna Kilp
**Wanderungen durch die schönsten Schluchten
in der Schweiz**

David Coulin
Orte des Staunens
Kurze Wanderungen in den Schweizer Alpen

David Coulin
Die schönsten Panoramatouren in der Schweiz

David Coulin
Die schönsten Gratwanderungen der Schweiz

David Coulin
Die schönsten Rundwanderungen in den Schweizer Alpen

David Coulin
Die schönsten Zweitagestouren in den Schweizer Alpen

Philipp Bachmann
Die schönsten Wanderungen im Jura

AT Verlag
Bahnhofstrasse 41
CH-5000 Aarau
Telefon +41 (0)58 200 44 00
www.at-verlag.ch

Dieses Buch ist eine aktualisierte und neu gestaltete Ausgabe des seit 2013 unter dem Titel «Auf stillen Wegen an starke Orte. Ruhe finden und Kraft schöpfen auf Wanderungen durch verträumte Naturlandschaften der Schweiz» im AT Verlag in drei Auflagen erschienenen Werks.

4. Auflage, 2021

© 2013
AT Verlag AG, Aarau und München
Lektorat: Fredy Joss, Waldegg-Beatenberg
Fotos: Heinz Staffelbach
Kartenausschnitte: Atelier Guido Köhler & Co., Binningen
Bildaufbereitung: Vogt-Schild Druck, Derendingen
Druck und Bindearbeiten: Printer Trento, Trento
Printed in Italy

ISBN 978-3-03902-167-3

www.at-verlag.ch

Der AT Verlag wird vom Bundesamt für Kultur
für die Jahre 2021–2024 unterstützt.